CB133650

ENSAIOS POLÍTICOS

DAVID HUME

Organização e preparação do texto

Jaimir Conte
Marília Côrtes de Ferraz

ENSAIOS POLÍTICOS

DAVID HUME

Tradução, introdução e notas

João Paulo Monteiro

70

ENSAIOS POLÍTICOS
© Almedina, 2021
Autor: David Hume

Organização e Preparação do Texto: Jaimir Conte e Marília Côrtes de Ferraz

Tradução, Introdução e Notas: João Paulo Monteiro

Diretor Almedina Brasil: Rodrigo Mentz
Editor de Ciências Sociais e Humanas: Marco Pace
Assistentes Editoriais: Isabela Leite e Larissa Nogueira

Diagramação: Almedina
Design de Capa: Roberta Bassanetto

ISBN: 9786586618624
Dezembro, 2021

Dados Internacionais de Catalogação na Publicação (CIP)
(Câmara Brasileira do Livro, SP, Brasil)

Hume, David, 1711-1776
Ensaios políticos / David Hume; organização e preparação do texto Jaimir Conte, Marília Côrtes de Ferraz; tradução, introdução e notas João Paulo Monteiro. São Paulo: Edições 70, 2021. Título original: Essays and treatises

Bibliografia.
ISBN 978-65-86618-62-4

1. Ciência política – Obras anteriores a 1800 2. Ensaios políticos I. Conte, Jaimir. II. Ferraz, Marília Côrtes de. III. Monteiro, João Paulo. IV. Título.

21-77586 CDU-320

Índices para catálogo sistemático:

1. Ensaios políticos 320

Cibele Maria Dias – Bibliotecária – CRB-8/9427

Este livro segue as regras do novo Acordo Ortográfico da Língua Portuguesa (1990).

Todos os direitos reservados. Nenhuma parte deste livro, protegido por copyright, pode ser reproduzida, armazenada ou transmitida de alguma forma ou por algum meio, seja eletrônico ou mecânico, inclusive fotocópia, gravação ou qualquer sistema de armazenagem de informações, sem a permissão expressa e por escrito da editora.

Editora: Almedina Brasil
Rua José Maria Lisboa, 860, Conj. 131 e 132, Jardim Paulista | 01423-001 São Paulo | Brasil
editora@almedina.com.br
www.almedina.com.br

NOTA DOS ORGANIZADORES

Esta edição consiste num resgate do trabalho pioneiro do professor João Paulo Monteiro, apresentado como dissertação de mestrado na Universidade de São Paulo, em fevereiro de 1967, sob a orientação do professor Bento Prado de Almeida Ferraz Júnior. *David Hume: ensaios políticos, tradução, introdução e notas* foi o primeiro trabalho acadêmico de grande envergadura sobre a filosofia de David Hume em língua portuguesa. Além de traduzir um conjunto significativo de ensaios, com o acompanhamento de um grande número de notas, o longo estudo introdutório sobre a filosofia política de Hume apresentado por Monteiro constituiu um marco no interesse pela filosofia de Hume no Brasil. Embora os ensaios políticos de Hume traduzidos por Monteiro tenham sido publicados posteriormente na coleção "Os Pensadores" e em outras edições, todas elas omitiram a inclusão do longo estudo introdutório e do aparato de notas por ele preparado e apresentado, junto com a tradução, em sua dissertação de mestrado.

Esta edição visa, assim, recuperar e publicar pela primeira vez o trabalho integral, incluindo o estudo introdutório e as notas acerca dos *Ensaios políticos* de David Hume elaboradas pelo professor J. P. Monteiro. No trabalho de restabelecimento e organização do texto fizemos várias adequações e atualizações. Dado que em sua forma acadêmica de dissertação o estudo preliminar e o conjunto de notas mantinham a maior parte das citações no original, uma das adequações mais significativas realizadas para esta edição foi a tradução de todas as passagens originalmente citadas em inglês, e em menor número em francês. Além disso, atualizamos a forma de referência aos textos de Hume, especialmente ao *Tratado da natureza humana* e às *Investigações sobre o entendimento humano e sobre os princípios da moral*, em conformidade com o sistema de referência adotado nas mais recentes edições críticas dos textos de

Hume publicadas pela Oxford. Outra modificação substancial, a fim de reduzir o número de notas, foi a incorporação, no próprio texto da Introdução, das referências bibliográficas dos autores citados. Assim, na parte correspondente ao estudo introdutório mantivemos em rodapé apenas as notas explicativas. Já as notas elaboradas para os quatorze ensaios selecionados são apresentadas no final, tal como no formato original da dissertação, embora com algumas adaptações. No corpo dos ensaios traduzidos figuram em rodapé apenas as notas de autoria do próprio Hume. Na lista bibliográfica e das abreviaturas, apresentada no final, inserimos as referências relativas a algumas novas edições críticas dos textos de Hume, assim como de algumas traduções disponíveis em português, a partir das quais adaptamos e atualizamos em certa medida as referências empregadas pelo autor. Isso permitirá que esta nova edição dos *Ensaios políticos* de Hume remeta facilmente o leitor, quando este julgar necessário, tanto às novas edições da Oxford, por exemplo, quanto a algumas edições em português das obras de Hume. Para completar esta edição incluímos no final um índice remissivo que não constava no trabalho original elaborado por João Paulo Monteiro.

*

* *

Filho da escritora, pedagoga, conferencista e dramaturga Alice Gomes (1910-1983) e do poeta, crítico literário e novelista português Adolfo Casais Monteiro (1908-1974), João Paulo Monteiro nasceu na cidade do Porto em 1938 e faleceu em Lisboa em 17 de abril de 2016.

Embora tenha iniciado seus estudos de filosofia em Portugal, em 1963 João Paulo Monteiro exilou-se no Brasil onde, por motivos políticos, sua família também já se encontrava em exílio desde 1954. Foi no Brasil, então, que ele completou a maior parte de sua formação acadêmica. A partir de 1964, sempre na Universidade de São Paulo, cursou bacharelado, licenciatura, mestrado e posteriormente seu doutorado.

Em 1973 João Paulo Monteiro defendeu sua tese de doutorado intitulada *Teoria, retórica, ideologia: ensaio sobre a filosofia política de Hume*. Dois anos depois, em 1975, mesmo ano em que apresentou a tese de Livre-docência *Natureza, conhecimento e moral na filosofia de Hume*, sua tese de doutorado foi publicada na forma de livro. As leituras mais frequentes de David Hume no Brasil eram, até então, centradas na *Investigação sobre o entendimento humano*. A publicação de *Teoria, retórica, ideologia*, deu nova dimensão aos estudos de Hume no Brasil ao chamar a atenção para a teoria social e política de Hume.

Assim, desde o início de sua atuação acadêmica no Departamento de Filosofia da USP, onde exerceu papel relevante como orientador de vários pesquisadores, João Paulo Monteiro contribuiu significativamente para a valorização e interesse em torno da filosofia de Hume. Embora enquanto pesquisador também tenha se ocupado com questões de epistemologia contemporânea e de filosofia política, o interesse predominante de João Paulo Monteiro sempre girou em torno do pensamento de David Hume. Dentre seus inúmeros trabalhos consagrados aos estudos de Hume figuram, além da tradução dos *Ensaios políticos* aqui reunidos, a tradução de diversas outras obras de Hume, assim como a publicação de vários artigos especializados e alguns livros, dentre os quais *Novos estudos humeanos* (2006) e *Hume e a epistemologia* (2009).

*

* *

A preparação deste volume foi autorizada pela família do professor João Paulo Monteiro, em particular por sua esposa, agora viúva, a historiadora Maria Beatriz Nizza da Silva, a quem aqui agradecemos por nos confiar o trabalho de organização e preparação do texto.

JAIMIR CONTE

&

MARÍLIA CÔRTES DE FERRAZ

NOTA DO TRADUTOR

Os ensaios cuja tradução é aqui apresentada são os que consideramos mais importantes para o conhecimento da filosofia política de Hume, dentre os *Ensaios morais, políticos e literários*. Eles não esgotam, contudo, esse aspecto de seu pensamento. Este se encontra disperso nos ensaios, mas também em parte do *Tratado da natureza humana* e da *Investigação sobre os princípios da moral*. Não há razões para afirmar, tampouco, uma maior importância dos ensaios em relação a estas últimas obras. No entanto, esta escolha nos pareceu justificar-se. Em primeiro lugar se torna possível apresentar a política de Hume através de textos completos, ao contrário do que se daria se desligássemos de seu contexto uma parte das obras acima referidas. Em segundo lugar, estas são já mais amplamente conhecidas do que os ensaios. E, por último, estes oferecem a vantagem de neles podermos encontrar os dois aspectos fundamentais da política de Hume, dentre os quais, conforme procuraremos mostrar na Introdução, apenas um está presente no *Tratado* e na *Investigação*.

De outro lado, aquilo a que chamamos "filosofia política" de Hume exige a apreciação conjunta de todas estas obras, e não apenas a dos ensaios. A Introdução procurará, assim, focar os pontos centrais dessa filosofia, não se limitando a um comentário dos textos aqui reunidos. Em contrapartida, há um aspecto que Hume considerava parte integrante de sua política, os ensaios econômicos publicados nos *Discursos políticos* de 1752, e que não será aqui abordado, de acordo, aliás, com a atitude da generalidade dos seus comentadores que, a eles, reservam um lugar na história das doutrinas econômicas.

A tradução foi feita cotejando as edições de Green & Grose e de Basileia, o que permitiu evitar alguns erros de ambas. Sobretudo da primeira. A ordem habitual dos ensaios foi alterada, a fim de dispô-los por temas, disposição que ficará esclarecida com a leitura da Introdução.

As notas aos ensaios obedecem a diversas finalidades. Fornecer breves indicações históricas. Apresentar a tradução das diferentes versões dos ensaios, tais como se encontram na edição de Green & Grose, apenas com ligeiras supressões. Precisar referências de Hume a alguns autores de maior importância para a história da filosofia política, ou traçar um paralelo entre seu pensamento e o destes. E, finalmente, dar um prolongamento à Introdução, estabelecendo mais detalhadamente certas relações entre os ensaios ou entre estes e o conjunto da obra de Hume.

João Paulo Monteiro

EDIÇÕES DOS ENSAIOS

1. *Ensaios morais e políticos*, Edimburgo, 1741.
2. *Ensaios morais e políticos*, Segunda edição, corrigida. Edimburgo, 1742.
3. *Ensaios morais e políticos*, Terceira edição, corrigida com acréscimos, Londres, 1748.
4. *Discursos políticos*, Edimburgo, 1752.
5. *Discursos políticos*, Segunda edição, Edimburgo, 1752.
6. *Ensaios e tratados sobre assuntos diversos*, Londres e Edimburgo, 1753-4.
7. *Ensaios e tratados sobre assuntos diversos*, Nova edição, Londres e Edimburgo, 1758.
8. *Ensaios e tratados sobre assuntos diversos*, Londres e Edimburgo, 1760.
9. *Ensaios e tratados sobre assuntos diversos*, Londres e Edimburgo, 1764.
10. *Ensaios e tratados sobre assuntos diversos*, Londres e Edimburgo, 1768.
11. *Ensaios e tratados sobre assuntos diversos*, Londres e Edimburgo, 1770.
12. *Ensaios e tratados sobre assuntos diversos*, Londres e Edimburgo, 1777.

SUMÁRIO

INTRODUÇÃO

I. FILOSOFIA POLÍTICA E "MÉTODO EXPERIMENTAL"

Em relação à corrente central da filosofia política do século XVII, a posição de Hume é de completa ruptura. As ideias fundamentais dessa tradição (estado de natureza, lei natural, contrato social) são por ele submetidas a uma crítica que conduz a sua inteira negação, ou, pelo menos, a uma reformulação que assume a forma de um corte radical, não a de prolongamento de uma herança parcialmente aceita. Entre os principais representantes do que se convencionou chamar as "teorias do contrato" (Hobbes, Spinoza, Locke), existem numerosos pontos de divergência. Por exemplo, o absolutismo do primeiro é objeto da mais enérgica oposição dos dois últimos. E falar de uma tradição representada por esses três filósofos políticos não significa que haja entre eles uma efetiva continuidade: não há, na política de Locke, sinais de uma influência de Spinoza, cujas obras provavelmente não conhecia (Laslett 1965: *Intr.*: 86-7). No entanto, agrupá-los sob uma mesma designação, como faz, por exemplo, Vaughan,[1] justifica-se pela existência entre eles de uma profunda identidade temática e metodológica. A definição da situação primitiva da humanidade como um "estado de natureza" anterior ao surgimento do governo e de qualquer forma de sociedade, assim como a atribuição da origem da sociedade política ou civil a um pacto celebrado entre os homens daquele estado natural, são elementos que, apesar da diversidade das conclusões a que cheguem esses filósofos, permitem situar Hobbes, Spinoza e Locke no interior de uma mesma estrutura de pensamento político, como pertencentes a uma mesma "tradição". Ao que deve

[1] Vaughan, (1960) engloba os três filósofos em um mesmo tema: "O contrato social".

acrescentar-se um outro aspecto de igual importância: há em todos eles uma idêntica confiança na eficácia de modelos metodológicos de tipo matemático, o da geometria em Hobbes e Spinoza, e em Locke o das matemáticas em geral. Todos partilham uma mesma atitude a que se convencionou chamar também "racionalismo político". É em sua própria razão que cada um destes filósofos procura o principal instrumento de análise e explicação da realidade social e política.

É essa mesma identidade que Hume vê em Hobbes e Locke,[2] submetendo as teorias de ambos a críticas que pouco diferem em seus pontos essenciais, e não levando em conta as divergências ideológicas que entre eles se verificam. Quando se opõe à fundamentação de toda autoridade política em uma promessa, o Contrato Social, declarando esta teoria incompatível com "os sentimentos mais comuns dos homens" e com "os usos e opiniões de todas as nações e de todas as épocas", sua crítica visa diretamente Locke.[3] Quando critica a concepção do estado de natureza como uma fase primitiva "cheia de guerra, violência e injustiça", condenando-a por ser uma "ficção filosófica" tão fantástica como a Idade de Ouro dos poetas, é a teoria de Hobbes que está rejeitando, embora não se refira a seu nome.[4] O que a Hume preocupa pôr em questão não é o liberalismo do primeiro desses filósofos, ou o absolutismo do segundo. Recusa essencialmente aquilo que considera o caráter abstrato e desligado da realidade concreta dessas teorias. Sua oposição a Hobbes e Locke assenta, fundamentalmente, na rejeição do método por ambos aplicado à filosofia política.

Para compreender a originalidade da posição de Hume, assim como o sentido de sua ruptura com a tradição dominante da filosofia política inglesa, torna-se, portanto, necessário examinar as características essenciais de seu próprio método. Vejamos um primeiro aspecto. Quando anuncia a possibilidade de a política "ser transformada em uma ciência", é nas leis e formas de governo que Hume pretende buscar o fundamento dessa ciência. Embora um de seus ensaios assinale a

---

[2] Spinoza é considerado o terceiro grande teórico do Contrato, mas Hume nunca faz referência a suas obras políticas.

[3] A obra de Locke é citada em E 2: 106, Ver nota 51 do mesmo ensaio.

[4] "Esse *estado de natureza*... é descrito como cheio de guerras, violência e injustiça" (T.3.2.2.15: 534). Hume comete uma ligeira inexatidão: a guerra e a violência são características do estado de natureza hobbesiano, mas não a injustiça, pois nele não têm sentido as noções de justiça e injustiça, devido à inexistência da lei. Ver *Leviatã* 13: 64 e 66.

dificuldade de estabelecer um grande número de "verdades gerais" em política, devido à reduzida experiência que é possível colher da relativamente curta história da humanidade (E 7: 137), um outro ensaio aponta as leis acima referidas (não as leis positivas de qualquer tipo, mas apenas as leis constitucionais), como a base possível para a formulação dos princípios de uma ciência política, concebidos estes como "axiomas universais", com o caráter de "verdades políticas eternas que nem o tempo nem quaisquer acidentes podem alterar" (E 6: 130, 132). A influência da Constituição sobre a vida de qualquer estado é suficientemente forte para permitir deduzir das leis constitucionais "consequências quase tão gerais e tão certas" como as da matemática (E 6: 128). Hume se refere também a essa influência na *Investigação sobre o entendimento humano*: a política pode ser uma ciência porque seu objeto, a sociedade civil, recebe das leis e formas de governo uma certa uniformidade. É devido a elas que na realidade social se pode verificar, à semelhança da natureza física ou da natureza humana, uma "conjunção regular" das causas e dos efeitos (EHU 8.16, 18: 128, 130). É certo que um outro ensaio declara haver em política "poucas regras que não admitam certas exceções" (E 2: 99). Mas Hume não deixa por isso de afirmar que a regularidade dos efeitos de qualquer Constituição ou forma de governo permite formular certos princípios gerais: as repúblicas são os melhores governos para a metrópole, e os mais tirânicos para com suas províncias; a monarquia hereditária é mais favorável à paz e à ordem do que a monarquia eletiva; a melhor democracia é aquela em que o povo exerce o poder através de um corpo representativo, e não diretamente (E 6: 128-132). Tomando como fundamento o estudo dos efeitos habituais das leis constitucionais, a política pode constituir-se como ciência.

Mas o método da filosofia política de Hume não se resume a este primeiro aspecto. E isto porque o que hoje chamamos "a filosofia política de Hume" é constituído por dois elementos que, para o filósofo, eram marcadamente distintos. Vimos que o objeto do que chama ciência política é uma realidade tornada uniforme pela influência das leis constitucionais. Para Hume, portanto, essa ciência diz respeito, não a qualquer realidade social, mas apenas às sociedades em que existe um governo, às sociedades *civis*. Ela não pode, devido à própria natureza de seu principal fundamento, tomar como objeto os fenômenos situados no interior das sociedades "naturais", anteriores ao governo. O que significa que os acima indicados grandes temas da filosofia política clássica nada podem ter a ver com a ciência política de Hume, pois se referem, sobretudo, a realidades situadas na sociedade natural. Para Hume, não são propriamente questões de ciência política. Como é, então, possível afirmar que sua *filosofia política* dá a essas questões respostas diferentes daquelas de seus predecessores, e até contrárias às destes? A ciência política de Hume não é a mesma coisa que sua filosofia política?

Na realidade, elas não são (para Hume, insistimos), a mesma coisa. E o menosprezo deste fato está na raiz de um equívoco muito comum sobre sua filosofia política. Alguns dos textos do livro 3 do *Tratado* e da *Investigação sobre os princípios da moral*, dado que discorrem sobre fenômenos humanos de caráter coletivo (a origem e as regras da justiça e da propriedade, a origem do governo, o fundamento da obrigação de fidelidade política, etc.), são geralmente considerados, pelos comentadores de Hume, como pertencentes a sua política e não a sua moral. Esclareçamos desde já que consideramos perfeitamente legítimo incluí-los na filosofia política de Hume. Não se trata de um problema de designação, e sim de recuperar uma distinção que o próprio filósofo estabelece, e que se reveste de certa importância para a compreensão do que é para ele o seu método. E essa compreensão nem sempre é plenamente atingida, Assim, por exemplo, Vaughan declara que "a teoria política" de Hume vem apresentada no livro 3 do *Tratado*, e também em dois dos *Ensaios* (Vaughan 1960: 322, nota 1).[5] Para Vlachos, esse mesmo livro do *Tratado* é dedicado à moral e à política, e não, como seu título (Da moral) parece indicar, apenas à moral (Vlachos 1955: 13). Referindo-se à estrutura do mesmo livro, Stewart aponta nele a presença, ao lado de textos propriamente pertencentes à moral, de "partes políticas", explicando essa presença pela impossibilidade, para Hume, de escrever sobre moral sem escrever também sobre política (Stewart 1963: 83). Finalmente, afirma Leroy que a análise do governo e da fidelidade pertence à política e não à moral de Hume, pois aí o filósofo "descreve, analisa e procura explicar as instituições e práticas

---

[5] Vaughan se refere também, mas para lhes recusar importância, à *Investigação sobre os princípios da moral* e aos ensaios em geral (Vaughan 1960: 305), e cita depois um terceiro ensaio, p. 323.

humanas" (Leroy 1953: 241). E é esta a atitude mais comum entre os comentadores de Hume. Segundo essa perspectiva, os capítulos 1 a 11 da segunda parte de *Da moral*, assim como os de números 3 e 4, e o número 3 do Apêndice, da segunda *Investigação*, seriam textos que na realidade pertencem à política de Hume, tendo sido incluídos pelo autor "dentro" de obras dedicadas à moral devido à estreita ligação de ambos esses aspectos de seu pensamento, ou à necessidade, para tratar os problemas da moral, de discorrer sobre a sociedade, dado que é no interior desta que surgem aqueles problemas.

A definição do objeto da política na Introdução do *Tratado* ("os homens unidos na sociedade, e dependentes uns dos outros" (T *Intr.* 5: 21) é uma definição vaga, que efetivamente parece referir-se a qualquer espécie de sociedade, política ou não, e permitir a interpretação dos autores citados; é uma das declarações de Hume em que Stewart baseia seus argumentos. Mas é pouco verossímil que Hume, caso fosse realmente de opinião que suas obras tinham esse caráter "misto", a elas tivesse dado títulos que indicam apenas a moral, ou os princípios da moral, sem qualquer referência à política. Além disso, a passagem do ensaio "Do contrato original" que citamos no início, e na qual é criticada a concepção lockeana do pacto social, é bastante esclarecedora. Num de seus ataques a essa teoria Hume acusa-a, como vimos, de ir contra os "usos e opiniões" comuns. E defende a legitimidade dessa objeção alegando que o apelo à "opinião geral" é o único critério decisivo "em todos os problemas relacionados com a moral". De outro lado, Hume chama à teoria de Locke uma teoria *moral* (E 2: 106-7).[6] O problema do Contrato, isto é, os problemas da origem e fundamento do governo, pertencem assim ao domínio da moral, e não ao da política, e é essencialmente esse, segundo Hume, o caráter de seu ensaio; como também o dos textos do *Tratado* em que são examinadas as mesmas questões.[7]

A teoria do Contrato, assim como sua crítica por Hume, não trata esse conceito apenas como hipótese de origem do governo, mas também como tentativa de explicação das condições de sua permanência. E esta última questão diz respeito a realidades temporalmente situadas

---

[6] Ver o texto citado na nota 51 do mesmo ensaio. Esse texto se refere a um problema "político": a resistência popular à tirania.

[7] Os capítulos 7 a 10 de T 3.2; na EPM, o cap. 4 corresponde em parte a estes.

na fase *civil* da evolução da sociedade. Portanto, aquilo a que Hume chama *moral* abrange também estas realidades, além das outras que, como o surgimento da justiça e da propriedade, se situam na fase anterior. Não é, assim, a situação temporal de seu objeto que a define; a impossibilidade, para uma parte desse objeto, de caber no que Hume chama ciência política, serve apenas para nos mostrar que certos temas não podiam de modo algum ser por ele considerados temas de política.

Não é nossa intenção criticar os autores citados por aplicarem a um aspecto do pensamento de Hume uma designação por ele reservada a um outro, que considerava distinto do primeiro. A literatura política já consagrou suficientemente as expressões "teoria política", "filosofia política", ou simplesmente "política", indicando toda reflexão dos pensadores clássicos sobre os problemas da sociedade em geral. Para tornar inútil qualquer discussão em torno de questões de linguagem. Mais: há até razões ponderáveis para acentuar a unidade existente entre aqueles diferentes textos, apesar das distinções estabelecidas por Hume. Eles constituem, por sua temática, dentro da obra de Hume e na história da filosofia política, o equivalente do *Segundo Tratado* de Locke ou do *Contrato social*, de Rousseau. Há, portanto, motivos que justificam tomar o conjunto deles como a "filosofia política" de Hume, tal como se podem excluir desta, tomando idêntica liberdade com as intenções do autor, os ensaios econômicos a que na nota inicial fizemos referência. Mas para fazê-lo é indispensável, ao mesmo tempo, esclarecer a dualidade de que ela se reveste para seu autor. E isto porque ela determina, em parte, uma idêntica dualidade quanto ao método, cuja explicação é aqui nosso principal objetivo.

Segundo Hume, a ciência política estuda todo o conjunto dos fatos da vida das sociedades, depois de entradas em sua fase civil; seu método é a pesquisa dos efeitos das diferentes formas constitucionais, para, a partir daí, estabelecer princípios universalmente válidos. Qual o objeto, e qual o método, desse outro aspecto do pensamento político de Hume que nos surge no interior de sua moral? Em primeiro lugar, seu objeto são também realidades que se *dão* na sociedade. Em segundo lugar são, igualmente, realidades de caráter coletivo: a justiça (no sentido de Hume, de uma convenção pela qual os homens estabelecem determinadas obrigações recíprocas, como veremos mais detalhadamente), ou a fidelidade ao governo, dizem respeito aos "homens dependentes uns dos outros", à semelhança das realidades estudadas pela ciência política. Mas não constituem um objeto da mesma natureza, ou não inteiramente da mesma natureza.

Essas realidades são objeto de uma "moral social", se se quiser aceitar esta expressão, mas ainda de uma moral, e, para Hume, o único objeto possível de uma ciência moral são os *sentimentos e opiniões* dos homens (T *Intr.* 5: 21). A virtude e o vício, considerados em si mesmos, independentemente de um sujeito, são incognoscíveis. Só podem ser conhecidos nos sentimentos de aprovação ou desaprovação de um sujeito em relação a determinado fato ou ação.[8] O objeto da moral é "mais propriamente sentido do que conhecido"; o fato, a realidade efetiva (*matter of fact*) que pode ser conhecida, e cujo padrão pode ser fixado por uma ciência, são os sentimentos gerais dos homens.[9] As virtudes não são realidades do mundo exterior, são "percepções" do espírito humano. E a justiça e a fidelidade são também virtudes, distinguindo-se de outras, como o amor pelas crianças ou a gratidão pelos benfeitores, pelo fato de serem virtudes sociais, de interessarem à sociedade em geral. Como adiante veremos, a primeira é o que torna possível a sociedade natural, e a segunda a sociedade política. E é neste sentido que elas podem ser consideradas objetos de uma moral social. A justiça e a fidelidade se distinguem das virtudes *naturais*; o sentimento de aprovação que constitui estas deriva de um "instinto original" de uma qualidade "implantada na natureza humana". Mas a justiça e a fidelidade produzem essa aprovação por meio de um artifício, derivado da necessidade de manter a sociedade, a qual sem a justiça não subsistiria, e o governo, que também não poderia conservar-se se os homens não tivessem em relação a ele essa atitude de aceitação e obediência que é a fidelidade (ver T 3.2.1: 517; 8: 584). É a necessidade

[8] "O vício nos escapa inteiramente quando consideramos o objeto. Não o encontraremos, até voltarmos nossa reflexão para nosso próprio peito e encontrarmos um sentimento de desaprovação, que surge em nós com respeito a esta ação" (T 3.1.2.26: 508).

[9] Neste sentido, Hume identifica a moral à "crítica" (a qual corresponde aproximadamente ao que hoje chamamos estética). "A Moral e a Crítica não são propriamente objetos do entendimento quanto de gosto e sentimento. A beleza, seja moral ou natural, é mais propriamente sentida que percebida. Ou, se raciocinamos sobre ela, e nos esforçamos para estabelecer seu padrão, tomamos em consideração um novo fato, a saber, o gosto geral da humanidade ou algum outro fato semelhante, que possa ser objeto de raciocínio e investigação (EHU 12.33: 222).

de explicar estas virtudes *artificiais* que faz surgir na moral de Hume, primeiro uma teoria da sociedade, e depois uma teoria do governo, as quais constituem o que chamamos sua moral social.

Temos assim, na filosofia política de Hume, uma dualidade de métodos. De um lado, na *ciência* política, os princípios universais que permitem falar de uma ciência são encontrados com base no estudo da influência das formas constitucionais e da uniformidade de seus efeitos. De outro lado, a moral social, também ela uma ciência, procura igualmente estabelecer princípios gerais, encontrar o padrão ou padrões universais que regem as atitudes humanas de aprovação das virtudes artificiais que são a justiça e a fidelidade. Mas, para além desta diversidade, os métodos de ambas essas ciências têm numerosos elementos em comum, e são estes os mais importantes. É neles que podemos encontrar a raiz da oposição de Hume às teorias do racionalismo político. E essa unidade fundamental do método de sua filosofia política se verifica namedida em que as duas ciências que a constituem nascem de, e integram, um sistema que é o próprio pensamento filosófico de Hume.

Desde a primeira obra que publicou, Hume apresenta seu sistema como uma unidade. O *Tratado* é uma tentativa de renovação total do conhecimento humano, e é no movimento dessa tentativa que surgem as ciências da moral e da política. O objetivo da obra é proceder ao que o autor considera uma verdadeira revolução na filosofia e no que hoje chamaríamos ciências humanas. A finalidade da obra é indicada no subtítulo: *Uma tentativa de introduzir o método experimental de raciocínio nos assuntos morais*. Esta última expressão, "assuntos morais", não designa em Hume apenas as questões relacionadas com a moral; os temas que ela indica correspondem atualmente aos da filosofia, da psicologia, da crítica e da estética, das ciências sociais, em resumo, todos os ramos do conhecimento que têm como objeto o homem e não a natureza física.[10] As ciências que a expressão designa são as que

[10] É este o sentido atribuído à expressão por Stewart: "Por assuntos morais ele se referia ao que poderíamos chamar de 'assuntos históricos', aqueles que tratam de assuntos nos quais ocorrem mudanças e que estão nas histórias, são atribuídos não a causas físicas, mas a causas 'humanas'. Assuntos morais são o que nós, por falta de melhores termos, provavelmente chamaríamos 'as humanidades' e 'as ciências sociais'" (Stewart 1963: 10).

dizem respeito não ao mundo físico, mas sim aos múltiplos aspectos da atividade humana.[11]

Entre estes dois aspectos, a filosofia e as ciências humanas, o *Tratado* estabelece uma íntima relação. Em primeiro lugar, sua filosofia é, ela própria, uma "ciência do homem" (T *Intr.* 6: 22), cujo objeto é a descoberta dos princípios da natureza humana. Ora, para Hume tudo quanto se relaciona com o homem depende do prévio estudo de sua natureza humana (T *Intr.* 7: 22). Portanto, e em segundo lugar, é fazendo de sua filosofia o "único fundamento sólido das outras ciências" (T *Intr.* 7: 22) que Hume espera contribuir para o progresso de todas elas. Mas a relação com a natureza humana não é a mesma em todas as ciências. E a maior dependência de cada uma delas em relação ao conhecimento do homem serve a Hume de critério para um esboço de classificação. De um lado, as menos diretamente ligadas à natureza humana: matemáticas, filosofia natural, religião natural.[12] De outro lado, aquelas "cuja relação com a natureza humana é mais íntima": lógica, moral, crítica, política.[13] É certo que o desenvolvimento das primeiras está ligado ao estudo da natureza humana, pois são "objetos do conhecimento dos homens, e julgadas pelos poderes e faculdades destes; conhecer perfeitamente o entendimento humano é condição necessária de seu progresso" (T *Intr.* 4: 21). Mas as ciências do segundo grupo "dizem mais diretamente respeito à vida humana", portanto, são elas as primeiras a tomar a filosofia como seu fundamento; são elas as mais necessárias, as outras são "objetos de simples curiosidade", seu desenvolvimento é para a humanidade uma tarefa menos urgente (T *Intr.* 6: 22).

---

[11] A razão pode tomar como objeto "assuntos naturais ou morais, quer ela considere os poderes dos corpos externos ou as ações dos seres racionais" (T 3.2.1.7: 497).

[12] A expressão "filosofia natural" designava na época de Hume as ciências da natureza. A religião natural é apresentada ao lado das outras duas ciências, mas Hume lhe atribui uma posição intermédia. Diz no mesmo lugar: "a *religião natural*... não se contenta em nos instruir sobre a natureza dos poderes superiores, mas vai além, considerando sua disposição em relação a nós, e nossos deveres em relação a eles; e, consequentemente, nós não somos simplesmente os seres que raciocinamos, mas também um dos objetos acerca dos quais raciocinamos" (T *Intr.* 4: 21).

[13] A lógica é a ciência que explica "os princípios e operações de nossa faculdade de raciocínio, e a natureza de nossas ideias" (T *Intr.* 5: 21).

O valor e a exatidão das ciências da moral e da política dependem assim para Hume (tal como a lógica e a crítica) desse "fundamento quase inteiramente novo" que é a "ciência do homem" (T *Intr.* 6: 22). Assentar solidamente em sua filosofia será, assim, um elemento comum ao método de ambas essas ciências. Para conhecer os sentimentos humanos, ou para edificar uma ciência da sociedade, será necessária uma prévia investigação dos princípios fundamentais da natureza universal do homem. São ciências distintas, com objetos diferentes. Mas as realidades estudadas por uma e outra têm, "por detrás" de sua diversidade, uma camada mais profunda, uniforme, que é a natureza humana eterna e imutável (ver E 6, nota 8), cujo conhecimento lhes é imprescindível, e lhes é oferecido pela filosofia.

Mas há um outro elemento comum que deriva da *natureza* do objeto de ambas. E esse elemento serve a Hume de critério para uma outra classificação. As ciências podem ter como objeto ou "a quantidade e o número" ou *realidades* (*matters of fact*) (EHU 12.27, 28: 219, 220). Temos assim, de um lado as matemáticas, e do outro as restantes ciências, pois todas estas têm como objeto coisas *existentes*, e não simples relações sobre cuja efetiva existência nada é afirmado. De acordo com esta nova perspectiva, a moral e a ciência política aparecem colocadas, não já apenas ao lado das outras ciências humanas, mas também, juntamente com estas, ao lado da física, da química e das outras ciências da natureza. Todas elas são ciências que tratam de fatos, e de fatos *gerais*. Neste sentido, a moral e a política estão mais próximas da física do que da história, pois esta ciência, embora estude também fatos humanos, estuda fatos particulares. Ao passo que cada uma das ciências de fatos gerais investiga "as qualidades, causas e efeitos de toda a espécie de objetos" (EHU 12.31: 222).

Assim, a filosofia política de Hume (no sentido em que convencionamos tomar a expressão, abrangendo tanto a moral social como a ciência política) tem sua unidade de método garantida, de um lado, pela fundamentação na filosofia, e, de outro, pela identidade da natureza de seus dois objetos. Vimos que os "valores morais" que têm importância para a sociedade, a justiça e a fidelidade, desde que tomados nos sujeitos, como "opiniões e sentimentos humanos", devem ser considerados *matters of fact*. Sua natureza é, portanto, em parte, a mesma dos fatos gerais (leis constitucionais e seus efeitos) da ciência política – como é também a mesma dos fatos gerais da natureza humana ou física. O que fundamentalmente caracteriza o objeto de cada uma delas é ser constituído por realidades, e não por relações abstratas. O método da filosofia política nunca poderia ser, portanto, o "método geométrico" de Hobbes ou Spinoza, ou o método matemático da moral, e também da política de Locke.[14] Para Hume, a existência de qualquer fato só pode ser provada por "argumentos tirados de sua causa e efeito"; e só a experiência é capaz de nos informar sobre "a natureza e os limites da causa e do efeito, e nos permite inferir a existência de um objeto da existência de outro" (EHU 12.29: 221). O modelo da filosofia política não pode ser uma ciência "demonstrativa" ou "abstrata", como a álgebra e a geometria, seu objeto é diferente, não permitindo que se atinja, em moral ou em política (do mesmo modo que na física), o mesmo tipo de certeza científica.[15]

O modelo só pode ser o de uma ciência cujo objeto seja de idêntica natureza. Isto é, o daquela "filosofia natural" cujos progressos a Introdução ao *Tratado* atribui ao "método experimental" de Bacon, advogando a sua aplicação a todas as ciências do homem, incluindo a própria filosofia (T *Intr.* 7: 22). Mas não é no introdutor desse método que Hume diretamente se inspira; o que mais fortemente o impressiona são os progressos da física durante o século XVII. O modelo, que procura seguir, tanto em filosofia como em moral e política, é o da física de Newton.[16] O que Hume vai procurar, em relação aos fatos da natureza humana, aos sentimentos dos homens e às realidades sociais, é o mesmo que Newton conseguiu em relação aos corpos do mundo

---

14 "Ouso pensar que a moralidade é suscetível de demonstração, assim como as matemáticas: uma vez que a essência real precisa das coisas que as palavras morais representam pode ser perfeitamente conhecida; e assim certamente se descobrirá a congruência e incongruência das próprias coisas; no que consiste o conhecimento perfeito" (Locke, *Ensaio* 3.11.16, v. II: 156).

15 Respondendo diretamente às afirmações de Locke acima citadas, escreve Hume "Alguns filósofos propagaram muito aplicadamente a opinião de que a moralidade é suscetível de demonstração. E, embora ninguém jamais tenha sido capaz de dar um único passo nessas demonstrações, dá-se por suposto que essa ciência pode alcançar uma certeza igual à da geometria ou da álgebra" (T 3.1.1.18: 503).

16 "Vale a pena tentar descobrir, pelo menos, se a ciência do homem não admite a mesma exatidão de que são suscetíveis várias partes da filosofia da natureza" (*Abstract* 1: 683). Como adiante veremos, é mais a Newton do que a qualquer outro que Hume aqui se refere.

físico: a determinação das leis que regem essas realidades. Hume é, assim, o primeiro pensador a conceber e procurar pôr em prática uma "física da sociedade", e neste sentido se antecipa a Montesquieu.[17] Para Hume, a natureza dos fatos é em certa medida uma só, quaisquer que eles sejam. Não vê, por exemplo, motivo para hesitar em constituir as ciências humanas e sociais nas mesmas bases da ciência natural.

No mundo humano ou no mundo físico, Hume vê manifestar-se o mesmo tipo de *necessidade*. Os "desígnios e projetos humanos" devem ser considerados como "princípios que agem de maneira tão necessária como o calor e o frio, o úmido e o seco" (T 3.2.2.9: 514). É semelhante o que afirma das paixões humanas: "Na produção e conduta das paixões, há um certo mecanismo regular, que é suscetível de investigação tão rigorosa como as leis do movimento, da ótica, da hidrostática ou de qualquer aspecto da filosofia natural" (*Dissertação*, 6.9: 181). E também sua teoria do conhecimento segue o modelo newtoniano: os princípios que regem a coesão entre as ideias são por Hume comparados a "uma espécie de atração, que no mundo mental tem efeitos tão extraordinários como no mundo natural" (T 1.1.5.6: 37). Do mesmo modo, os "axiomas universais" da ciência política são concebidos à semelhança das leis da física, em sua pretensão de descobrir nas leis constitucionais certas causas que sempre produzem os mesmos efeitos (ver E 6: 128, 130, 134). Hume chega mesmo a parafrasear as regras enunciadas por Newton, como, por exemplo, quando afirma dever-se procurar, no estudo do espírito humano, explicar todos os fenômenos deste pelo menor número possível de princípios.[18] Sua moral social se inspira também, declaradamente, naquelas regras. No final de sua análise da justiça,

---

[17] O livro 3 do *Tratado* (1740) e alguns dos ensaios políticos mais importantes (1741) apresentam, bem antes da publicação de *O espírito das leis* (1748), essa concepção de uma "física social" que é comum aos dois pensadores e cuja primazia é atribuída ao filósofo francês por Althusser. Ver Althusser, 1959: 9.

[18] "...descobrimos no curso da natureza que, ainda que os efeitos sejam muitos, os princípios dos quais eles surgem, são em geral poucos e simples; e que um filósofo natural que recorresse a uma qualidade diferente a fim de explicar cada operação diferente daria mostras de inabilidade. Quanto mais isso deve ser verdade no que diz respeito à mente humana, que, sendo um objeto tão limitado, pode, com razão, ser considerada incapaz de conter uma quantidade tão monstruosa princípios...?" (T 2.1.4.6: 316) O que não é mais do que um simples desenvolvimento, e aplicação à natureza humana, da primeira regra de Newton: "Não devemos admitir mais causas das coisas naturais do que aquelas que são verdadeiras e suficientes para explicar suas aparências" (Newton 1952: 3: 270).

na segunda *Investigação*, a atribuição de um mesmo fundamento, o interesse público, as virtudes aparentemente distintas, como a amizade, a benevolência, a lealdade ou a justiça, é justificada pela regra segundo a qual "quando se verifica a grande força e energia em um caso" se deve "atribuir-lhes idêntica energia em todos os casos semelhantes"; e assinala ser esta a principal regra de Newton (EPM 3.48: 268).[19]

A constante rejeição das "hipóteses" que se encontra em Hume corresponde à mesma aceitação dos princípios newtonianos. Declara o *Tratado*: "Se permitirmos que uma ardente imaginação penetre na filosofia, e se aceitarmos hipóteses apenas por serem especiosas e agradáveis, jamais poderemos chegar a princípios ou opiniões firmes" (T 1.4.7.14: 304). Hume não toma de Newton apenas o uso do termo nesta acepção. Sua condenação das "conjecturas e hipóteses" tem igualmente o sentido de substituí-las pela experiência, renunciando a explicar os fatos por quaisquer ocultos "princípios últimos" (T *Intr.* 9: 23).[20] A "paixão pelas hipóteses" é uma doença da qual os homens já se curaram, mas apenas no campo da filosofia natural; torna-se necessário que o mesmo seja feito na "filosofia moral" (EPM 1.10: 231).[21] Não há motivo para se estabelecer qualquer distinção ou separação. A evidência de caráter natural forma com a de caráter moral (humano) "uma cadeia de raciocínio" (EHU 8.16: 64). Como vimos, não há qualquer diferença essencial, em ambos os domínios, quanto ao tipo de certeza a que em um ou outro é possível chegar-se.

A filosofia política de Hume pretende, assim, tomar como base a *experiência*. Esse fundamento lhe é oferecido, em primeiro lugar, pela "ciência do homem". A filosofia política assenta nos resultados obtidos pela filosofia; e esta por sua vez tem, como único fundamento sólido possível, "a experiência e a observação" (T *Intr.* 7: 22). Aqueles resultados

---

[19] Nas edições até 1768, Hume indica a segunda regra de Newton. Diz essa regra dos *Princípios matemáticos*: "Portanto, para os mesmos efeitos naturais, devemos, na medida do possível, atribuir as mesmas causas" (Newton 1952, 3: 270).

[20] Diz Newton: "Mas até agora não fui capaz de descobrir a causa dessas propriedades da gravidade a partir dos fenômenos, e não formulo nenhuma hipótese; pois tudo o que não se deduz dos fenômenos deve ser chamado de hipótese; e as hipóteses, sejam metafísicas ou físicas, sejam de qualidades ocultas ou mecânicas, não têm lugar na filosofia experimental" (Newton 1952, 3: 371).

[21] A expressão "filosofia moral" abrange tanto a filosofia como as outras quatro ciências humanas.

são uma sistematização do estudo experimental dos princípios da natureza humana. Tomar a filosofia como fundamento é já, portanto, para a filosofia política, aplicar o "método experimental"; não no sentido de experimentação, de experiência provocada, evidentemente, mas no de *observação* da realidade.[22] O conhecimento dos "sentimentos humanos" é, antes de mais nada, conhecimento da natureza universal desses homens. Mas o fundamento empírico da filosofia política não se limita a este aspecto, ela procura basear-se na observação de todo aspecto da realidade que possa contribuir para explicar os fenômenos sociais, sejam de caráter moral ou político. Há uma outra forma de experiência, aquela que vimos ser a base da ciência política; mas não é apenas a observação dos fenômenos relacionados com as leis constitucionais, é a da vida humana em todos os seus aspectos. Essa experiência pode ser a observação direta dos fatos atuais, ou pode ser fornecida por essa "ciência secundária" que vimos ser a *história*. Os materiais por esta fornecidos a qualquer das ciências humanas são para Hume exatamente do mesmo valor que os da experiência direta. Mais ainda do que uma ciência autônoma, a história é para o filósofo político uma outra forma de experiência.[23] Sejam quais forem os materiais que servem de ponto de partida, o método é o mesmo. Primeiro a observação dos fenômenos, do espírito humano ou da sociedade. Em seguida, o filósofo político procurará verificar se esses fenômenos são redutíveis a um princípio comum, e se é possível ligar este a um outro princípio para, finalmente, chegar "àqueles poucos princípios dos quais tudo o mais depende" (*Abstract* 1: 684).

Esta elaboração dos resultados da experiência mostra que o termo "experimental" significa apenas que toda especulação deve assentar solidamente num fundamento empírico, e não que as conclusões da filosofia e da ciência sejam simples resultados *imediatos* da observação.

---

[22] "A filosofia moral tem, entretanto, esta desvantagem peculiar, que não se encontra na filosofia da natureza: ela não pode reunir seus experimentos de maneira deliberada e premeditada, a fim de esclarecer todas as dificuldades particulares que possam surgir" (T *Intr.* 10: 24).

[23] Num ensaio retirado das edições a partir de 1760, Hume se refere à história nos seguintes termos: "Esta invenção, que estende nossa experiência a todas as épocas passadas e às nações mais distantes, contribui muito para o aumento do nosso saber, como se a história tivesse realmente se passado sob nossa observação" ("Sobre o estudo da história", G & G, II: 390).

A reflexão intervém como mediadora entre a observação dos fenômenos, físicos e humanos, e os resultados obtidos. O que Hume recusa à razão é, por exemplo, a possibilidade de conhecer *a priori* uma realidade existente como o espírito humano, sem ser "a partir de experiências cuidadosas e exatas", observando-o em "diferentes circunstâncias e situações", e submetendo depois as conclusões alcançadas a uma verificação empírica (T *Intr.* 8: 23).

Na *Investigação sobre o entendimento humano* Hume rejeita como superficial a distinção, que afirma ser universalmente aceita pelos filósofos, entre a razão e a experiência. É um erro considerar as conclusões derivadas da primeira um "simples resultado de nossas faculdades intelectuais", como se a razão pudesse investigar *a priori* a natureza das coisas. E é igualmente falsa a suposição de que as conclusões tiradas da segunda resultam apenas da observação. Para ilustrar seu argumento Hume escolhe um exemplo político: a necessidade de limitar o poder de um soberano pode ser defendida pela razão (aqui no sentido de *entendimento*, não se trata da razão demonstrativa), a qual, "refletindo sobre a grande fragilidade e corrupção da natureza humana, ensina que a nenhum homem pode ser confiada uma autoridade ilimitada"; ou pode ser defendida a partir da experiência, fornecida pela história, a qual mostra que em todos os tempos a ambição dos governantes tem abusado dessas concessões. Ora, os argumentos do primeiro tipo assentam sempre num princípio geral, o qual por sua vez só pode ter como fundamento a observação. Em qualquer ciência, é sempre a experiência o fundamento último de todas as conclusões. A diferença entre os dois tipos de argumento é que no primeiro intervém "um certo processo de pensamento", uma reflexão que permite prever os *efeitos* da realidade observada; e no segundo a conclusão é idêntica ao exemplo concreto do qual foi tirada. Neste os efeitos da tirania são conhecidos graças à observação dos efeitos das tiranias conhecidas; naquele os efeitos da tirania são concluídos também a partir de uma realidade concreta, mas diferente, que é a natureza humana (EHU 5.5: 76 nota).

Ora, os dois aspectos essenciais do método da filosofia política de Hume correspondem a esta divisão. Ao primeiro corresponde a fundamentação na história, ao segundo a fundamentação na filosofia. As realidades sociais podem ser explicadas a partir da observação dos mesmos efeitos, repetidamente resultantes das mesmas circunstâncias, como, por exemplo, as formas de governo, ou a partir do conhecimento da natureza humana, cujos princípios dão também sempre origem, se as circunstâncias se mantiverem idênticas, aos mesmos efeitos. A história e a filosofia são para Hume dois campos de experiência. Se à segunda é concedido um lugar preeminente em relação à primeira, é talvez, em parte, por seu caráter estruturado, de uma experiência já por ele organizada em discurso, na primeira *Investigação* e na *Dissertação sobre as paixões* e, antes destas, no *Tratado*. Mas é, sobretudo, porque a forma de experiência que oferece é mais rica, mais completa. O primeiro tipo de experiência é preferido ao segundo, e sua superioridade lhe vem da intervenção da reflexão. A "rejeição da razão", que é a marca do empirismo de Hume, tanto na "ciência do homem" como na filosofia política (ou na moral, ou nos textos de estética literária ou de crítica da religião) significa, portanto, apenas a recusa daquele uso ilegítimo da razão que consiste em ir, com ela, além dos limites fixados pela experiência, isto é, a condenação do que chama "as hipóteses".

O caráter do pensamento de Hume é, assim, o mesmo, tanto em filosofia quanto em política. A crítica ao racionalismo "metafísico", de Descartes ou Clarke, tem seu exato paralelo na frontal oposição que faz ao racionalismo político de Hobbes e Locke, às "ficções filosóficas" como a teoria do Contrato. Também estas são "hipóteses", e, o que é mais grave, hipóteses que a experiência desmente. A filosofia política de Hume pretende afastar-se de toda "metafísica", de toda teoria política que assente, como a filosofia racionalista, em "princípios aceitos sem discussão" (T *Intr.* 1: 19). Seu princípio condutor é a aplicação do "método experimental". Hume é, assim, o primeiro filósofo empirista a aplicar ao domínio da filosofia política os mesmos princípios de sua teoria do conhecimento. Em Berkeley não se pode falar propriamente de uma filosofia política: *The Querist* é uma obra essencialmente econômica. E em Locke temos uma política inteiramente fundamentada na ideia de uma "lei da natureza" inscrita por Deus na razão humana, a qual o filósofo invoca sempre que se trata de justificar as proposições centrais de seu sistema.

Se para Hume as ciências humanas podem tomar por base sua filosofia, a qual lhes é até indispensável, que sentido pode ter o "ceticismo" que ele próprio sugere a respeito dessa filosofia? Seria já surpreendente que um filósofo cético proclamasse com tanto vigor e confiança as possibilidades das ciências humanas; mas que apresentasse sua própria filosofia como fundamento destas, e como sendo ela mesma uma "ciência do homem" identicamente rigorosa, seria algo perfeitamente paradoxal. É certo que há nos *Ensaios* algumas declarações vagamente descrentes das possibilidades de previsão e certeza em ciência política, como, por exemplo, quando Hume se refere às hesitações do político em vaticinar a situação futura de um país, com alguns anos de antecedência (E 9: 151). Mas já vimos que no ensaio sobre a ciência política ele afirma, pelo contrário, ser possível formular "axiomas universais" com um caráter de certeza próximo do das conclusões matemáticas (E 6: 130, 132). E vai mais longe ainda na primeira *Investigação*, onde declara que, depois de bem pesadas as possibilidades das ciências matemáticas e das ciências "morais", se verifica que "as vantagens e desvantagens de uma aproximadamente equilibram as da outra, reduzindo ambas a uma situação de igualdade" (EHU 7.2: 96). De outro lado, os "axiomas" têm justamente a utilidade de permitir aos legisladores, depois de conhecerem quais as leis que produzem efeitos benéficos, "regular o futuro", pondo em prática essas leis (E 6: 134). Mais: depois das declarações céticas acima referidas, Hume vai, no decorrer do mesmo ensaio – cujo tema é, precisamente, um problema de previsão, o de saber qual será a futura evolução do governo inglês –, formular previsões, declarando que "todo governo tem um fim", o qual é "tão inevitável para o corpo político como para o corpo animal", que, portanto, a forma de governo vigente na Inglaterra também terá esse fim, devendo ser, quer em médio quer em longo prazo, substituída pela monarquia absoluta (E 9: 154-5).

Quando defende certas posições que ele próprio considera céticas, Hume dá a estas a designação geral de "ceticismo mitigado", e como tal o opõe ao pirronismo, o qual classifica como excessivo. O ceticismo que advoga significa, em primeiro lugar, a desconfiança em relação a todo dogmatismo, equivale apenas a uma certa medida de "dúvida, cuidado e modéstia" em tudo quanto seja afirmado. Em segundo lugar, essa atitude é conducente a "limitar nossa investigação aos assuntos mais adequados à estreita capacidade do entendimento humano"

(EHU 12.25: 218). Mas, na realidade, conforme assinala Flew, esses limites, tais como são traçados por Hume em seu programa de reforma das ciências e da filosofia, nada têm de estreitos (Flew 1961: 270). Suas afirmações sobre o rigor e a exatidão das ciências humanas não seriam até, sem dúvida, partilhadas pelo mais otimista dos sociólogos de hoje. Se pode ter sentido falar-se de "ceticismo" a respeito do seu pensamento, é apenas na medida em que essa atitude visa às pretensões do racionalismo metafísico ou político. É contra esses filósofos que Hume acentua as limitações da "razão demonstrativa", a impossibilidade, para esta, de descobrir nada que não seja relações abstratas (T 3.1.1.19: 503), sua necessidade de restringir-se ao domínio das matemáticas, pois só as relações que neste se encontram podem ser objeto de um conhecimento demonstrativo (EHU 12.27: 220). Mas os "estreitos limites" do entendimento humano significam apenas que todo conhecimento relativo a fatos concretos só pode provir da experiência.[24] O que permanece fora desses limites são os "princípios últimos" de qualquer realidade, pois nenhuma experiência pode servir de base a sua descoberta.

Mas reconhecer essas limitações não é por Hume considerado o fim de toda ciência possível, mas precisamente o início da única ciência verdadeira. Esse reconhecimento tem a virtude de levar o filósofo, depois de ter ido o mais longe possível, à convicção de que atingiu "o máximo alcance da razão humana", satisfazendo-se plenamente com os resultados obtidos (T *Intr.* 9: 23).[25] É necessário apenas que suas conclusões sejam confirmadas pela experiência.[26] No caso da filosofia política, sobretudo, a experiência da história e da natureza humana, experiência que é, para Hume, a prova decisiva do método de qualquer das duas ciências que a constituem.

---

[24] "Todo esse poder criador da mente consiste meramente na capacidade de compor, transpor, aumentar ou diminuir os materiais que nos são fornecidos pelos sentidos e pela experiência" (EHU 2.5: 35).

[25] Afirma também "... e embora nunca possamos chegar aos princípios últimos, já é uma satisfação ir até onde nossas faculdades nos permitirem" (*Abstract* 1: 684).

[26] "Nada é mais necessário para um verdadeiro filósofo do que restringir o desejo imoderado de procurar por causas e, tendo estabelecido uma doutrina determinada em um número suficiente de experimentos, sentir-se satisfeito com isso, quando ele vê que um exame mais profundo o conduziria a especulações obscuras e incertas" (T 1.1.4.6: 37).

A importância da primeira dessas formas de experiência é atestada, nos *Ensaios*, pela profusão das referências a historiadores antigos e modernos, a Tácito, a Políbio, a Maquiavel. Mas vimos já a maior importância da segunda; e veremos que os dados fornecidos pela história são geralmente interpretados por Hume à luz dos resultados de sua ciência da natureza humana. O caráter da fidelidade política, por exemplo, ou de uma determinada forma de governo, é descoberto, num primeiro momento, a partir da experiência histórica. Mas são as conclusões de sua filosofia, os princípios da paixão e do entendimento dos homens, que permitem a Hume explicá-lo e conferir-lhe um sentido.

Quanto às relações que possam ser estabelecidas entre a filosofia política e a moral em sentido restrito (como investigação das virtudes cujo significado, ao contrário do da justiça e da fidelidade, não diz tão diretamente respeito à sociedade como um todo), não pretendemos aqui negar-lhes validade. Simplesmente, não nos parece legítimo exagerar a importância dessas relações, como é, por exemplo, o caso de Vaughan, para quem a política de Hume assenta inteiramente em sua teoria moral, particularmente quanto a seu aspecto utilitarista. Nem tampouco que a descrição, pelo mesmo autor, do sistema de Hume em termos de uma passagem da filosofia para a ética, e desta para a política, constitua uma imagem adequada (Vaughan 1960: 307-8). Ao colocarmos o problema nesses termos, preferiríamos dizer que, em Hume, ética e filosofia política possuem um mesmo e comum fundamento, sem que tenha sentido estabelecer entre elas essa hierarquia.

Procuraremos assim, sobretudo, no comentário aos pontos centrais de sua filosofia política, seguir os itinerários através dos quais se estabelece, no interior do pensamento de Hume, essa estreita vinculação entre política e filosofia que o próprio autor anuncia no início de seu *Tratado da natureza humana*.

II. A SOCIEDADE NATURAL

Os homens sempre viveram organizados em sociedade; esta não é uma criação do governo, ao qual preexiste, e irá até, posteriormente, condicionar sua instituição; a mais primitiva condição da humanidade deve ser considerada já *social.*[27] É esta a resposta de Hume às hipóteses racionalistas do "estado de natureza". As concepções de Hobbes e Locke, em certa medida tão opostas quanto podem sê-lo um "estado de guerra" e perpétua discórdia (ver acima, p. 16, nota 4) e uma situação de "paz, boa vontade e assistência mútua" entre os homens (Locke, *Segundo Tratado* 3.19: 321) têm em comum a definição dessa condição originária como pré-social. Para ambos esses filósofos, o primeiro surgimento da sociedade assume a forma política do *Estado.*

O que Hume condena no racionalismo político é sua deficiente fundamentação na experiência. Mas como formular, sobre fato situado em época tão recuada, qualquer teoria que não seja uma mera "hipótese"? O problema que aqui está em causa se situa num período primitivo, anterior à invenção da escrita, do qual, portanto, não ficou qualquer registro na história.[28]

Nenhuma forma de observação direta é possível, como não o é tampouco essa "observação indireta" que é a história. Portanto, a solução para fugir às hipóteses racionais" e manter-se dentro do mais consequente empirismo será basear toda especulação sobre a situação originária da humanidade nessa outra forma de experiência que é o estudo da natureza humana.

Uma primeira conclusão é tirada, não da natureza humana em sentido restrito (o entendimento e as paixões), mas simplesmente de sua natureza física. Considerando apenas este aspecto, o homem isolado é o ser mais desprotegido de toda a criação. É um exemplo único de desproporção entre a amplidão dos desejos e a exiguidade dos recursos naturais. São inúmeras suas necessidades quanto à alimentação, vestuário, abrigo; e são bem fracos os meios de que dispõe para satisfazê-las. Certos animais são igualmente ou ainda mais fracos; mas facilmente encontram seu sustento. Outros têm grandes exigências de alimento; mas sua força e agilidade são suficientes para sustentá-las. O homem não é o mais fraco dos animais; mas é aquele em que há

---

27 "seu primeiro estado e situação pode ser justamente considerado social" (T 3.2.2.14: 553). Esta ideia se encontra já em Shaftesbury, mas baseada numa espécie de instinto natural. *Essay on the Freedom of Wit and Humour, Works,* I: 110 (Citado em Basil Willey 1940: 69).

28 Hume considera a invenção da escrita posterior ao surgimento do governo (Ver E 2: 91).

maior desequilíbrio entre os desejos e os meios, entre o que precisa e o que pode alcançar (T 3.2.2.2: 525).

Para compensar essa crueldade da natureza, a única solução possível é a sociedade. Cada homem, unindo suas poucas forças às de outros homens, aumenta seu próprio poder e capacidade; a divisão do trabalho permite a cada um adquirir maior habilidade e destreza na execução de determinadas tarefas; e, graças à ajuda mútua, cada homem fica menos sujeito ao acaso e aos acidentes. Assim a sociedade traz consigo três importantíssimas vantagens: maior força, maior destreza, maior segurança (T 3.2.2.2: 525). Mas isto mostra apenas que ela é benéfica para os homens. E Hume afirma também, contra Hobbes e Locke, que ela, necessariamente, sempre existiu.

A origem da sociedade é por Hume atribuída à *família*. É esta a situação de todo homem quando nasce; e é graças a encontrarem-se nessa situação que os homens vão poder formar a sociedade (T 3.2.2.4: 526). Esta conclusão assenta na observação da natureza humana: a constituição da família é imposta por um "princípio passional", que é o desejo sexual; este é suficiente, sem o concurso de outros princípios da natureza do homem, para que a família surja, de maneira natural e necessária. É, assim, uma das paixões (T 2.2.11.4: 429) que produz a primeira forma de união entre os homens; é o instinto sexual que constitui o "princípio primeiro e original da sociedade humana" (T 3.2.2.4: 526).

Hume baseia sua explicação da origem da sociedade não só na doutrina *Das paixões* (depois resumida na *Dissertação*), mas também na teoria do conhecimento do primeiro livro do *Tratado* e da primeira *Investigação*. A procriação gera a família de maneira necessária e instintiva, independentemente de qualquer escolha, sem que seja necessário avaliar suas vantagens ou inconvenientes. E, embora as vantagens de maior força, destreza e segurança só possam ser plenamente sugeridas com uma cooperação social mais ampla do que a da família, essa cooperação só será estabelecida se os homens tiverem conhecimento das referidas vantagens. Não existe na natureza humana qualquer instinto social, cego e infalível como o da procriação; há até, em todo ser humano, certas tendências egoístas que são contrárias à união social (T 3.2.2.4: 526). Esta só será possível com uma intervenção do entendimento. "Os movimentos cegos da paixão, sem a direção do entendimento, tornam impossível a sociedade" (T 3.2.2.14: 533). Ora, as vantagens da cooperação social são, evidentemente, realidades e não relações abstratas; e vimos na seção anterior que o conhecimento deste tipo de objeto só pode vir da experiência (ver acima, p. 25). A situação do homem primitivo é sob este aspecto a mesma do filósofo ou cientista; para que o entendimento possa fornecer o conhecimento de *qualquer* espécie de realidade, é indispensável o concurso da experiência. E a importância da família vem justamente do fato de constituir, para o homem primitivo, o terreno de uma experiência possível.

É bem conhecida a teoria humeana da causalidade. Todas as inferências (*reasonings*) relativas a fatos ou realidades assentam na relação de causa e efeito. E para que esta possa ser estabelecida são necessárias três condições: a *contiguidade* de tempo e de lugar entre a causa e o efeito, a *prioridade* da primeira sobre o segundo, e, sobretudo, a *conjunção constante* de ambos, Antes de se ter *experiência*, repetidas vezes, destas relações entre dois fatos, é impossível afirmar que um deles foi produzido pelo outro (T 1.3.2: 101-6). Do mesmo modo, os homens precisam, antes de poder conceber a utilidade da cooperação social, ter a experiência da conjunção constante entre sucessivos casos particulares de cooperação entre os membros da família e os efeitos benéficos daí resultantes. É só, por exemplo, depois de ver diversas vezes três homens moverem uma rocha que seria demasiado pesada para um só que se pode conceber essa colaboração como *causa* de maior força. Mas os homens não se limitam a conceber a relação de causalidade, também acreditam nela. E a crença nessa relação implica também a suposição de que, no futuro, a mesma causa produzirá sempre o mesmo efeito. É nessa suposição que assenta a crença de todos os homens na uniformidade da natureza. Ora, essa uniformidade, baseada na convicção de que o futuro corresponderá sempre ao passado, não pode ser *demonstrada* pela razão (só é possível em relação a entidades matemáticas). Nem tampouco pode ser provada em termos de *probabilidade*, pois os argumentos deste tipo assentam, precisamente, na conformidade entre o futuro e o passado, que é justamente o que se trata de provar. Essa conformidade é ela mesma uma realidade, um fato, e só pode ser provada a partir da experiência; e evidentemente não é possível ter experiência do futuro. Essa crença, simplesmente não pode ser provada, e é neste sentido que não é lícito falar-se de uma *conexão necessária* entre as causas e os efeitos. O que dá origem à crença é apenas o hábito; não há nada no objeto que possamos apresentar como justificação da crença; é simplesmente o poder do hábito sobre a imaginação que leva o espírito humano a esperar ver surgir, depois de um determinado fato, um outro fato que se habituou a ver sempre ligado a ele. É o hábito, e não a razão, o grande princípio regulador da natureza humana (T 1.3.6.1-7: 115-118; 1.3.2.8-14: 132-135; 1.3.15.17-32: 197-204). É em sua teoria do conhecimento, assim, que Hume encontra o fundamento da atribuição da origem da sociedade à família; é ela que lhe permite afirmar ser esse princípio que, "agindo sobre os jovens espíritos das crianças, as torna cientes das vantagens que podem colher da sociedade" (T 3.2.2.4: 527). E é ela também que, num dos ensaios, fundamenta a inclusão do hábito entre os fatores que levam o homem a manter a sociedade, para além dos limites da família, juntamente com a "necessidade" (a de compensar sua fraqueza física, para satisfazer seus desejos) e a "inclinação natural" (o instinto sexual) (E 1: 85).

O hábito tem outra consequência para a formação da sociedade, mas agora no domínio das paixões: ele vai atenuar a força daquelas tendências que, como o egoísmo, são contrárias à união dos homens com seus semelhantes. A rede de relações efetivas que se estabelece entre os membros da família de certo modo prepara estes para o convívio com outros indivíduos (T 3.2.2.4: 526). Hume declara não atribuir, na natureza humana, uma influência desmesurada às tendências egoístas, manifestando até sua oposição às descrições exageradas e monstruosas que "certos filósofos" (aqui visa provavelmente Hobbes, ver *Leviatã* 13: 63) fazem da humanidade. Sustenta até que as tendências altruístas (*kind affections*) superam as egoístas, na maioria dos homens. Mas a generosidade dos homens é sempre limitada ao círculo estreito de suas relações. Assim, de um lado o egoísmo natural ("todo homem se ama mais a si mesmo do que a qualquer outro"), e de outro lado essa "generosidade limitada" (que é quase tão adversa às "grandes sociedades" como "o mais estreito egoísmo"), constituem um obstáculo à união social, considerada esta em uma esfera mais ampla do que a da simples família, isto é, na esfera propriamente social – a da nação, ou pelo menos a da tribo (T 3.2.2.6: 528). Não há na natureza humana qualquer impulso natural no sentido de uma generosidade mais ampla, qualquer paixão como aquilo a que se chama o "amor à humanidade" (T 3.2.2.12: 521), que seja capaz de equilibrar os efeitos dos "movimentos cegos das paixões". Nem tampouco o hábito tem aqui um papel decisivo, ele se limita a "limar as arestas duras" dessas paixões (T 3.2.2.4: 527), sem erradicá-las da natureza do homem, sem oferecer a este, de maneira imediata, a possibilidade de realizar uma aliança estável e duradoura com seus semelhantes. A sociedade não pode ser formada apenas através da ação dos princípios naturais do espírito humano (T 3.2.2.8: 528-9; E 2: 90). Nenhum homem se abstém espontaneamente de atentar contra as posses dos outros, o que constitui uma ameaça para todos, impedindo a paz social. A sociedade só será possível se for conferida *estabilidade* às posses de cada um, finalidade que só poderá ser atingida se se fizer surgir no espírito dos homens uma qualidade que ele não possui naturalmente: a *justiça*.

Vimos na seção anterior que a justiça é por Hume classificada como uma "virtude artificial". Não é, portanto, através de quaisquer princípios naturais que vão ser resolvidas as dificuldades que se opõem à união em sociedade. A justiça se distingue daqueles princípios, de virtudes inteiramente naturais como a gratidão, a generosidade, a moderação ou a equidade (T 3.3.1.2, 11: 613, 618; E 2: 101-102), pelo fato de, ao contrário destas, não derivar diretamente da natureza humana, sendo uma consequência de condições criadas pelos homens (e é neste sentido que ela é artificial), isto é, "da educação e das convenções humanas" (T 2.1.17: 524).

Os termos em que Hume define a situação dos primeiros grupos humanos, atribuindo-lhes um certo grau, embora embrionário, de organização social, são radicalmente opostos à concepção hobbesiana de uma humanidade dispersa e vivendo sob uma permanente ameaça de guerra. Em sua definição do problema da justiça encontramos uma idêntica oposição. Para Hobbes a justiça é, juntamente com a sociedade, uma criação do Estado. A justiça só pode surgir onde estiver já estabelecida uma lei; e nenhuma lei pode existir sem uma autoridade estatal que seja capaz de garantir seu cumprimento por todos os membros da comunidade. A injustiça só tem sentido entendida como "o não cumprimento dos pactos"; e nenhum pacto pode ser válido se não for sancionado pela "espada", pelo poder de seu soberano civil (*Leviatã* 13: 64-6; 15: 77).[29]

Segundo Hume, pelo contrário, a justiça é estabelecida ainda no interior da sociedade, antes do surgimento do governo ou de qualquer instituição destinada a impor sua observância a todo um grupo social. A forma de sua criação é a de uma *convenção* entre todos os membros da sociedade, mediante a qual todos concordam em permitir que cada um goze tranquilamente de todos os bens econômicos que possa adquirir, "pela sorte ou pelo trabalho" (T 3.2.2.9-10: 530). Só assim será possível conseguir aquela *estabilidade da posse* que vimos ser indispensável à própria preservação da sociedade, pois só ela é capaz de evitar um conflito universal entre os homens. É após esta convenção, quando cada um é já reconhecido pelos outros como proprietário dos bens por ele adquiridos, que surgem as ideias de justiça e de injustiça (as quais, antes dessa convenção e desse reconhecimento, simplesmente não teriam sentido), ao mesmo tempo que as noções de propriedade, de direito e de obrigação (T 3.2.2.10-11: 530-1).

A justiça, portanto, não depende de qualquer espécie de pacto ou contrato. A noção de obrigação surge simultaneamente com a de justiça, e consequentemente não pode ser seu fundamento; e sem a noção de obrigação a própria noção de contrato não pode ser concebida por ninguém da comunidade. A regra da estabilidade da posse não assenta, portanto, em uma promessa; é, pelo contrário, a noção de promessa que deriva dessa regra. A noção de promessa não pode ser confundida com a de convenção. De acordo com esta última, os homens respeitam as posses alheias ao mesmo tempo em que esperam dos outros um procedimento análogo, à maneira de dois remadores, os quais puxam os remos de seu barco, "por acordo ou convenção, embora nunca tenham feito qualquer promessa um ao outro" (T 3.2.2.10: 530; EPM, Apêndice 3.7: 392). Não é necessário, de outro lado, que uma autoridade política imponha, como em Hobbes, o cumprimento dos termos desse acordo. A regra de estabilidade da posse surge muito antes disso, já dentro de cada família, onde os pais tomam essa iniciativa a fim de manter a concórdia entre os filhos (T 3.2.2.14: 533).

---

[29] Afirma Hobbes sobre a validade dos pactos: "Os pactos, sem a espada, não são mais que palavras, e não tem de modo algum força para proteger os homens" (*Leviatã* 17: 87).

Neste ponto a filosofia política de Hume se aproxima, aparentemente, das teorias de Locke. Segundo estas, a propriedade é também anterior ao governo. Existe já no estado de natureza, no qual a cada um é atribuída pelos outros a posse definitiva e estável daqueles bens que conquistou através de seu trabalho (ver *Segundo Tratado* 5.30: 331). Mas o que determina o respeito pela propriedade é uma *lei natural*, conceito este que na filosofia de Locke surge identificado à razão, uma razão moral que impõe à consciência dos homens naturais esse respeito, juntamente com o da vida e da liberdade dos outros (ver *Segundo Tratado* 5.30: 331). Estamos, portanto, bem longe da *convenção* de Hume. Não há, para este, nenhuma lei natural que não sejam as regras de justiça originadas por essa convenção, as quais são "naturais" apenas no sentido muito especial de assentarem nos princípios da natureza humana (T 3.2.1.19: 524). Hume aceita designar como leis naturais três regras fundamentais: a que consagra a estabilidade da posse, fazendo surgir aquilo que só a partir daí se pode chamar *propriedade*; a regra que, a fim de dar ao comércio a mesma segurança, estabelece que os bens econômicos podem ser transferidos, desde que com o consentimento de seus proprietários; e, finalmente, aquela que impõe um caráter obrigatório aos pactos e promessas celebrados entre os membros da sociedade. (T 3.2.4.1-2: 553-4; 3.2.5.8: 558-9). Mas nenhuma delas impõe aos homens uma obrigação moral de caráter racional, pois dependem apenas das convenções humanas, e tiram toda sua obrigatoriedade do fato de serem aceitas pelos homens. A lei natural de Locke se impõe à consciência devido a ser um imperativo de ordem moral. Mas as regras de Hume só podem passar a ser consideradas regras morais *depois* de se terem imposto à consciência dos homens, e é precisamente a este fato que devem seu caráter moral (T.3.1.1.15: 501 nota 2).

Esta funda divergência entre as filosofias políticas de Locke e Hume assenta em grande parte na diferente importância por um e outro atribuída à razão. Em Locke esta é um imperativo que determina diretamente a conduta moral dos homens. Mas para Hume a razão é um princípio da natureza humana totalmente incapaz de desempenhar esse papel. A razão é um princípio inerte, que jamais pode opor-se ao poder das paixões. São estas, e apenas estas, as forças que impulsionam diretamente as ações humanas. Para a razão, a única função possível é colocar-se a serviço delas, fornecendo-lhes meios para a prossecução de fins que apenas por elas são ditados. A razão não pode ser mais do que "a escrava das paixões" (T 2.3.3.4: 451). A convenção mediante a qual surgem na sociedade todas as noções relacionadas com a justiça e o direito deve, portanto, ter origem nos princípios da paixão. Se o caráter da sociedade é determinado pela natureza humana é, aqui, sobretudo por aqueles princípios.

Vimos que a invenção da justiça surge da necessidade de fazer nascer entre os homens uma ordem e uma tranquilidade que não poderia ser mantida se eles permanentemente se digladiassem pelas posses uns dos outros, É a divisão da propriedade que torna possível a sociedade. Mas, por sua vez, a divisão da propriedade, e a justiça que é sua consequência, só se tornam possíveis porque a natureza humana se define por um certo *equilíbrio*, que corresponde a uma característica que, conforme já referimos, Hume designa como uma "generosidade limitada". Se todo homem fosse perfeitamente altruísta e generoso, essa "ampla benevolência" impediria qualquer divisão da propriedade, e, portanto, não existiria a justiça nem qualquer noção de direito ou obrigação. Cada um "confiaria seus interesses à discrição dos outros"; tudo seria comum e livremente usado por todos (EPM 3.6: 243-4). De outro lado, se a humanidade fosse inteiramente dominada pelo egoísmo e pela rapacidade (como os homens do estado de natureza hobbesiano[30]), a luta pela sobrevivência pessoal seria a única preocupação de todos, tornando-se impossível o respeito pelas posses adquiridas por cada um. Se a realidade da natureza humana correspondesse a este outro extremo, a propriedade e a justiça seriam igualmente impossíveis. Com uma única diferença: no segundo caso teríamos uma completa dissolução da sociedade, e mesmo a destruição da maior parte dos homens.[31] Mas ambas estas "hipóteses", embora falsas, servem para mostrar que a propriedade e a justiça só existem porque a natureza humana se encontra a meio caminho entre esses dois extremos (EPM 3.13: 247).

---

[30] Hume refere-se a Hobbes numa nota em EPM 3.15: 249.

[31] É semelhante, mas mais radical, a opinião de Rousseau sobre a ideia hobbesiana do "estado de guerra": "Esse desejo desenfreado de apropriar-se de todas as coisas é incompatível com o de destruir todos os seus semelhantes; e o vencedor, que tivesse matado todos teria a infelicidade de permanecer sozinho no mundo, não desfrutaria nada com isso, mesmo que ele tivesse tudo" (Rousseau 1964, *Que l'état de guerre naît de l'état social*, 601.)

É certo que Hume atribui a possibilidade da justiça também às características de *escassez* do meio em que os homens vivem. A divisão da propriedade também não se teria verificado se a natureza oferecesse ao homem a mais completa abundância, se todo indivíduo pudesse, sem qualquer trabalho ou incerteza, satisfazer todos os seus desejos. Os resultados do extremo oposto a este seriam idênticos: uma completa carência de bens, que levasse todos "à mais extrema miséria", impossibilitaria o respeito a quaisquer regras de justiça, pois nessa situação todos poderiam apenas pensar em se apropriar dos escassos bens que o acaso lhes proporcionasse. A sobrevivência seria, de novo, a única lei reconhecida pelos homens (EPM 3.1-3: 241-2, 3.8: 245).

Hume concede, assim, certa importância às circunstâncias exteriores. Também quanto a elas é uma situação de meio termo que torna viável a justiça. Mas a importância delas depende também da natureza humana. A abundância permitiria a Idade de ouro porque o homem de Hume não tem, como o de Hobbes, sua natureza marcada por um desejo insaciável de poder (ver *Leviatã* 11: 49). Vimos que Hume insiste na amplidão dos desejos dos homens; mas apesar disso concebe-os como tendo um limite possível.[32] O homem de Hobbes, além disso, não luta apenas por bens econômicos. Luta também, apenas pela glória (ver *Leviatã,* 13: 64-5). É, portanto, sua concepção "razoável" e moderada da natureza humana que leva Hume a atribuir tais consequências a essa imaginária situação de abundância. De outro lado, é evidente que o homem natural de Locke não deixaria de ser guiado por aquela razão moral que Deus, para bem de todas as criaturas, introduziu na natureza de todos os seus servos. A lei natural obriga cada um a "preservar o resto dos homens", com a única exceção de qualquer inimigo que possa ameaçar sua preservação (ver *Segundo Tratado* 2.6: 311). O próprio caráter da lei impediria que ela fosse infringida com o simples pretexto da escassez de bens materiais, por maior que ela fosse. Ora, uma tal razão semidivina é, como vimos, expressamente rejeitada pela filosofia de Hume. Também esta sua "hipótese", do mesmo

---

32 "... cada indivíduo encontra-se totalmente provido de tudo o que seus apetites mais vorazes possam desejar, ou sua exuberante imaginação possa almejar ou desejar" (EPM 3.2: 241).

modo que a contrária, só adquire um sentido quando conjugada com sua definição do homem.

E é também em sua filosofia que assenta o caráter *utilitarista* de sua teoria política. Em primeiro lugar, só as paixões podem, como vimos, desempenhar o papel de motor das ações dos homens. Consequentemente, não existindo uma *razão* que a ele dite imperativos morais, o homem só aceita a justiça porque a isso é levado por suas "circunstâncias e necessidades" (T 3.2.1.1: 517). É só porque ela favorece seus interesses que os homens impõem a si próprios essa virtude, a qual as características do meio ambiente e da natureza humana, sobretudo estas últimas, tornam indispensável à manutenção da sociedade (EPM 3.47: 266-7). "O único fundamento de seu mérito é a reflexão sobre suas consequências benéficas" (EPM 3.1: 241). Poderia talvez supor-se ainda que é a razão que dita aos homens seus verdadeiros interesses. Mas Hume só ao nível da linguagem vulgar aceita a colocação do problema nestes termos. Essa "razão" não é mais do que uma *paixão calma*, e é justamente por ser uma paixão (que só se distingue das *paixões violentas* pelo fato de não despertar emoções fortes) que é capaz de exercer influência sobre a vontade.[33] A justiça e a própria noção de utilidade assentam no papel atribuído às paixões. Seu fundamento nunca poderia ser um princípio inerte como a razão.

É em parte sob a mesma perspectiva utilitarista que Hume encara, além da existência da justiça, a forma concreta de sua aplicação. Além do simples fato de ser dividida a propriedade, também as regras específicas mediante as quais é determinada.[34] É o interesse público que preside o nascimento das três *leis naturais*. E é também em função dele que, em parte, é decidida a maneira como a propriedade deve ser dividida, como a cada bem econômico deve ser atribuído um proprietário. É certo que,

[33] "O que comumente se chama de razão, em sentido popular, [...] nada mais é que uma paixão geral e calma, que adota uma perspectiva abrangente e distante do seu objeto, e influencia a vontade sem despertar qualquer emoção perceptível [...]. É a razão que incentiva o homem ao respeito da justiça, ou seja, a partir de uma calma consideração do bem público" (*Dissertação* 5.2: 171; T 2.3.8.13: 473).

[34] "Não apenas se requer, para a paz e o interesse da sociedade, que as posses das pessoas sejam separadas, mas que as regras que seguimos, ao fazer essa separação, sejam as melhores que se poderiam inventar para servir mais adequadamente aos interesses da sociedade" (EPM 3.22: 253).

na fase posterior que vai ser a sociedade *política*, será o governo que se encarregará de fixar as regras mais pormenorizadas da propriedade: esta será regulada pelas leis positivas. Mas esta realidade irá inscrever-se em uma estrutura até certo ponto já consolidada: o código civil vai recobrir, embora ultrapassando-o em alguns aspectos, o "código natural". Antes de serem definitivamente estabelecidas pelo governo, já as regras da propriedade foram parcialmente determinadas na sociedade natural. E, além do princípio de utilidade, essa determinação obedece a outros princípios da natureza humana, que são os da *imaginação*.

O princípio da utilidade conserva sempre, é certo, um caráter prioritário. Só quando ele não é suficiente para permitir determinar, de maneira indiscutível, quem é o proprietário de determinado valor econômico, se verifica a intervenção dos princípios da imaginação a que Hume chama *analogias* (ver EPM 3.31: 257). É a estes mesmos princípios que sua teoria do conhecimento atribui uma das fontes dos raciocínios de probabilidade. As inferências de causalidade derivam da conjunção constante de dois objetos na experiência passada. Mas os objetos sucessivamente experimentados no tempo podem não ser exatamente os mesmos, ou iguais. Podem ser apenas semelhantes e, mesmo que essa semelhança seja apenas enganadora, o hábito pode muitas vezes dar origem à crença numa falsa probabilidade. O mesmo princípio está, assim, na base tanto de uma forma de conhecimento como de uma forma de erro. Este último caso se dá quando a analogia é falsa (T 1.3.12.25: 175; 1.3.13.8: 180). Ora, são também esses princípios "extremamente sutis" da imaginação que frequentemente decidem a atribuição da propriedade (e irão por último, como adiante veremos, condicionar também as atitudes de fidelidade ao governo) independentemente de qualquer consideração de interesse público.[35] Este exige que se evitem quaisquer disputas sobre propriedades, para preservar a paz e a ordem, e para isso cada valor material deve ser atribuído de maneira fixa a um indivíduo. O princípio de utilidade determina a estabilização das posses *em geral*, mas não é apenas ele que decide a forma concreta que essa divisão deve assumir. A atribuição efetiva de

[35] "... devemos sempre distinguir entre a necessidade de uma separação e constância nas posses das pessoas e as regras que atribuem objetos particulares a pessoas particulares" (EPM Apêndice 3.10: 398, nota)

um objeto a um certo proprietário, com exclusão de quaisquer outros, se deve às "frívolas considerações" da imaginação.[36]

Hume vai, assim, aplicar sua teoria da imaginação às diversas relações de posse cuja existência verifica na sociedade, as quais muito naturalmente supõe existirem praticamente desde sempre, dado seu pressuposto da imutabilidade da natureza do homem. E este igualmente lhe permite considerar válida a aplicação da experiência direta, que colhe ao seu redor, à sua teoria da sociedade pré-política. Portanto os aspectos essenciais do direito são definidos independentemente de qualquer influência de uma estrutura política. A noção de direito deriva da convenção que estabilizou a propriedade em geral. Mas a forma concreta da aplicação do direito é parcialmente determinada por essa espécie de *fantasia* que é como que uma outra face do "temperamento natural" dos homens.[37] Por exemplo: há uma regra universalmente aceita que atribui a propriedade dos bens materiais a seus efetivos possuidores. Essa aceitação se deve a uma ligação da imaginação: "a relação de posse, estabelecida entre a pessoa e o objeto, dá origem à relação de propriedade" (EPM, Apêndice 3.10: 397, nota). Ora, esta regra da *posse atual* (*present possession*) tem seu fundamento no que a filosofia de Hume define como um dos princípios da associação de ideias, a contiguidade (EHU 3.2: 42; T 1.1.4.2: 35). As duas ideias, a do possuidor e a do objeto as apresentam juntos à imaginação. A analogia entre posse e propriedade (que são semelhantes, mas não são a mesma coisa) leva a imaginação a *passar* da primeira relação para a segunda, na qual as duas ideias estão tão intimamente associadas como na primeira. O possuidor é, assim, espontaneamente reconhecido pelos outros membros da sociedade como proprietário legítimo, embora não haja para tal qualquer razão *verdadeira*. De outro lado, o hábito concorre também para dar força a esta regra. Sua influência sobre as opiniões humanas têm como resultado que cada homem considere *natural* que um dado objeto seja considerado propriedade do indivíduo em cujas mãos se acostumaram a vê-lo (T 3.2.3.4: 543-4).

---

[36] "Quais posses são atribuídas a pessoas particulares é, em termos gerais, bastante indiferente, e muitas vezes se determina com base em considerações e pontos de vista muito frívolos" (EPM, Apêndice 3.10: 397 nota).

[37] Essas analogias e correspondência são para Hume mais imaginárias (*fanciful*) do que reais. Ver EPM Apêndice 3.10: 395.

Outras regras recebem de Hume explicações semelhantes. A regra da *ocupação* (ou *first possession*) depende também da imaginação, embora para ela concorram certas considerações de utilidade. É certo que a ocupação de um campo, por exemplo, é sempre feita mediante sua transformação e melhoria, contribuindo para a prosperidade geral.[38] A sociedade tem interesse em que tais trabalhos de transformação da natureza sejam estimulados por essas recompensas (EPM 3.28: 256). Mas o que é decisivo é uma reação psicológica idêntica à da regra anterior. A transformação de um objeto por um indivíduo dá origem a uma relação entre ambos, e a imaginação de todos os membros da sociedade passa desta para uma nova relação, consagrando e reconhecendo o seu direito de propriedade (EPM Apêndice 3.10: 396, nota). São os mesmos princípios que explicam o direito de herança. A regra de *sucessão*, tal como a anterior, contribui para encorajar o trabalho, também tem seu fundamento, em parte, na utilidade pública (EPM 3.28: 256). Mas aqui Hume apresenta, em favor da maior importância da imaginação, um argumento novo: essas considerações de utilidade pública só podem surgir em uma sociedade civilizada, e o "direito de sucessão é respeitado mesmo entre os povos mais bárbaros". O fundamento comum a qualquer sociedade reside nas já referidas "ligações da imaginação"; a relação do sucessor com o antigo proprietário gera uma nova relação entre ele e a propriedade (EPM Apêndice 3.10: 396, nota). E finalmente uma outra regra, talvez mais decididamente ainda do que a primeira, "só pode ser explicada recorrendo às relações e ligações da imaginação". A aquisição da propriedade por *acréscimo* (*accession*), a dos rios que passam por um campo, ou a dos terrenos de aluvião que se formam nas margens, é feita graças à "inclinação natural de nossos pensamentos", devido à qual essa propriedade é atribuída aos proprietários dos campos adjacentes (EPM Apêndice 3.10: 398, nota). Nenhuma outra explicação pode ser dada a esta regra; não há nenhuma razão indiscutível para que seja esse homem, com exclusão de quaisquer outros, aquele que a sociedade unanimemente aponta como o legítimo proprietário. E as razões de caráter utilitário

---

[38] A teoria de Locke atribui a propriedade ao trabalho. Ver *Segundo Tratado* 4.24-7: 192-5. Ver a crítica desta concepção por Hume (T 3.2.3.6: 546, nota).

que podem também diretamente justificar as outras regras têm para Hume uma importância secundária.

Os pontos centrais desta teoria da sociedade têm, portanto, seu fundamento na doutrina do entendimento e das paixões de Hume. São os princípios da natureza humana que dão conta dos fatos que Hume considera essenciais na sociedade. Neste aspecto, sua moral social depende muito mais da sua filosofia do que do outro aspecto de sua moral, o qual tem como objeto as virtudes naturais. Por exemplo, a virtude da generosidade pessoal (*private humanity*) contribui para a regra da ocupação, mas apenas de maneira secundária.[39] O problema das origens da sociedade é resolvido de acordo com a importância já atribuída ao hábito por sua teoria do conhecimento. É sua psicologia das paixões que justifica a definição da justiça e fornece uma explicação histórica do surgimento da propriedade privada. E as regras que determinam a forma da distribuição desta são vistas sobretudo à luz de sua doutrina da imaginação, a qual serve até de fundamento a um esboço de teoria do direito.

É certo que este primeiro aspecto da filosofia política de Hume conduz a uma justificação da ordem vigente em seu tempo. As características fundamentais de sua sociedade natural reproduzem as do mundo em que vivia (ver Willey 1940: 124). A instituição da propriedade privada é para ele tão evidentemente necessária e benéfica que não admite, sequer, a hipótese de uma fase de comunismo primitivo: a propriedade existe já no interior do núcleo social mais primitivo que se pode imaginar: a família.[40] De outro lado, não podemos supor que Hume simplesmente ignorasse a possibilidade de resolver de outra maneira esse problema. Referindo-se às teorias socialistas dos *levellers*,[41] ele fala do horror que tais ideias inspiram à humanidade, e rejeita-as como um simples caso de fanatismo político-religioso. A distribuição da propriedade segundo o mérito, ou então de acordo com princípios

---

[39] A atribuição de um campo ao indivíduo que o cultivou pode ser favorecida por esse sentimento natural, que leva os outros a "deixar-lhe o que adquiriu com o suor de seu rosto". Mas isto pode ser decisivo apenas em um ou outro caso particular. (EPM Apêndice 3.10: 397, nota).

[40] Diz Hume da regra da estabilidade da posse: "... nada pode ser mais simples e evidente que essa regra; [...] todo pai, para preservar a paz entre os filhos, tem de estabelecê-la" (T 3.2.2.14: 533).

[41] Seita religiosa que participou da revolução republicana de 1642.

de igualdade, é classificada como uma solução aparentemente correta, mas que, se posta em prática, acarretaria a ruína da sociedade. E deixa bem claro que estas afirmações se baseiam em seu próprio conhecimento da "natureza e situação do homem" (EPM 3.27: 256).

Sua atribuição de um caráter arbitrário a regras como a da herança ou a da ocupação pode num primeiro momento ter para nós um certo sabor crítico. Impressão esta que poderia ser reforçada pelos aplausos de Hume aos esforços que, segundo ele, os países civilizados fazem para eliminar da distribuição da propriedade todos os aspectos arbitrários e parciais (EPM Apêndice 3.10: 396). Mas seria uma impressão apenas ilusória. Para Hume essas regras são arbitrárias, o interesse público não é o que de maneira mais importante e direta as determina. Mas, em última análise, elas são altamente benéficas para a sociedade. É talvez de se lamentar, admite Hume, que por vezes elas atribuam uma grande riqueza a quem pouco a merece. Mas não de se lamentar excessivamente. "A utilidade pública exige que a propriedade seja determinada por regras inflexíveis e gerais", e é impossível evitar certas injustiças. Tal como "as leis gerais do universo, embora planejadas por uma infinita sabedoria", não podem evitar que em alguns casos seus defeitos sejam maléficos (EPM, Apêndice 3.6: 392). Para Hume, o mais importante é que a propriedade seja estável. Se ela o é com o concurso de princípios irracionais, pouco importa: são os que à natureza humana são possíveis, e a alternativa seria não haver regra alguma, o que equivaleria à destruição da sociedade.

Assim, a teoria humeana da propriedade tem um significado ideológico bem marcado e claro. Mas parece evidente que ela não pode ser reduzida a este único aspecto, dada sua extrema coerência com os pressupostos filosóficos de seu autor. Não é possível considerar este ponto particular de sua filosofia política como inteiramente desligado daqueles pressupostos, afirmando sua completa independência e autonomia. E a estreita vinculação dessas duas faces do pensamento de Hume tem como resultado que a boa compreensão de sua filosofia política exige um confronto com sua filosofia. E, talvez, também reciprocamente.

III. O GOVERNO: ORIGEM E FUNDAMENTO

A solução do problema da origem do governo levanta, para a filosofia política de Hume, dificuldades semelhantes às encontradas na explicação da origem da sociedade e da justiça. Tal como neste último caso, o recurso à experiência direta ou à história não pode constituir o elemento fundamental do método. É certo que a instituição do governo corresponde para Hume a um momento da evolução da sociedade que pode ser, até, relativamente tardio, mas, mesmo assim, essa instituição é demasiado antiga para que dela possa ter ficado qualquer registro na história. A passagem à sociedade política "precedeu o uso da escrita e de todas as outras artes civilizadas da vida" (E 2: 91). O que impõe à filosofia política a adoção do mesmo método que no caso anterior. A investigação tomará como seu principal fundamento a "ciência do homem", procedendo depois a uma aplicação dos princípios da natureza humana por esta descobertos ao problema que se propôs a resolver.

Tal como a sociedade, o governo surge apenas porque é necessário, e essa necessidade é em parte determinada pela fragilidade e imperfeição do homem. Sem dúvida esta deficiência não é total. Os homens foram capazes de criar a sociedade, assim como as leis naturais, mediante convenções ditadas pelo entendimento, e isto apesar da influência adversa das paixões, dos estreitos limites da generosidade do ser humano (T 3.2.2.13: 532-3). Foram essas constituições que permitiram a formação da sociedade. A consciência das vantagens gerais da vida organizada socialmente foi mais forte do que a avidez e o egoísmo. E a invenção da justiça só foi possível, igualmente, devido às mesmas considerações de utilidade pública. Mas pode haver exceções. É possível, em certas circunstâncias, que os benefícios pessoais de determinada ação contrária à justiça pesem mais, na consciência de um indivíduo, do que o prejuízo por essa mesma ação causado à sociedade (E 1: 85; T 3.2.7.3: 574). O verdadeiro interesse de cada homem é respeitar sempre a justiça, pois o bem público é ao mesmo tempo o mais alto interesse de cada um dos membros da comunidade. Mas o ser humano é incapaz de uma "universal e inflexível observância" dessas regras, embora tal atitude seja indispensável à preservação da sociedade, embora sem ela seja impossível a existência de "paz, segurança e relações mútuas" (E 1: 85; T 3.2.7.1: 573). É certo que esse interesse é perfeitamente evidente, mesmo para o mais incivilizado dos homens "é quase impossível, para quem tenha tido experiência da sociedade, se enganar a tal respeito." Só a justiça pode manter a paz e a ordem, e só numa situação em que imperam a ordem e a paz é possível conservar a sociedade. A reflexão e a experiência são capazes de mostrar aos homens as consequências perniciosas da desobediência às regras da justiça, de ensinar-lhes que tal atitude conduz precisamente à destruição daquela união social sem a qual não poderão sobreviver (E 1: 85; T 3.2.7.1: 573). E, no entanto, vai ser indispensável essa nova invenção que é o governo (a única exceção a esta regra são as comunidades mais primitivas, como adiante veremos), pois o entendimento não é suficientemente forte para, em todos os casos, se sobrepor a outros princípios da natureza humana.

O homem é um ser imperfeito, tanto moral como intelectualmente. A mesma inexistência de uma razão moral que viesse permitir à sociedade prescindir da criação da justiça por uma convenção impede também que as regras dessa justiça sejam respeitadas de modo inteiramente inflexível (E 2: 96-7). A carência de uma consciência moral poderia, contudo, ser suprida por um entendimento perfeito, capaz de indicar em todos os casos quais são os verdadeiros interesses, mas tal atributo é, igualmente, algo inteiramente inacessível aos homens. O entendimento lhes ensina apenas de maneira *geral* que o valor supremo é a utilidade pública. E isso não basta para impedir que eles, em cada caso particular, se deixem por vezes seduzir por tentações cujo caráter imediato os leva a esquecer a verdade geral da superioridade do interesse comum. Os homens não possuem suficiente força de caráter para fazer dessa verdade a norma de todas as suas ações. É possível estarem firmemente convencidos da identidade entre seus próprios interesses e o bem da sociedade em geral, e apesar disso praticarem numerosas ações contrárias a este último (EPM 4.1: 269; E 2: 96). A razão (termo que aqui é sinônimo de *entendimento*) é apenas a descoberta da verdade ou da falsidade. Vimos a propósito da justiça sua servidão em relação às paixões. Por si só, ela é incapaz de determinar a vontade ou de dar origem a qualquer ação; os únicos motivos que podem influenciar a vontade são os princípios da paixão (Ver acima p. 40 e T 2.3.3.4: 450).

É certo que o interesse é uma das paixões que exerce mais forte influência na vida humana. Mas as próprias paixões, por sua vez, são "poderosamente governadas pela imaginação". As duas ordens de princípios estão sempre estreitamente ligadas no espírito do homem; nada que afete a imaginação pode ser inteiramente indiferente às paixões. A orientação destas pelo entendimento se verifica apenas em pontos muito gerais, como a criação da propriedade e da justiça; a intensidade da paixão é sempre proporcional à maneira como os objetos se apresentam à imaginação, e essa maneira pode ou não corresponder ao verdadeiro valor do objeto (T 3.2.7.1-2: 573-4). O que geralmente é escolhido pela vontade são as coisas que se encontram numa posição de proximidade ou contiguidade em relação ao sujeito, pois é a elas que corresponde uma ideia mais viva e mais forte. Ora, o interesse público, se é sempre o interesse mais importante, é também um objeto *distante* do ponto de vista da imaginação. E as tentações que rodeiam os homens, se podem as mais das vezes ser completamente insignificantes, são de maneira geral coisas próximas, *contíguas* ao sujeito (E 1: 85; T 3.2.7.1-2: 573-4). As ideias que correspondem aos interesses mais imediatos são, portanto, mais vivas do que a ideia de utilidade pública; consequentemente são elas que mais intensamente sugestionam a imaginação. São os princípios pelos quais esta é predominantemente regida que mais decididamente contribuem para afastar os indivíduos do cumprimento das regras da justiça, comprometendo, assim, o equilíbrio e a própria existência da sociedade.

Se a justiça fosse uma virtude natural não teria sido sequer necessária uma convenção para criá-la artificialmente. A justiça só pode ser considerada *natural* como dever moral, em dois sentidos: enquanto derivada da natureza humana, ou quando considerada em oposição a um dever *político* ou civil como, por exemplo, o da fidelidade ao governo; quanto a este segundo aspecto, ela merece essa designação na medida em que aparece antes da sociedade política, no interior da *sociedade natural*. É um princípio artificial, e como tal não influencia de maneira necessária as ações dos homens; os princípios da natureza humana, a "fragilidade e perversidade" desta, estão, pelo contrário, em conflito com a justiça, impedindo que os homens a sigam de maneira constante e infalível (E 2: 101; E 1: 85). E por isso se torna necessária a invenção do governo, de maneira tão artificial como a da justiça. O governo é reconhecido como indispensável à preservação da justiça, tal como a justiça fora considerada indispensável à manutenção da sociedade. Portanto, é também este objetivo fundamental da instituição do governo. Este só surge porque sem ele a sociedade não poderia subsistir. A sociedade política é um aperfeiçoamento da sociedade natural e, ao mesmo tempo, a salvação desta, não por uma transformação da natureza humana, que, já o vimos, é eterna e imutável, mas colocando essa natureza humana perante novas *circunstâncias exteriores.* Os homens têm uma forte tendência para preferir o que é contíguo ao que é remoto; a natureza das paixões e da imaginação impede-os de ver distintamente que seu maior interesse é o respeito à lei. É este um dos aspectos fundamentais da natureza humana, e como tal não pode ser transformado. A única solução é tornar a observância das leis da justiça o "interesse mais próximo, e sua violação o mais remoto". No entanto, não se pode mudar a situação de todos os homens; mudar-se-á apenas a de alguns, colocando-os em uma posição que lhes dê "um interesse mais imediato na execução da justiça", isto é, dando-lhes o cargo de governantes (T 3.2.7.6: 576; E 1: 86).

No caso destes governantes a relação se inverte: a observância da justiça é seu interesse mais imediato, e sua violação o mais remoto. Sua natureza não foi transformada; como qualquer homem, continuam preferindo o contíguo ao distante. É a alteração de sua situação que determina uma mudança de sua posição em relação ao objeto. Dado seu elevado cargo, os reis e ministros estão perfeitamente satisfeitos com sua condição social; seu mais próximo interesse é, portanto, a manutenção da sociedade (da qual depende sua situação privilegiada). Imporão, pois, o mais rigoroso cumprimento da lei. Embora estejam sujeitos à ação de suas paixões, "encontram geralmente um evidente interesse na imparcial administração da justiça". Tanto o soberano quanto os principais líderes não têm interesse, ou esse interesse, se existe, é muito distante, na prática de atos de injustiça, pois são "pessoas indiferentes à maior parte do Estado", isto é, têm uma situação tão elevada que pouco têm a ganhar com qualquer infração da lei, e têm muito a perder com o prejuízo por ela causado à sociedade (T 3.2.7.6-8: 576-8; E 1: 86-7).

Além de, por sua situação, respeitarem a justiça, os governantes vão "obrigar os outros à idêntica regularidade, impondo a toda a sociedade os ditames da equidade". Os súditos ficarão, assim, em situação semelhante à dos dirigentes. Também para eles o respeito à lei passa a ser um interesse próximo, mas por um motivo diferente da ameaça de punição; ou seja, esta representa um prejuízo superior ao que poderiam ganhar com qualquer infração que pudessem cometer. O temor e o respeito pela autoridade dos governantes levará a conduta dos membros da sociedade, mesmo que não o queiram, a uma inteira conformidade com seus verdadeiros interesses. O sentido da obrigação de fidelidade ao soberano, assim como o receio de seu poder coercitivo, vai ser assim o que possibilitará a paz social, constituindo uma espécie de complemento da virtude da justiça e da virtude natural da equidade que, por si sós, não são suficientes para atingir aquele objetivo (E 1: 86-7; T 3.2.7.6: 576; E 2: 102). O governo é uma invenção útil, mas a sua utilidade não é a de corrigir a natureza humana, e nem sequer a de subjugar as paixões, mas, pelo contrário, servindo-se da própria paixão do interesse, a de contrabalançar os perniciosos efeitos de alguns de seus princípios mais frívolos e rebeldes, isto é, os da imaginação. É este o aspecto mais *filosófico*, segundo a distinção do próprio autor, da teoria humeana sobre a origem do governo.[42] Mas esta comporta igualmente uma tomada de posição relativamente ao problema *histórico* dessa origem. E é aqui, de maneira mais direta, que Hume vai usar os princípios de sua filosofia como instrumento de destruição da teoria do Contrato.

Era esta a concepção dominante durante o século anterior. E embora a filosofia política inglesa, na fase imediatamente anterior a Hume, tenha passado por um período de decadência, a teoria continuava sendo defendida pelos ideólogos do partido liberal (*whig*) (Laski 1948: 86-7). Esta permanência atesta a extraordinária força da ideia do Contrato, como também o fato de ela ter ocupado um lugar central em doutrinas sobre outros aspectos tão diferentes como as de Locke e Hobbes. É certo que, conforme é frequentemente apontado, a utilização daquele conceito por este último filósofo representa uma distorção do sentido individualista e liberal de que a teoria se reveste em seus outros representantes. Mas, precisamente por isso, mais significativa se torna essa adoção, que Hobbes parece ter sentido ser-lhe necessária, possivelmente devido à sua importância tanto no domínio da teoria política quanto no da opinião popular (Vaughan 1960: 22-3).

---

[42] Ver a distinção estabelecida por Hume em (E 2: 101).

A justificação da monarquia absoluta seria, como o foi por Bossuet e Filmer, mais naturalmente feita com base na teoria do Direito Divino, segundo a qual o governo nada tem a ver com qualquer forma de associação voluntária dos homens, pois foi criado no momento em que Deus conferiu a um determinado indivíduo o direito e a missão de governar, o que torna sagrado e indiscutível este direito. No entanto, foi um dos fundamentos da teoria liberal que o absolutista Hobbes preferiu adotar como base de sua filosofia política.

Com sua recusa da ideia do Contrato, Hume se opunha à tendência predominante. Não se coloca, tampouco, na posição de um continuador de Filmer. Sua atitude exterior é da mais ostensiva imparcialidade, tanto em relação às duas doutrinas, nos ensaios "Do contrato original" e "Da obediência passiva", quanto em relação às correntes políticas a elas ligadas, atitude esta que encontramos nestes mesmos ensaios e vários outros. No início do primeiro dos ensaios citados, Hume classifica as suas doutrinas como "sistemas de princípios filosóficos ou especulativos", cuja função é a defesa das medidas políticas concretas propostas pelos *whigs* e seus opositores *tories* (conservadores). Ambas as teorias têm assim para Hume o caráter do que hoje em linguagem vulgar designaríamos como ideologias; são doutrinas que se definem essencialmente pela justificação de um programa prático, assim como de uma força política concreta: de um lado o poder real, do outro o Parlamento (E 2: 87).

Para qualquer dessas duas teorias, o problema da origem e o problema da legitimidade do governo fazem um só. O governo legítimo é aquele que teve origem num contrato entre governantes e governados, ou então o que foi criado mediante a concessão a um monarca, por Deus, do direito à autoridade política. Em ambos os casos, a procura de uma explicação histórica corresponde à necessidade de estabelecer uma legitimidade, isto é, a uma preocupação filosófica ou ideológica. O governo legítimo é, ainda para ambas as teorias sem distinção, aquele cuja origem é idêntica àquela que a filosofia política determina como sendo a origem *primitiva* do Estado. Mas Hume separa estes dois problemas. E outra distinção o opõe também a seus predecessores: a questão da origem se coloca para ele de maneira diferente, conforme se trata dos primeiros governos, isto é, daqueles cuja fundação se realizou em sociedades primitivas, ou dos que vieram suceder a um outro governo, quer a um daqueles governos primitivos, quer a um governo de uma fase posterior.

Quanto aos primeiros, o Contrato Social é para Hume uma impossibilidade histórica. Em cada sociedade, o momento em que nasce o primeiro governo deve ser considerado um período de civilização extremamente rudimentar; trata-se sempre de uma época também primitiva, na qual os homens viviam "nas florestas e nos desertos". A sociedade natural é sempre uma fase de baixo grau de civilização. O governo é uma "invenção muito benéfica", em certas circunstâncias se torna até "absolutamente necessário aos homens". Mas essa necessidade, ao contrário do que acontece com a sociedade, nem sempre se verifica. É possível por vezes "manter a sociedade durante algum tempo sem recorrer a tal invenção". As circunstâncias exteriores estão aqui, uma vez mais, como no caso da justiça, ligadas à *escassez*. Uma sociedade primitiva nunca possui a relativa abundância de bens materiais que caracteriza as fases mais tardias; e essa escassez constitui um terreno no qual a paixão da avidez tem pouca oportunidade de exercer sua influência. Será, assim, relativamente pouco frequente um indivíduo preferir seu interesse próximo – o roubo de uma propriedade alheia, por exemplo – ao interesse longínquo que é o do respeito às regras de justiça. Numa situação como esta o governo não surgiria, porque seria inútil, e o único fundamento do dever de fidelidade ao governo é a utilidade, a necessidade de que se reveste para a sociedade, pela "preservação da paz e da ordem entre os homens." As circunstâncias de escassez tornam possível que a paz e a ordem sejam mantidas, pelo menos sem graves e frequentes violações da justiça, no interior da sociedade não política. O governo não surgiria se a própria sociedade não engendrasse o progresso econômico. A avidez, a paixão, é própria da natureza humana, mas é esse progresso (ou, como veremos, a guerra) que gera os objetos de avidez em quantidade suficiente para essa paixão passar a constituir um perigo para a paz social (T 3.2.8.1: 578-9; EPM 4.1: 269; E 2: 90).

A esta dedução do necessário caráter primitivo das sociedades em que pela primeira vez surgem as instituições políticas, Hume acrescenta um argumento auxiliar, tirado das informações que possuía sobre as populações selvagens da América, ou seja, uma inferência a partir do que para ele constituía um dado experimental de valor idêntico à observação direta ou à história. Os exemplos de sociedade não civil que essa experiência permite conhecer, os casos em que se pode "verificar" qual é o caráter desse tipo de sociedade, são sempre semelhantes às tribos americanas, "onde os homens vivem num estado de concórdia e amizade, sem governo instituído" (T 3.2.8.1-2: 578-80). É, portanto, sempre em populações selvagens que nascem os primeiros governos, dado que não existe qualquer experiência que prove, pelo contrário, haver sociedades civilizadas sem instituições políticas. O Contrato, portanto, em sentido pleno, na acepção de um pacto formal e deliberado, só poderia ocorrer num estágio mais civilizado, como consequência de um processo cultural cujo desenvolvimento é posterior a esse primeiro governo a cuja origem um Hobbes ou um Locke pretendem que ele haja presidido. Daí a resposta de Hume a esses filósofos: na criação dos governos primitivos não foi expressamente formulado qualquer pacto ou acordo de submissão geral, ideia esta que se encontra fora das possibilidades de compreensão de povos selvagens (E 2: 91).

Quando, portanto, no ensaio "Do contrato original" Hume concede que o governo, em sua fase inicial, assenta num contrato, que foi este o princípio dominante das "mais antigas e toscas associações humanas", é apenas no quadro da estratégia geral do debate com os defensores da teoria do Contrato, estratégia mediante a qual faz certas concessões apenas para logo em seguida invalidar o alcance destas, e melhor refutar os argumentos centrais do adversário, ao mesmo tempo em que representa seu papel de imparcial moderação (E 2: 91). O que ele aceita dessa teoria é apenas a validade da noção de *consentimento*, na explicação da origem dos governos primitivos. E o "contrato original" dos *whigs* não implica apenas, embora seja este seu aspecto essencial, que o consentimento do povo seja indispensável para a formação da sociedade civil. Como o próprio Hume expõe no início do ensaio sobre este tema, essa teoria afirma que o povo, ao dar sua aquiescência, se reserva o direito de resistência, caso o soberano venha a desrespeitar os termos do contrato. Embora nesta apresentação da teoria *whig* feita por Hume se diga que é tacitamente que os súditos se reservam esse direito de resistência, e Hume negue apenas que haja um pacto expresso, declarando que o povo aceitou a sujeição mediante certas condições, ou expressas, ou "tão claras e óbvias" que seria inútil exprimi-las, de qualquer modo a ideia expressa no ensaio, de uma concessão voluntária da autoridade *sob certas condições*, implica um caráter formal que para ele é inteiramente inaceitável (E 2: 91-92).

Mas Hume aceita a ideia central da teoria do Contrato, a de consentimento, no que diz respeito aos governos primitivos. A criação do governo implica a sujeição a uma autoridade, implica que os homens abandonam a "liberdade natural" do estado de natureza e recebam leis "de seus iguais e companheiros". O poder político é entregue a um único homem, portanto, a uma criatura cuja força é inferior à do povo considerado em conjunto. O que, aliás, não é exclusivo dessa fase primitiva: mesmo na plena vigência da sociedade política, em qualquer época, a força está sempre do lado dos governados, pois estes são sempre o maior número (E 2: 90-1; E 4: 113).

Esta aceitação do consentimento corresponde, em Hume, à feição utilitarista de sua doutrina e, ao mesmo tempo, ao papel atribuído ao entendimento como princípio *diretor* (embora não *motor*) das ações humanas. Se é necessário que tenha havido consentimento é porque, apesar das limitações do entendimento, é possível surgir no homem um certo "sentido das vantagens que derivam da paz e da ordem", dos benefícios de uma sociedade firmemente regida pelos princípios da justiça (E 2: 91). É essa convicção que determina o consentimento, o qual vai servir de fundamento ao governo. Se este princípio tem essa importância para Hume, é porque para ele os homens são fortemente movidos pelo interesse, e também porque os considera capazes de, pelo entendimento, no momento em que escolhem a submissão a um magistrado ou chefe político, terem compreendido que é essa a melhor solução para garantir a estabilidade do corpo social.

Essa compreensão implica que os homens *conheçam* a utilidade do governo. À semelhança, portanto, da criação da sociedade, a do governo só será possível pela intervenção da experiência e do hábito, únicos princípios da natureza humana que podem permitir um verdadeiro conhecimento de realidades. A necessidade do governo é uma *questão de fato*, e, portanto, é necessário que seja mostrada pela experiência antes de poder ser apreendida pelo entendimento. Hume conhece os princípios da natureza humana e, por isso, aquela necessidade é para ele evidente. Mas os homens primitivos não poderiam "antecipadamente descobri-los ou prever seus efeitos" (E 1: 87). A utilidade do governo não é uma relação abstrata, consequentemente a razão é impotente para descobri-la. A sociedade civil só poderá surgir se se proporcionarem certas circunstâncias que possam ter um papel semelhante ao desempenhado pela família na origem da sociedade natural.

As circunstâncias que vão fornecer ocasião para esse hábito e essa experiência são as da *guerra*. Não "uma guerra de todos contra todos" de tipo hobbesiano, mas simplesmente a que por vezes ocorre entre as sociedades primitivas. As lutas mais frequentes não são travadas entre os homens da mesma sociedade, mas entre os de sociedades diferentes. A escassez dominante impede mais as primeiras lutas do que as segundas. Os prejuízos resultantes de um estado de guerra parecem aos homens ser menores quando a luta é contra homens de outra sociedade do que quando é contra os homens de sua própria tribo, pois a cooperação dos primeiros não lhes parece tão indispensável quanto a dos segundos. Receiam menos, além disso, essa primeira espécie de guerra, pois nela não estão isolados como na segunda, e sim combatendo em grupo. Mas a primeira acaba por dar origem à segunda. Se antes não existiam riquezas capazes de desencadear a paixão da cobiça, esses bens surgem, agora, sob a forma dos despojos da guerra. Não é propriamente a luta, são estes seus produtos que vêm destruir o respeito geral pelas regras da justiça (T 3.2.8.1: 578; ver E 2: 91; E 1: 87). Hume reduz sempre a impossibilidade da justiça natural a este princípio: a existência dos objetos de uma paixão possível.

Para a necessária condução da guerra, os membros da tribo escolhem um chefe. Para a necessária repressão das desordens que acompanham a partilha dos despojos da guerra, aceitam a autoridade desse mesmo chefe, ao qual já se *habituaram* a respeitar e obedecer durante a luta. Mas não é apenas esta, aqui, a importância do hábito. A *frequência* desse recurso à autoridade militar deixa suas marcas para o futuro: ela é uma fonte de *experiência*. A autoridade do chefe militar ensina aos membros da sociedade as vantagens do governo. Esse novo conhecimento que adquiriram pela experiência os leva de novo a recorrer a ele quando, graças às pilhagens da guerra ou devido ao progresso, suas riquezas aumentaram tornando mais frequentes as infrações da justiça. De um lado, a persistência das situações de guerra habitua o povo à submissão. De outro lado, os homens adquirem pela experiência o conhecimento dos benefícios dessa submissão, dispondo-se a aceitar a autoridade do chefe de maneira mais frequente, e depois com caráter permanente, dada a evidente utilidade dessa solução. Surge no povo uma "aquiescência habitual" ao domínio do chefe militar, que passa a governar também em tempo de paz. Nesse sentido pode Hume afirmar que "os acampamentos são os verdadeiros pais das cidades" (T 3.2.8.1-2: 578-80; E 1: 87).

A guerra tem, portanto, na origem do governo, um papel exatamente idêntico ao da família na origem da sociedade. O governo não surge de maneira irracional, ou determinado apenas por uma única paixão, como o medo na teoria de Hobbes.[43] O consentimento dos governados tem origem na paixão do interesse, mas há uma intervenção do entendimento. O povo consente por estar convencido de que o governo será benéfico, porque adquire, devido à *conjunção constante* do exercício do poder pelo chefe militar e das vantagens daí resultantes, uma *crença* legítima que é uma forma de conhecimento. O povo acredita, e justificadamente, que o poder central é *causa* da preservação da justiça. A ideia do governo, assim, é capaz de agir sobre as vontades dos homens porque se tornou uma crença, isto é, uma ideia intensa e viva, que terá assim uma forte influência sobre as paixões e a conduta dos homens (T 1.3.10.3: 149). O entendimento humano é limitado, mas isto significa apenas que ele não pode ultrapassar os limites que lhe são traçados pela experiência. Dentro destes, o homem é capaz de razão e de previsão. Há uma orientação das paixões pelo entendimento. Nisto se fundamenta, para a filosofia política de Hume, a necessidade de admitir o consentimento popular como princípio da origem do governo. Esta aquiescência assenta, é certo, num dos princípios da paixão, o interesse; mas um interesse corretamente interpretado pelo entendimento. O fato de esse conhecimento se basear no hábito em nada o invalida. E a legitimidade dessa crença é, aliás, confirmada pelos benefícios que o governo depois traz à sociedade, uma vez firmemente instituído.

Além disso, para Hume, o governo teve origem no consentimento dos homens, e não em uma imposição pela *força*, pelo simples fato de não existir na sociedade primitiva nenhuma força capaz dessa imposição. Todos os governos são inicialmente monárquicos, devido

---

[43] Ver *Leviatã* 17: 89. Pelo contrário, para Hume essa paixão pôde apenas corresponder a um princípio *secundário* do governo. Ver E 4: 115.

à sua origem no poder militar, que é necessariamente o de um só homem. E já vimos que um só homem jamais poderia impor pela força seu domínio a toda uma nação. A força não pode ter sido princípio de origem dos governos primitivos, não devido a qualquer dedução racional da ilegitimidade de seu emprego, mas pelo simples fato de que nessa fase só existe a força *natural*, que não poderia ter esse efeito. Só uma força diferente, organizada, seria capaz de impor aos homens um governo não desejado por eles, ou seja, seria preciso uma força *política*, que viesse desfazer a igualdade que se verifica entre todos os membros da espécie humana. Essa força, portanto, não pode ser considerada causa dos primeiros governos. Ela vai, pelo contrário, ser consequência e produto da instituição da sociedade política (T 3.2.8.1-3: 578-81; E 2: 91).

A força armada e organizada, como corpo separado do conjunto da população, é criada pelo governo, a fim de ajudar a consolidar sua autoridade. O consentimento é um princípio inseguro, imperfeito: a aquiescência primitiva é "voluntária, portanto precária". O poder do governo não pode considerar-se perfeitamente constituído, enquanto o chefe não tem a possibilidade, por ainda não ter adquirido uma renda, de pagar um aparelho administrativo que imponha o cumprimento da justiça. Antes disso, o consentimento é "imperfeito, e incapaz de servir de base a uma administração regular". Só depois que o soberano adquire um poder de coerção se pode considerar que a sociedade tenha atingido "o estado de governo civil". O governo tem inicialmente como base o consentimento, mas necessita destruí-lo, como seu princípio, para adquirir firmeza. É preciso que a submissão deixe de ser uma questão de escolha, passando a ser "rigorosamente imposta pela autoridade do supremo magistrado" (E 2: 91; E 1: 87).

Assim, e neste ponto Hume se afasta mais radicalmente da posição de Locke, o consentimento é aceito como princípio de origem do governo, em geral, mas não de todos os governos. Ele só é causa direta da autoridade do primeiro governo a ser instituído em cada comunidade. Qual é o princípio de origem dos governos posteriores a esses? Para determiná-lo, a filosofia política de Hume recorre àquele outro instrumento de seu método que lhe faltava inteiramente no primeiro caso, pelo menos de maneira decisiva: a experiência direta. A história ou a observação das nações suas contemporâneas, vai mostrar claramente que todos os governos conhecidos, ou praticamente todos, têm origem na força e não no consentimento. O que a experiência revela é o recurso universal à usurpação ou à conquista, a processos que nada têm a ver com a sujeição voluntária do povo. O fato de haver exércitos permite aos chefes militares imporem por vezes seu domínio "a um povo cem vezes mais numeroso do que seus partidários". Hume não pretende afirmar que o consentimento jamais possa servir de fundamento ao governo, mas apenas que a prova da experiência demonstra sua reduzida importância, e que, portanto, há que dar lugar a algum outro fundamento do governo. E a força é o princípio indicado pela experiência e pela história (E 2: 92, 94, 95).

É estabelecida, assim, uma separação radical entre os governos primitivos e todos os outros quanto ao problema da origem. Num caso o princípio é o consentimento, e no outro a força. No segundo caso há um afastamento mais profundo em relação às conclusões da teoria liberal do Contrato. O estudo da natureza humana permitiu determinar que o "contrato original" foi uma realidade política, embora apenas no sentido fraco de *consentimento* e não no de um pacto formal, mas só para os primeiros governos. Mesmo naquele sentido fraco, para Hume só se pode falar em contrato se a "opinião geral" do povo concordar que a fidelidade ao governo tem esse fundamento. Em teoria, é possível que o contrato seja o único fundamento *legítimo* do governo, mas é inútil tecer tais considerações. Hume não hesita até em reconhecer que o consentimento do povo é "o melhor e o mais sagrado" de todos os fundamentos em que o governo pode assentar. Mas, em questões "morais" como esta, o critério decisivo é a opinião geral. Se quase ninguém atribui ao contrato político esse caráter de fundamento, podemos concluir que efetivamente ele não possui tal caráter. O consentimento não é um princípio falso, ele é apenas inaplicável à realidade política subsequente à fase de governo primitivo. É porque "a necessidade das coisas humanas" não permite a aplicação desse princípio que Hume o rejeita, por, simplesmente, verificar, pela experiência e pela história, que é a violência que está na origem de "quase todos os novos governos que foram instituídos no mundo" (E 2: 96, 106).

A filosofia política de Hume estabelece uma distinção entre duas questões que sempre se apresentam juntas nas teorias do racionalismo político: a da origem e a da legitimidade do governo. Os princípios que presidem à segunda não correspondem necessariamente (e as mais das vezes a experiência mostra que realmente não correspondem) aos da primeira. Quanto a este aspecto, Hume não se opõe mais radicalmente a Locke do que a Hobbes: para ambos os filósofos, há uma continuidade entre a origem e o posterior desenvolvimento da sociedade civil. A realidade originária do Contrato deixa, de uma só vez e para sempre, a sua marca no Estado. É o Contrato que cria o governo, e é ele também que, em qualquer momento posterior, serve de fundamento e princípio à fidelidade dos súditos a esse governo. As próprias conclusões ideológicas de ambos os sistemas estão já decididas na definição do Contrato Social por cada um deles proposta.

Descrevendo-o como uma cessão definitiva, pelos súditos ao soberano, de todos os direitos do estado de natureza (com exceção apenas do de defesa da própria vida), mediante a qual todos abdicam em seu favor o direito de se governarem a si mesmos, sem condições; identificando o soberano com o próprio Estado, concebido como uma pessoa única, e concedendo-lhe o direito de usar seu poder conforme achar conveniente, Hobbes já está preparando uma conclusão que só pode ser absolutista (*Leviatã* 17: 89). Só o súdito contrata, renunciando aos direitos que possuía no estado de natureza. Não o soberano, que não renuncia a direito algum, nem promete respeitar a liberdade dos súditos, simplesmente não faz promessa alguma. Portanto, seu eventual despotismo não poderá servir de pretexto para alegar a ilegitimidade de seu poder; os meios que escolhe para impor sua autoridade são de sua exclusiva competência (*Leviatã* 17: 90). Além disso, Hobbes considera haver contrato também nos Estados criados pelo que chama de "aquisição", ou seja, pela força. Os súditos de uma nação conquistada também entregam sua liberdade ao poder do novo soberano, tal como no caso do pacto *voluntário*. Aos que negam validade aos pactos baseados na força, responde Hobbes que a única diferença entre os dois casos é que neste último os homens aceitam o soberano por medo deste; ao passo que, quando escolhem um soberano e assim criam um Estado "por instituição", o fazem por medo uns dos outros, para escaparem à "guerra de todos contra todos" do estado de natureza (*Leviatã* 20: 104). É sempre a mesma paixão que fundamentalmente dá origem ao Estado. Não há, portanto, lugar para estabelecer distinções de legitimidade entre os governos com base nos motivos particulares dessa paixão. O governo absoluto, mesmo despótico, mesmo imposto pela força a uma nação livre, não pode ser considerado ilegítimo. E, para provar essa legitimidade, Hobbes se considerou obrigado a definir esta remontando à origem desse governo. Fica assim com o caminho aberto para depois, mediante outros argumentos, que adiante examinaremos, concluir pela superioridade dessa forma de governo.

A posição de Locke é, como vimos, já fundamentalmente a mesma dos *whigs*, e foi considerando-a como tal que Hume pôde, através de uma crítica ao *Segundo Tratado*, proceder a um ataque contra a ideologia daquele partido. Em sua filosofia política, à semelhança da de Hobbes, o caminho que leva à solução do problema da legitimidade passa obrigatoriamente pelo da origem do governo. Locke estabelece essa ligação em duas simples proposições sucessivas. A primeira afirma que *toda* sociedade política (todas as que nascem do estado de natureza, ou seja, o correspondente aos governos primitivos de Hume, abstraindo apenas de sua definição da situação anterior como social) tem origem no *consentimento* de um grupo de homens *livres* e *racionais* ("capazes de maioria"). E a segunda que só um governo que teve tal fundamento pode ser considerado *legítimo*. (*Segundo Tratado*, 8.99: 377). Evidentemente essas premissas só poderão conduzir, em argumentos subsequentes da obra, a uma total condenação de qualquer forma de governo absoluto.

Se Hume se coloca em posição inteiramente diferente a qualquer dessas, estabelecendo em sua teoria do governo um corte entre as questões da origem e da legitimidade, é porque o problema não é por ele colocado propriamente em termos de *legitimidade*. Ou melhor, o sentido deste último termo é para ele consideravelmente diferente do que encontramos nos dois outros filósofos. Em sua resposta a Hobbes, Locke se situa num terreno que é comum ao pensamento de ambos. À afirmação da legitimidade do despotismo opõe a recusa dessa mesma legitimidade – e no essencial é realmente da mesma que se trata. Mas Hume não apresenta, embora seja Locke o alvo predileto de seus textos políticos de mais acentuado caráter polêmico, exatamente uma *resposta* ao autor do *Segundo Tratado*, ou, pelo menos, não responde no mesmo terreno. Na realidade, o problema que Hume se coloca não é o da legitimidade, mas antes o do *fundamento* do governo, de qualquer governo. Pelo contrário, o que Locke estabelece em sua teoria é apenas o fundamento dos governos legítimos. E o que a moral social de Hume pretende determinar é o fundamento real da autoridade civil, em suas diversas formas. Seu objeto são os sentimentos ou opiniões de importância mais significativa para o fenômeno da *sociedade* em geral, em sua forma natural ou política. Como já vimos também, o governo depende da *fidelidade*, do mesmo modo que a sociedade depende da justiça (ver acima 21-22). Isto é, depende de um sentimento, uma "atitude mental" de obediência generalizada entre os membros do corpo social. O governo se sustenta graças a essa virtude artificial, ao predomínio desta entre os súditos. E Hume não pode abordar essa realidade nos mesmos termos do racionalismo político para decidir se ela é ou não legítima, o que equivaleria ao que é em metafísica, ou nas ciências da natureza, a inútil procura de "princípios últimos". A filosofia política de Hume aspira a ser uma ciência, pretende dar conta da realidade até onde o entendimento humano o permite, não mais além. *Legítimo* é um termo que, aplicado a um governo, só pode significar duas coisas: aquele que cumpre sua finalidade, a preservação da justiça e a defesa dos interesses da sociedade como um todo, ou aquele que é justificado pelos princípios da natureza humana. Aspectos estes que em certa medida se identificam, pois este último atributo garante desde logo a solidez e a força de um governo, o que mais ou menos possibilita que aquela finalidade seja atingida. A tarefa específica da moral social apenas pode consistir, aqui, na determinação exata da natureza da fidelidade política. Os *princípios do governo* não terão assim, na filosofia de Hume, o caráter de princípios teóricos da legitimidade do poder, e sim o das condições concretas que permitem que os governos conservem o poder.

Já vimos que nos governos primitivos o fundamento do poder não pode ser a força. A força militar, única capaz de tal caráter, é um produto desses governos. Vimos também que, pelo contrário, é esse o princípio dos governos posteriores, pelo menos, é o que a experiência e a história ensinam a Hume, da esmagadora maioria destes. Mas a força militar é constituída por homens. Se é certo que pode muitas vezes explicar-se o poder de um soberano pela simples imposição de sua vontade a um povo, de qualquer modo permanece por resolver o problema da obediência do corpo armado, que diretamente efetua essa oposição, a um déspota cuja força pessoal, física, é inferior à sua. Os súditos, seja um povo ou um exército de mercenários, são sempre os mais fortes, tanto nos primórdios do governo quanto em sua evolução subsequente. Só há um momento no qual o soberano pode prescindir dessa fidelidade: o momento da tomada do poder. Aqui, é possível que mesmo "os instrumentos de sua usurpação desejem sua queda". Mas as circunstâncias especiais dessa situação de emergência impedem os membros do grupo armado de consultarem-se mutuamente e, assim, o usurpador pode ascender ao governo apesar dessa oposição. Porém, desaparecidas essas condições, que são apenas momentâneas, o novo soberano só poderá manter-se no poder se obtiver a fidelidade de seus governados. Ora, a fidelidade, tal como a justiça, é simplesmente um sentimento, uma *opinião*. Os "primeiros princípios do governo" serão, portanto, as formas essenciais assumidas por essa opinião (E 2: 93; 4: 113).

Desses princípios, o único em cuja "preponderância entre os homens" Hume insiste é aquele que no ensaio "Dos primeiros princípios do governo" designa como *opinião de direito ao poder*. Essa preponderância verifica-a Hume na "dedicação de todos os povos a seu antigo governo". Ter essa opinião significa, para o povo, acreditar que determinado indivíduo é o legítimo soberano da nação, independentemente de qualquer convicção de que seja ele quem melhor defenderá o interesse público. E a antiguidade do governo é um dos fatores que mais fortemente contribuem para fazer surgir esse tipo de crença (E 4: 113-4).[44] E essa influência se deve à ação de dois poderosos princípios da natureza humana: o hábito e a imaginação.

Essa forma de opinião ou, o que é o mesmo, do dever de fidelidade, só pode constituir-se através da ação do tempo. Quando há uma mudança de governo, o povo geralmente considera o novo soberano um usurpador. Mas "o tempo vai gradualmente fazendo desaparecer todas essas dificuldades", e o povo se habitua a considerar legítimo aquele mesmo soberano (e sua família) que inicialmente se recusava a aceitar. O hábito faz surgir na consciência dos súditos uma *crença*. O povo acredita ter o dever de prestar obediência e fidelidade ao

---

[44] Hume refere-se aqui também à "opinião de direito à propriedade", que será comentada na última parte desta Introdução.

soberano, consente que seja ele o detentor do poder, por pensar que a *longa posse* do poder lhe conferiu esse direito. Sem pensar que este depende de seu consentimento, para os súditos, a aquiescência que dão ao soberano não é "uma questão de escolha, e sim de obrigação" (E 2: 96-7). Isto é, o dever de fidelidade não surge através de um ato do entendimento, mediante o qual os súditos pesariam as vantagens e inconveniências de um determinado governo, antes de decidirem se devem obedecer-lhe. Aqui, como sempre, o princípio do hábito produz seus efeitos antes de dar tempo a qualquer reflexão.[45] "A antiguidade sempre dá origem à opinião de direito", ou seja, o que determina esta é a longa posse do poder pelo mesmo soberano (ou pela mesma família reinante – "aqueles nomes que receberam a consagração da antiguidade"). As atitudes políticas dominantes não correspondem a uma escolha racional. Na "Ideia de uma república perfeita", afirma Hume que os homens, em sua maioria, são governados pela autoridade, e não pela razão, nunca atribuindo a autoridade a nada que não tenha a recomendação da antiguidade. A longa posse de "qualquer forma de governo, ou sucessão de príncipes" é apresentada no *Tratado* como o primeiro dos princípios que "regulam e dirigem nossa devoção ao governo". É aquele que "confere autoridade aos mais sólidos governos do mundo, sem exceção". O que consolida o direito do soberano ao poder é acima de tudo o tempo, o qual vai gradualmente influenciando o espírito dos homens, levando estes a aceitar como justa uma autoridade que inicialmente teve a violência como único fundamento: o hábito influencia a imaginação, fazendo surgir a ideia do poder legítimo do príncipe, ou a família reinante, que os súditos durante muito tempo conheceram como detentor do poder (E 4: 114; 11: 163; T 3.2.10.4: 595). Tal como a crença na causalidade, a crença na legitimidade só pode ter origem na ação desses princípios da natureza humana.

Há um evidente paralelismo entre as regras que determinam a propriedade e as da fidelidade ao governo, e para ele Hume chama a nossa atenção. O governo é uma invenção útil para a sociedade, exatamente como a convenção em que assenta a estabilidade da

[45] "O costume opera antes que tenhamos tempo de refletir. Os objetos parecem de tal modo inseparáveis que não aguardamos um só momento para passar de um ao outro" (T 1.3.8.13: 134).

posse; o principal fundamento de ambos é a utilidade pública de que se revestem. É esse seu fundamento real, *natural*. Mas, no caso da propriedade, seria inútil pretender que fosse esse o motivo direto do respeito pela justiça. O resultado seria impedir que se atingisse a finalidade pretendida, ir-se-ia apenas "perpetuar a confusão que essa regra se destinava a evitar". O mesmo se passa com o governo: as "diversas considerações" a que é necessário recorrer para fortalecer o sentimento de fidelidade ao governo, e deste modo o próprio governo, são menos importantes do que o fundamento real dessa fidelidade, mas nem por isso são menos necessárias e valiosas, dado que são elas, sobretudo, que permitem atingir o fim pretendido (T 3.2.10.3: 594-5).

Mas o paralelismo entre propriedade e fidelidade vai mais longe. A ação dos mesmos princípios da natureza humana dá origem, naturalmente, a regras semelhantes em um e outro caso. Uma destas recebe até o mesmo nome: também a opinião de direito ao poder é por vezes gerada pela *posse atual*. A longa posse é o princípio mais forte, mas os homens estabelecem naturalmente uma ligação entre ambas (T 3.2.10.5-7: 596-7). Isto é, quando não há um soberano cuja antiguidade impressione fortemente a imaginação dos súditos, estes tendem a considerar legítima a autoridade daquele que efetivamente detém o poder. A relação entre o soberano e o trono é *semelhante* nos dois casos. E a imaginação, não levando em conta o fato de na realidade essas duas relações serem diferentes, *passa* de uma para outra, identificando ambas. Reconhece-se aqui a mesma intervenção dos princípios da analogia, cuja importância verificamos a propósito da propriedade. E o mesmo se verifica na regra da *sucessão*. Os homens tendem a atribuir a posse legítima de um objeto ao sucessor do proprietário anterior. E a mesma tendência se verifica no caso do poder político. Excetuando o caso das monarquias hereditárias, onde o princípio fundamental é a longa posse, também numa monarquia eletiva a ideia de conceder o poder ao filho do soberano anterior se pode impor. "A autoridade real parece estar relacionada com o jovem príncipe, mesmo durante a vida de seu pai, pela natural transição do pensamento, e mais ainda após sua morte; nada mais natural, portanto, do que completar esta união com uma nova relação, dando-lhe efetivamente a posse daquilo que tão naturalmente parece pertencer-lhe" (T 3.2.10.8-9: 598). Isto é, os súditos simplesmente fazem uma associação por *contiguidade* entre o herdeiro e o poder, estabelecendo uma analogia entre duas situações que na realidade são diferentes.

São estes os fatores psicológicos que mais comumente fazem surgir, na consciência dos povos, o dever de fidelidade. Os homens não se deixam guiar pela razão, mas sobretudo pela frívola imaginação. A *passividade* deste princípio é o que permite sua determinação pelo hábito (regra da longa posse) e pelas mais fantasistas analogias (regra da sucessão). Uma crença é simplesmente uma ideia viva que como tal influencia fortemente a imaginação. Não é necessário que seja verdadeira, bastam o hábito, as regras da associação e as analogias para fazê-las surgir no espírito humano. A crença tanto pode ser uma forma de conhecimento autêntico como uma simples superstição; e estas determinações particulares da fidelidade, da opinião de direito ao poder, são crenças da segunda espécie.[46]

O dever de fidelidade que corresponderia mais a uma crença verdadeira seria o que tivesse como objeto aquele governo cuja ação mais contribui para o bem público. É essa a finalidade do governo, portanto o tipo de crença a que o ensaio sobre os primeiros princípios chama *opinião de interesse*, a aceitação de um governo baseada na convicção de que só dificilmente se poderia mudar para um melhor, seria a mais próxima de uma atitude racional. Neste ensaio, Hume diz apenas que ela constitui um sólido fundamento do governo, *quando ocorre* (E 4: 113). Não esclarece, todavia, em que medida essa ocorrência se verifica, isto é, se também se pode falar de preponderância a seu respeito. Ora, pelo que ficou dito, é evidente que para Hume raramente ela ocorre, dada a predominante irracionalidade do comportamento político dos povos. No entanto, essa opinião corresponde a algo de fundamental para o governo, sob dois aspectos – teoricamente e quanto à origem, mas quanto a um terceiro aspecto, que é, justamente, dentro do contexto em que aquela definição se encontra, o mais importante, ela pouco ou nada significa. E isto porque praticamente nunca se encontra entre os cidadãos, como afirma o *Tratado*, um tipo de consciência política correspondente a essa opinião, ou uma motivação da

---

[46] "uma adesão estrita a regras gerais e a obediência absoluta a pessoas e famílias particulares, a que algumas pessoas dão tanto valor, são virtudes que têm menos de razão que de fanatismo e superstição" (T 3.2.10.15: 601).

fidelidade ao governo tão decididamente utilitarista como a indicada em sua definição da opinião de interesse.

O *Tratado* estabelece uma distinção entre obrigação *natural* e obrigação *moral* de fidelidade ao governo. A obrigação natural é o dever originário, aquele que tem como fundamento direto as razões que deram origem ao governo. Esse fundamento, já o vimos, é o interesse público: "a segurança e proteção que gozamos na sociedade política, e que somos incapazes de conseguir enquanto somos completamente livres e independentes". É um interesse "imediatamente ligado ao governo", sendo "o motivo original de sua instituição e ao mesmo tempo a fonte da obediência que a ele prestamos" (T 3.2.9.1-2: 589-90). Mas esta é, por assim dizer, a *verdadeira* natureza do governo. Aqui, a verdade deste reside em sua conformidade com a natureza humana. Mas nesta a paixão do interesse, e o entendimento que permite sua mais completa satisfação, são muitas vezes sobrepujados pelos princípios da imaginação. "Os homens são fortemente influenciados por *regras gerais*, e muitas vezes estendemos nossas máximas para além das razões que inicialmente nos levaram a estabelecê-las". Se entre dois casos distintos se verifica um certo número de semelhanças, temos tendência para esquecer as diferenças, mesmo que estas sejam essenciais, e para julgá-los idênticos. São essas regras gerais que explicam as associações por analogia cuja importância verificamos a propósito da propriedade. Também aqui transferimos nossa experiência de casos anteriores para objetos semelhantes a eles, mas que não são exatamente os mesmos de que tivemos experiência. É a imaginação que faz surgir a obrigação *moral*, isto é, aquela que efetivamente determina a consciência dos súditos. Ela pode não coincidir, e raramente coincide, com a obrigação natural. É frequente a fidelidade do povo a governos tirânicos, "contra seu próprio interesse e contra o interesse público" (T 2.2.9.3: 591).[47]

Mas a opinião de interesse, mesmo para as consciências dominadas por outro princípio, pelas regras da imaginação que levam à formação da opinião de direito ao poder (em indivíduos que, por exemplo, estão convencidos de que devem obedecer ao soberano porque este pertence a uma dinastia muito antiga), ela permanece sempre como

---

[47] "... a imaginação, quando colocada em qualquer linha de pensamento, tende a continuá-la mesmo na ausência do seu objeto, e, como uma galera posta em movimentos pelos remos, segue seu curso sem nenhum novo impulso" (T 1.4.2.22: 231).

um fundamento subjacente. O vulgo é incapaz dos "raciocínios sutis" que correspondem a esse tipo de opinião, mas todo homem tem uma noção implícita do caráter fundamental do interesse público. Quando desaparece a causa da obrigação natural (o interesse), a obrigação desaparece também. Se o soberano se torna irônico, agindo contra o interesse público, os súditos deixam na realidade (isto é, para Hume) de ter em relação a ele o dever de fidelidade. Mas a obrigação moral pode permanecer, mesmo que desapareça sua causa última. Os súditos podem conservar a opinião de fidelidade (ou de direito). No entanto, isso só é possível dentro de certos limites: quando o interesse, o fundamento, "desaparece em alto grau, e num número considerável de casos" (isto é, no caso de extrema tirania), o dever de obediência, tomado aqui no sentido de obrigação moral, desaparece também, e os súditos, além do direito teórico de resistência, que Hume lhes concede, têm-no também *de fato*, isto é, ao nível de suas próprias opiniões.

Mas Hume está longe de ser um defensor dos direitos do povo contra os excessos da autoridade. É certo que sempre condena, como absurda, a doutrina "Da obediência passiva", com a qual os partidários do Direito Divino dos reis, os *tories* de posição mais extrema, pretendiam recusar toda e qualquer validade ao direito popular de resistência, e a própria doutrina do Direito Divino, como um todo, merece de Hume críticas mordazes e impiedosamente satíricas (T 2.2.9.4: 592; E 3: 109-110; E 2: 89-90; E 9: 154). Considera a tirania geralmente contrária aos interesses da sociedade, e adota uma posição que lhe é em princípio contrária. São frequentes seus ataques aos governos mais despóticos, às "monarquias orientais" como a Pérsia e o Egito, e exprime sua condenação das tentativas absolutistas dos Stuarts (E 6: 132, 133; E 7: 141; E 3: 111-12). Mas a tendência predominante do pensamento de Hume é, quanto a este aspecto, a defesa do princípio da autoridade. Admite a resistência popular, mas apenas no que considera casos extremos, como por exemplo a situação que antecedeu a revolução de 1688 (T 3.2.10.16: 602-3; E 2: 94-5).[48] E condena radicalmente a doutrina do tiranicídio, argumentando que tais tentativas só podem redundar no agravamento da ferocidade do déspota, e critica Locke, e os *whigs* em geral, por insistirem mais no direito de resistência do que no dever

[48] Mas o entusiasmo de Hume é bem menor em E 2: 94-5.

de obediência. (E 3: 110). A fidelidade é, dos dois princípios, aquele a que deve ser dada prioridade na esmagadora maioria dos casos, pois é dela que depende o bem-estar dos homens, a satisfação da paixão predominante, do interesse, através das mediações da sociedade, da justiça e do governo. Não admite uma autoridade sem limites: o povo tem direito à liberdade, pois esta é a "perfeição da sociedade civil". Mas é sempre necessário sacrificá-la em grande parte, dando a preferência à autoridade. Da liberdade depende a perfeição da sociedade; da autoridade, a sua própria existência (E 1: 87-8).

IV. AS FORMAS DE GOVERNO

Examinamos na primeira seção a importância de que se reveste, para a ciência política de Hume, o estudo das leis constitucionais e da regular influência destas sobre a vida dos estados. O conjunto dos fenômenos da sociedade, a partir do exato momento em que esta começa a ser regida por uma autoridade política, adquire uma nova uniformidade, a qual se vai sobrepor àquela que o elemento comum a todos os fatos sociais pré-civis, a eterna e imutável natureza humana, lhe havia já conferido. Assim, o próprio acontecimento que marca a passagem à sociedade civil, a criação do governo constitui desde logo um fator que contribui para a possibilidade de uma ciência dessa sociedade.

Mas para Hume a influência das leis se faz sentir com menor intensidade nas monarquias absolutas do que nos chamados governos livres. E, de outro lado, afirma que todos os primeiros governos assumem essa forma. As necessidades da guerra exigem a concentração de toda autoridade nas mãos de um chefe único, e o governo toma naturalmente como modelo a autoridade militar de onde deriva. Aparentemente, portanto, seria difícil uma ciência que tomasse como objeto os governos primitivos, nos quais, como em todas as outras monarquias absolutas, tudo dependerá, precisamente devido à concentração do poder nas mãos de um único soberano, em grande parte da maneira como ele governar o país, de sua administração. Esta, por sua vez, é determinada pelo caráter do monarca, o qual é impossível prever, ao contrário dos efeitos das leis constitucionais (E 6: 127; T 3.2.8.1-3: 578-80). No entanto, estes pressupostos da política de Hume não implicam que só seja possível uma ciência dos governos mistos e das repúblicas. A simples instituição de um governo absoluto lhe dá já uma *forma*, isto é, uma primeira lei constitucional, quer seja escrita ou não. Por isso, nos ensaios de Hume se encontram certas previsões que tomam como base esse único elemento: o de se tratar de uma monarquia absoluta. Assim, por exemplo, é estabelecido como regra que as artes e as ciências não podem surgir em tais governos (embora para eles possam ser "transplantadas" das repúblicas, seu terreno de eleição). Ou, ainda, que o comércio dificilmente neles atinge grande desenvolvimento (E 7: 142).[49] De outro lado, uma monarquia forçosamente será ou eletiva ou hereditária, e vimos já que Hume se considera habilitado a prever as consequências desastrosas da primeira. Assim, as leis e formas de governo são a base do conhecimento de toda e qualquer sociedade civil; é certo que com algumas diferenças de grau, dependendo do regime, mas sem exceções.

Esse conhecimento não tem para Hume um caráter puramente teórico: a política, tal como a moral, é uma ciência eminentemente prática.[50] Vimos que as teorias do Contrato e do Direito Divino têm para ele a finalidade de justificar a ação política de um partido ou de uma classe; mas esta acusação visa apenas a parcialidade dessas teorias, não o fato de estarem voltadas para a ação. E isto porque para Hume a política só adquire sentido se tiver em vista uma aplicação de seus resultados à sociedade e ao estado. Esses "sistemas especulativos" conduzem a certas conclusões de ordem prática, as quais são concretamente usadas em defesa dos interesses do povo e do trono. Mas Hume, longe de condená-las por esse fato, dedica um novo ensaio, depois de sua análise teórica em "Do contrato original", a essas conclusões, isto é, às teses "Da obediência passiva" e do direito de resistência (E 3). Sua política está tão comprometida com a realidade concreta quanto a dos "homens de partido". Com a única diferença, segundo Hume, de ser uma ciência e não uma ideologia, de ser a obra de um filósofo "livre da fúria dos partidos" (E 7: 139). "Não tenho partido nem preconceitos", diz uma de suas cartas (ver E 2, nota 14). Sua intenção declarada é a de colocar sua política a serviço dos interesses comuns da sociedade.

---

49 Ver também o ensaio "Da origem e progresso das artes e ciências" (G & G, I: 174, 177).

50 Sobre a importância da moral para a sociedade, ver T 3.1.1.1: 495.

Se ele dedica seus esforços a essa ciência é, mais do que pela satisfação pessoal que lhe dá seu estudo, devido ao fato de ela ser, dentre todas, aquela que "mais contribui para a utilidade pública" (E 7: 139). Mesmo acima da filosofia, portanto. Se o conhecimento político tem para ele tamanha importância, é por não ser uma especulação gratuita, por contribuir para o esclarecimento dos governantes e a boa condução das questões públicas.

A influência das leis constitucionais tem ainda uma outra consequência importante, além de sua contribuição para criar o objeto de uma ciência: elas podem, também, conferir uma maior estabilidade ao corpo político. É graças a essa influência que a sociedade civil adquire maior uniformidade do que a sociedade natural, a qual devia a sua apenas à natureza humana e à acidental permanência das mesmas circunstâncias exteriores. Mas os "axiomas universais" que agora se tornam possíveis, se de um lado não são conclusões científicas, de outro lado são também regras que poderão ser concretamente aplicadas pelos legisladores. É com base numa verdadeira ciência política que estes poderão, em vez de abandonar ao acaso de um bom ou um mau governante o futuro de um país, elaborar leis capazes de "regular a administração das questões públicas para a mais remota posteridade". Só assim o governo ganhará uma estabilidade maior do que a recebida "do temperamento e caráter ocasional de certos homens" (E 6: 127, 134). A força das leis constitucionais, ao mesmo tempo que oferece à ciência política uma realidade mais uniforme, torna também mais estável a sociedade. É, sob dois pontos de vista diferentes, mas complementares, uma mesma *regularidade*.

"Em qualquer comunidade uma sábia legislação é a herança mais valiosa que pode ser deixada às épocas futuras"; as boas leis sempre terão uma influência benéfica sobre a sociedade, até, por vezes, numa sociedade de costumes corruptos, como a de Roma entre as duas primeiras Guerras Púnicas (E 6: 135). Por isso também Hume reserva um lugar de honra aos legisladores e fundadores de estados, "que deixaram um sistema de leis e instituições para garantir a paz, a felicidade e a liberdade das gerações futuras", e portanto são ainda mais merecedores da veneração dos homens do que os cultores das ciências e das artes" (E 12: 177). Está implícito que apenas os bons legisladores; porque as leis terão, evidentemente, efeitos perniciosos, como por exemplo a falta de um corpo representativo na república romana e em Atenas, ou o processo eletivo nas monarquias orientais e no império romano (E 6: 127-30; 5: 117-18). Mas quais são, segundo Hume, as boas leis, de maneira geral?

A resposta de Hume a esta questão não é tão clara quanto as de seus dois principais antecessores. A filosofia política de Hobbes conduzia à defesa do absolutismo, e em termos que excluíam radicalmente a validade de qualquer outra forma de governo. O soberano está acima das leis (exclusão da forma republicana), e sua autoridade não pode ser dividida (exclusão da forma mista de governo) (*Leviatã* 29: 173). E, embora admita que esse soberano absoluto possa ser "um homem ou uma assembleia de homens" (*Leviatã* 27: 89; 22: 119), o que abriria caminho para aceitação, ou da ditadura de um parlamento, ou de uma oligarquia absolutista, marca claramente sua preferência pela forma monárquica, declarando esta mais "conveniente", se não mais legítima, para garantir a paz e a segurança do povo (*Leviatã* 19: 98). Por sua vez, a doutrina de Locke, opondo-se a Filmer, mas não menos declaradamente a Hobbes, afirma exatamente o contrário: a monarquia absoluta é "incompatível com a sociedade civil, e nem sequer pode ser considerada uma verdadeira forma de governo. Só são legítimos os governos que assentam no consentimento popular" (*Segundo Tratado* 7.90: 369). E, embora admita que o povo pode dar seu consentimento a qualquer regime, democracia, oligarquia ou monarquia (eletiva ou hereditária), acaba por tomar partido a favor da monarquia mista, consagrada pela revolução de 1688, declarando ser mais conveniente (empregando, para um fim oposto, a mesma linguagem que Hobbes) haver uma separação entre o legislativo e o executivo, separação esta que caracteriza "todos os governos bem constituídos" (*Segundo Tratado* 10.132: 500; 13.153: 521; 14.159: 529). Mas Hume nunca adota uma posição tão nitidamente definida, ostentando, quanto às formas de governo, a mesma imparcialidade que em relação aos partidos. Suas conclusões mais categóricas dizem respeito a certos aspectos mais particulares, como a monarquia eletiva ou a aristocracia de tipo feudal, nunca chegando, como Hobbes ou Locke a uma condenação global de qualquer dos grandes tipos de constituição. O que não significa, no entanto, que todas elas, monarquia, república ou governo misto, tenham, para ele, o mesmo valor.

As formas de governo, tal como todos os outros aspectos da política, são sempre pensadas por Hume em estreita conexão com seus pressupostos filosóficos. E destes, em primeiro lugar, com sua atitude "experimental", mais descritiva do que normativa. Como vimos na seção anterior, Hume recusa formular os problemas políticos em termos de legitimidade, ou, pelo menos, de uma legitimidade como a entende, por exemplo, Locke. Este confronta os regimes com o modelo de governo legítimo, modelo esse que encontra em sua razão. E Hume sustenta que mesmo um governo tirânico, pelo simples fato de existir e se manter na posse de sua autoridade, não pode deixar, de uma maneira ou de outra, de ser objeto de obrigação e fidelidade (T 3.2.9.1: 589). O princípio fundamental do governo é a opinião; o primeiro aspecto a considerar em qualquer regime, portanto, é a intensidade de sua influência sobre essa opinião, isto é, quais são suas possibilidades de granjear e conservar o apoio de seus súditos. Mas é também importante saber se esse regime é favorável ao interesse público, embora, como vimos, a "opinião de interesse" seja um fato excepcional, que se verifica apenas entre um número reduzido de cidadãos. O estudo dos efeitos das formas de governo, e as máximas deste resultantes, permite que os regimes sejam julgados quanto à sua utilidade pública. Assim, há um segundo aspecto que necessita ser abordado independentemente do primeiro: é possível condenar um regime, mesmo no caso de este ser aprovado pelo povo. Mas há um ponto em que estes dois ângulos de análise se confundem: uma das condições para que um governo seja favorável ao interesse público é sua estabilidade. E o simples fato de estar instituído é, para Hume, por si só, uma importante vantagem. Não importa se tal fato assenta na ignorância dos homens, no fato de eles serem "governados pela autoridade, e não pela razão". O político não pode desprezar essas condições, nem tentar violentar as condições concretas de sua nação; na vida dos estados, só uma evolução lenta e gradual é possível. O legislador, portanto, deve procurar adaptar suas inovações o mais possível ao antigo edifício (E 2: 98; E 14: 195; E 11: 163).

Isto é, o fato de denunciar a *posse atual* (tal como qualquer outro dos princípios que geralmente determinam a opinião de fidelidade) como uma quimera da imaginação não impede Hume, embora, evidentemente, a um nível diferente do vulgo, de lhe prestar sua homenagem. A política é uma ciência do possível, e não pode deixar de levar em conta a natureza humana. O hábito, as leis da associação, as analogias da imaginação, determinam nos povos uma forte tendência no sentido de respeitar os regimes estabelecidos, e o político sagaz, assim como o filósofo interessado nos mesmos problemas, precisa levar em consideração a importância desses fatos. A política de Hume pretende ser realista e positiva; os problemas dessa ciência exigem bem mais do que "belas repúblicas imaginárias", e não passam disso todas as utopias que propõem "uma grande reforma dos costumes da humanidade" (E 9: 154; E 11: 164). Por isso, seu projeto de "república perfeita" não abala no menor aspecto a ordem estabelecida, excluindo do direito de voto uma grande parte do povo, através de um sistema censitário, procurando evitar as grandes assembleias, onde a concentração das massas populares só poderia resultar em "confusão", e propondo todo um conjunto de outras medidas que possuem, todas elas, um sentido eminentemente conservador que nada tem de "utópico", embora Hume se declare nesse ensaio um renovador do gênero (E 11: 164, 165-66, 170). Uma primeira fase da atitude geral de sua ciência política está, portanto, perfeitamente de acordo com um dos princípios fundamentais e indicados em sua moral social. À importância da regra de posse atual corresponde uma aceitação dos governos estabelecidos, independentemente de seu caráter monárquico, misto ou republicano.

Mas vimos também que a moral social de Hume define a regra de *longa posse* como preponderante, mesmo acima da posse atual, devido a ser ela que tem a seu favor todo o prestígio da antiguidade. Ora, essa regra tem o poder da coroa como seu objeto mais natural, muito embora a ação do tempo e do hábito possa também fazer surgir no povo um sentimento de fidelidade que não tenha como objeto uma pessoa, e sim uma determinada forma de governo ou uma instituição como a câmara dos comuns (T 3.2.10.4, 14: 595, 600). E é sobretudo ao poder do rei que Hume aplica esse princípio, quando faz referência a essa forma da opinião (equivalente à de direito ao poder) que frequentemente leva os súditos a permanecerem fiéis mesmo a uma dinastia destronada, ou seja, a um caso em que a longa posse prevalece, mesmo na ausência da posse efetiva (T 3.2.8.9: 587). E também no ensaio "Da sucessão protestante" o argumento decisivo apresentado em favor da família de Hannover, contra as pretensões dos partidários do regresso dos Stuarts, não é o de sua escolha pelo parlamento, e sim o de se encontrar no trono há tempo suficiente para que essa longa posse do poder a este lhe tivesse conferido um direito (E 5: 124).

De outro lado, quando juntamente com os dois "primeiros princípios" que examinamos no capítulo anterior Hume refere um terceiro, a *opinião de direito à propriedade*, ele apresenta na realidade este princípio como relativamente destituído de importância. Inicialmente, embora faça restrições ao excessivo valor a ele atribuído por Harrington e Locke, declara reconhecer sua relevância para as "questões relacionadas com o governo". Expressão propositadamente vaga, que permite a Hume aparentar fazer uma concessão a seus adversários, quando nesse primeiro momento a única importância que concede à propriedade é a que ele próprio havia já reconhecido no *Tratado*, como elemento essencial na constituição da sociedade e do governo. Mas mais adiante ele emprega a expressão em sentido inteiramente diferente, isto é, indicando a opinião segundo a qual a autoridade política deve ser proporcional à propriedade (E 4: 113-15 e notas 6, 7 e 10). Era esta a ideologia dos *whigs* e da burguesia inglesa, a qual procurava justificar as pretensões do parlamento a uma autoridade superior à do soberano, argumentando com riqueza de seus membros. E a posição de Hume lhe é fundamentalmente contrária: o poder só deve corresponder à propriedade se as leis da constituição assim já estabeleceram. Caso contrário, o povo não dará seu apoio a essa pretensão, devido à sua dedicação ao antigo governo (E 4: 115). Isto é, segundo Hume o poder do rei, e o da aristocracia a ele ligada (E 7: 145), é defendido contra a classe contrária pela influência da longa posse, dos princípios da natureza humana e das formas de governo. Os fatores políticos geralmente precedem os econômicos, e é a natureza humana que lhes confere esse caráter prioritário. O interesse pessoal, juntamente com o medo e a afeição, é para Hume apenas um princípio secundário, não um dos primeiros princípios do governo (E 4: 114). O interesse é uma das paixões, mas estas são mais dominadas pelo hábito e pela imaginação do que pelo entendimento; o que, aplicado à política, significa que o povo, embora nele se verifique certa tendência para ser mais dedicado aos representantes de seus interesses (a câmara dos comuns), em última análise tem seu espírito muito mais fortemente dominado pela antiguidade, ou seja, pelas leis em que vive e pela fidelidade ao soberano.

Quais as consequências destes princípios para a "tomada de posição" política de Hume? Sua atitude oficial nos ensaios é de moderação e equilíbrio, apresentando frequentemente os pontos de vista dos *tories* e *whigs* (por vezes com argumentos que na realidade são seus), para depois proceder a um balanço "imparcial". Regra geral, não defende pontos de vistas praticamente condenatórios do governo misto da Inglaterra – o que está perfeitamente de acordo com sua veneração pelas instituições estabelecidas. Não poderia, evidentemente, conciliar projetos de reforma com sua concepção de uma natureza humana tão fortemente dominada pelo hábito. "A única regra de governo que os homens reconhecem é o costume e a prática". E, tal como a moral, essa ciência realista que é a política não poderia deixar de levar em conta essa opinião que governa todas as ações humanas: "a verdadeira regra de governo é a prática estabelecida em cada época" (E 14: 197). Mas, embora não proponha uma derrubada da monarquia mista, os ensaios revelam, ao lado da preponderância dos princípios da natureza humana que não são mais favoráveis à monarquia absoluta, uma mal escondida preferência por essa forma de governo. Ao prever o futuro do governo inglês, embora, evidentemente exclua a possibilidade de qualquer "revolução brusca", termina vaticinando o fim do regime, através de uma passagem à monarquia absoluta, e não lamenta essa perspectiva. Essa seria uma "morte fácil", a "eutanásia" do governo britânico (E 9: 152-55 e nota 10). Mas Hume se opõe à tirania, e assim sua preferência vai para o que chama "monarquias civilizadas", cujo mais perfeito modelo é a França absolutista. Nada de comum entre esses regimes moderados e as tiranias "orientais". Nelas o povo está satisfeito, e a tranquilidade que tal fato proporciona ao soberano o leva a conceder ao povo maior liberdade do que, paradoxalmente, as próprias repúblicas. Seus progressos têm sido superiores aos destas, e, o que é mais importante, tendem a progredir ainda mais, e as repúblicas a decair; o que levará esse regime, embora ainda seja inferior às repúblicas, a uma maior perfeição futura (E 6: 132; E 8: 147-8; E 7: 144-46).

As monarquias civilizadas superaram, até, a sua desvantagem que é a grande importância da administração, elas se tornaram "um governo de Leis, e não de Homens", no qual a propriedade dos súditos se encontra tão segura como em qualquer governo livre (E 7: 143-44). Isto é, reúnem as vantagens das repúblicas, sem alguns de seus inconvenientes. De outro lado, a outra espécie de governo livre, a monarquia mista, tem numerosos inconvenientes. Hume reconhece que se deve à constituição britânica a concessão de maiores liberdades ao povo, entre as quais a da imprensa; mas logo acrescenta que ela chega a ser excessiva, ameaçando a ordem interna, e que deve ser considerada um dos "males" do governo misto (E 8: 149). Já vimos que Hume não é um entusiasta incondicional de um regime de liberdade. E, embora considere essa causa nobre e generosa, não se alia a ela por considerar que na prática seus partidários desenvolvem uma ação contrária ao interesse público.[51] O ideal de Hume seria um governo absoluto que mantivesse a ordem, concedendo um grau adequado de liberdade, sem "excessos". E parece, aliás, ser esse para Hume o governo mais "natural", na medida em que sustenta que a forma republicana não seria necessária se todas as monarquias fossem moderadas. Os primeiros governos são, como vimos, monárquicos; e as repúblicas "nascem apenas dos abusos da monarquia e do poder despótico" (T 3.2.8.2: 580).

Há ainda um outro aspecto da superioridade da monarquia, este em comparação com o governo misto. Para Hume o direito popular de resistência se aplica mais a este último do que ao primeiro, e, novo paradoxo, é nele mais *legítimo*; termo que em Hume, como vimos, equivale a dizer "consagrado pela opinião" e justificado pela realidade dos fatos. É o seguinte o argumento de Hume: é da natureza desse governo conter dois poderes que se defrontam, cada um dos quais tem direito a defender-se do outro. E as tentativas de usurpação de um sobre o outro serão outras tantas ocasiões em que se verificará haver direito de resistência. O que simplesmente não teria sentido numa monarquia absoluta; nesta forma de governo a resistência só pode ser legítima nos casos, evidentemente raríssimos, de uma tirania verdadeiramente intolerável (T 3.2.10.16: 602).

Assim, há por detrás da imparcialidade exterior de Hume uma marcada preferência, meio secreta e meio aparente, pela monarquia absoluta. O que sua ciência política lhe permite entrever no futuro da Inglaterra é ao mesmo tempo o que seria seu ideal: um despotismo

---

[51] "Admito que a causa da liberdade... é nobre e generosa; mas a maioria dos partidários dessa causa no século passado a desonraram por sua violência e também por seu fingimento, hipocrisia e fanatismo que, mais do que o princípio da liberdade civil, parece ter sido o motivo de todas as suas ações" (*New Letters*, 81).

esclarecido. Por isso vaticina que talvez os ingleses venham um dia a "amaldiçoar sua própria liberdade", desejando a vitória desse regime (E 7: 146). Por isso, também, se manifesta favoravelmente à corrupção dos parlamentares pelo soberano, desde que não seja excessiva, pois tal procedimento permite a este último, apesar da inferioridade do executivo em relação ao legislativo, exercer uma boa parte do poder (E 10: 158-59).

Essas afirmações de Hume sobre a monarquia absoluta, assim como todas as suas conclusões em política, são tiradas, é o próprio filósofo quem o declara, da observação dos efeitos repetidos e uniformes dessa e das outras formas de governo. Ou seja, é na experiência, a qual lhe é fornecida sobretudo pela história, que Hume recolhe o material sobre o qual assenta, à maneira de um cientista natural, a dedução de suas máximas. É a história que lhe permite verificar a constância daqueles efeitos. Mas, na realidade, estas formas de governo ocupam na ciência política de Hume um lugar equivalente às *circunstâncias exteriores* que são, em sua moral social, a escassez, a família, a guerra e a própria sociedade política. Vimos que estas só têm um sentido para Hume quando pensadas em função da natureza humana. E com essas novas circunstâncias exteriores que são as formas de governo, se passa, naturalmente, o mesmo que com qualquer das outras. Uma natureza humana que se transformasse no tempo certamente teria resultados irregulares, mesmo que conjugada com uma mesma forma de governo (ou qualquer outra situação dos homens). E, embora admita não se saber "até que extremos, de virtude ou vício, a natureza humana é capaz de chegar" (E 7: 139), uma tal mudança é claramente para ele uma possibilidade remota. E é esta que garante a uniformidade dos efeitos das formas de governo.

Quando aponta os inconvenientes da monarquia eletiva, que lhe permitem afirmar a inferioridade desta norma de sucessão em relação à monarquia hereditária, afirma Hume que esses inconvenientes assentam em "causas e princípios eternos e imutáveis". Estes princípios são os da natureza humana: é neles que assenta a explicação logo em seguida apresentada por Hume. A divisão em facções é inerente à natureza humana; portanto, é preferível a solução da monarquia hereditária, pois esta, tornando a sucessão um ponto indiscutível, não proporciona a essa paixão oportunidade para manifestar-se. Isto é, o único sentido dessa lei constitucional é o de impedir a ação de um princípio da natureza humana que é contrário ao interesse da sociedade. Um outro argumento alega que a ascensão ao trono de um soberano eleito será o resultado, perigoso para a ordem pública, de "despertar sentimentos de inveja naqueles que anteriormente consideravam-no seu igual" (E 6: 130). A razão disto está para Hume na influência da imaginação sobre as paixões. Essa paixão da inveja é proveniente da superioridade dos outros, mas surge sobretudo quando aquele que a provoca é alguém *próximo* de nós, e não distante. Se sentimos uma grande desproporção entre ele e nós próprios, não estabelecemos a relação de ideias que permite a inveja, e nem sequer nos comparamos com, ou então, pelo menos, os efeitos da comparação são atenuados" (T 2.2.7.12-16: 411-13). É o que se passa no caso do soberano eleito. Aqueles homens que ainda na véspera se consideravam os seus iguais alimentam, por isso mesmo, em relação a ele, um sentimento de inveja que jamais surgiria em relação a um príncipe herdeiro. Como vimos na seção anterior, a propósito da regra da sucessão, a imaginação já ligara o príncipe ao trono, ainda antes de ocupá-lo, e é isso que leva os súditos a considerá-lo como herdeiro legítimo. O que naturalmente origina aquele sentimento de desproporção que impede mesmo as famílias mais ilustres de invejá-lo, levando-as a aceitaram-no pacificamente como soberano. Daí a regra hereditária ser favorável à ordem e aos interesses da nação (ver acima, seção iii).

Finalmente, em sua tentativa de análise das diversas espécies de partidos políticos, é também nos princípios da natureza humana que Hume vai procurar um critério de classificação. Para ele, todos os partidos são forças negativas dentro do estado, cuja influência é "diretamente contrária à das leis"; são como ervas daninhas que brotam em todos os governos (um pouco menos nas monarquias absolutas, o que é mais uma virtude deste regime), e tendem a destruir toda ordem e toda autoridade. No entanto, Hume estabelece uma distinção. Os partidos baseados no interesse, como, por exemplo, os que opõem a nobreza e o povo, são por ele considerados *reais*, e mesmo "os mais razoáveis e desculpáveis". Correspondem a um comportamento natural, dado o egoísmo que é próprio da natureza humana. A divergência que provoca a divisão partidária é uma divergência real. Os motivos que dão origem a esses comportamentos são de molde a produzir comportamentos semelhantes, em todos os casos em que os homens se encontrem em circunstâncias também semelhantes. A estes partidos reais (nos quais inclui também os que ele chama de princípio e de afeição), Hume opõe as facções *pessoais*. Os motivos que dão origem a estas não são divergências reais, e sim aparentes; elas surgem de paixões como o ódio, ou a amizade a determinadas pessoas, a vaidade ou a ambição (E 12: 177-80). Ora, estas são aquilo a que o *Tratado* chama paixões *indiretas*; estas se opõem às paixões diretas por, ao contrário destas, não serem proporcionais a seu objeto, mas serem grandemente aumentadas, em relação ao verdadeiro valor deste, devido às relações estabelecidas pela imaginação (T 2.3.9.4-8: 475). O mesmo se passa nos partidos pessoais; é a imaginação que, com base em divergências inteiramente frívolas, faz surgir a paixão partidária, mesmo na ausência de um objeto que pudesse justificá-la.

A afirmação, feita por Hume no *Tratado*, de uma estreita vinculação entre suas ciências da moral e da política e sua filosofia, parece assim ser verdadeira também no que diz respeito às formas de governo e aos partidos políticos. Mas vimos também que dificilmente seria possível negar um conteúdo ideológico à filosofia política de Hume. E este encontro, no terreno comum da política, entre filosofia e ideologia, parece indicar a legitimidade de uma investigação das relações que, no interior do pensamento de Hume, ambas por sua vez possam ter entre si. Não pretendemos, contudo, nem disso temos possibilidade, tentar aqui tal investigação. Supomos, apenas, que esse é um problema que nos é imposto pela leitura da própria obra de Hume.

João Paulo Monteiro

ENSAIOS POLÍTICOS

DAVID HUME

1

DA ORIGEM DO GOVERNO[1]

Nascido em uma família, o homem é obrigado a conservar a sociedade, por necessidade, por inclinação natural e por hábito.[2] Em sua evolução subsequente, essa mesma criatura é levada a instituir a sociedade política, a fim de tornar possível a administração da justiça, sem a qual não pode haver entre os homens nem paz, nem segurança, nem relações mútuas.[3] Consequentemente, a distribuição da justiça, ou, em outras palavras, a manutenção dos doze juízes, deve ser considerada, em última análise, como o único objetivo e finalidade de todo o vasto mecanismo de nosso governo. Os reis e os parlamentares, os exércitos e as armadas, os funcionários da corte e das rendas, os embaixadores, os ministros e os conselheiros privados, têm todos eles sua finalidade subordinada a este aspecto da administração. Mesmo quanto ao clero, tendo em vista que seu dever é a propagação da moral, deve pensar-se, no que diz respeito a este mundo, que foi esse o único objetivo útil de sua instituição.[4]

Todo homem tem consciência da necessidade da justiça para conservar a paz e a ordem, assim como todo homem tem consciência da necessidade da paz e da ordem para a conservação da sociedade. Mas, não obstante esta forte e evidente necessidade – tal a fragilidade e perversidade de nossa natureza! –, não é possível obrigar os homens a seguir de maneira fiel e constante a senda da justiça. Podem ocorrer certas circunstâncias extraordinárias, em que alguém considere seus interesses mais favorecidos pela fraude ou pela pilhagem do que prejudicados pela ofensa feita à união social por essa sua injustiça. Mas muito mais frequente é os homens serem distraídos de seus principais interesses, mais importantes mas mais longínquos, pela sedução de tentações presentes, embora muitas vezes totalmente insignificantes. Esta grande fraqueza é incurável na natureza humana.[5]

Os homens precisam, portanto, procurar um paliativo para o que não podem curar. Precisam criar certos cargos, cujos titulares se chamarão magistrados, e terão a função especial de proferir sentenças imparciais, punir os transgressores, corrigir a fraude e a violência, e obrigar os homens, mesmo contra sua vontade, a respeitar seus próprios interesses reais e permanentes. Em poucas palavras: a Obediência é um novo dever, que precisa ser inventado para sustentar o da Justiça, e os laços da equidade devem ser reforçados pelos da sujeição.[6]

Mas poderia ainda pensar-se, considerando este problema de maneira abstrata, que nada se ganha com esta aliança, e que o dever factício da obediência, em virtude de sua própria natureza, tem tão pouca influência sobre o espírito humano como o dever primitivo e natural da justiça. Os interesses pessoais e as tentações presentes tanto podem sobrepujar um como o outro; ambos estão igualmente sujeitos ao mesmo inconveniente. E um homem que tiver tendência para ser mau vizinho será forçosamente levado pelos mesmos motivos, bem ou mal entendidos, a ser um mau cidadão e um mau súdito. Para não referir a possibilidade de muitas vezes o próprio magistrado ser negligente, parcial ou injusto no exercício de suas funções.

Todavia, a experiência mostra que há uma grande diferença entre os dois casos. Verifica-se que na sociedade a ordem é muito mais eficazmente preservada por meio do governo; e nosso dever para com o magistrado é mais solidamente garantido pelos princípios da natureza humana que nosso dever para com os outros cidadãos. Tão forte é a paixão do poder no coração do homem, que muitos não só aceitam mas até procuram todos os perigos, canseiras e cuidados do governo; e, uma vez chegados a essa situação, embora muitas vezes sejam desviados por paixões pessoais, em muitos casos os homens encontram um evidente interesse na administração imparcial da justiça. As pessoas a quem é conferida esta distinção, pelo consentimento tácito ou expresso do povo, devem ser dotadas de superiores qualidades pessoais, de valor, força, integridade ou prudência, as quais impõem respeito e confiança; e, depois de estabelecido o governo, a consideração pelo nascimento, pela categoria e situação social tem sobre os homens uma poderosa influência, conferindo maior autoridade aos decretos do magistrado. O príncipe ou líder combate toda desordem que possa perturbar sua sociedade. Exorta todos os seus partidários e todos os homens probos a ajudarem-no a corrigi-la e regenerá-la, e é prontamente apoiado, no desempenho de suas funções, por todos os homens imparciais. Depressa adquire o poder de recompensar esses serviços; e, com o progresso da sociedade, designa ministros a ele subordinados, e muitas vezes uma força militar, que encontram um imediato e evidente interesse em apoiar sua autoridade.[7] O hábito depressa vem reforçar o que outros princípios da natureza humana deficientemente consolidaram; e, uma vez habituados à obediência, os homens jamais pensam em afastar-se desse caminho que ele e seus antepassados constantemente trilharam, e ao qual são levados por tantos e tão imperiosos e evidentes motivos.[8]

Mas, embora esta evolução das coisas humanas possa parecer certa e inevitável, e embora o apoio prestado à justiça pela sujeição assente em evidentes princípios da natureza humana, não se pode esperar que os homens sejam capazes de antecipadamente descobri-los ou prever seus efeitos. O governo tem início de maneira mais acidental e imperfeita. É provável que tenha sido durante um estado de guerra que pela primeira vez um homem tenha ganho ascendência sobre as multidões; pois na guerra se revela de modo mais evidente a superioridade da coragem e do gênio, nela o acordo e a unanimidade são mais necessários, nela as perniciosas consequências da desordem se revelam mais fortemente. A longa permanência desse estado, coisa vulgar entre as tribos selvagens, leva o povo à submissão; e, se acaso o chefe for tão equânime quanto prudente e corajoso, ele se torna, mesmo em tempo de paz, o árbitro de todas as disputas, e pode ir gradualmente consolidando sua autoridade, através de um misto de força e de consentimento. Os evidentes benefícios derivados de sua influência fazem-no amado pelo povo, ou pelo menos pelos mais pacíficos e de melhor caráter; e, se acaso seu filho é dotado das mesmas qualidades, mais depressa o governo chega à maturidade e à perfeição; mas permanece em estado ainda deficiente, enquanto novos progressos não dão ao magistrado uma renda que lhe permita distribuir remunerações entre os diversos instrumentos de sua administração, e impor castigos aos rebeldes e desobedientes. Antes deste período, cada exercício de sua influência é forçosamente momentâneo, e baseado nas circunstâncias particulares de cada caso. Depois dele, a submissão deixa de ser objeto de escolha por parte da massa da comunidade, passando a ser rigorosamente imposta pela autoridade do supremo magistrado.[9]

Em todos os governos existe uma permanente luta intestina, aberta ou silenciosa, entre a Autoridade e a Liberdade, e neste conflito nem uma nem outra pode jamais prevalecer de maneira absoluta. Em todos os governos se tem necessariamente que fazer um grande sacrifício da liberdade, e contudo também a autoridade, que limita a liberdade, jamais deve, em qualquer constituição, tornar-se completa e incontrolável. O sultão é senhor da vida e da fortuna de qualquer indivíduo, mas não lhe é permitido cobrar novos impostos a seus súditos; um monarca francês pode cobrar os impostos que lhe aprouver, mas consideraria perigoso atentar contra a vida e a fortuna dos súditos. Também a religião, na maior parte dos países, costuma ser um princípio extremamente indócil; e outros princípios ou preconceitos frequentemente resistem a toda autoridade do magistrado civil, cujo poder, dado que assenta na opinião,[10] nunca pode subverter outras opiniões que estejam tão profundamente enraizadas como seu título de domínio. O governo que, na linguagem vulgar, recebe a designação de livre, é aquele que permite uma divisão do poder entre vários membros, cuja autoridade conjunta não é superior à de qualquer monarca; mas esses membros, no curso normal da administração, devem agir de acordo com leis gerais e sempre idênticas, que são previamente conhecidas por todos os membros do governo e todos os súditos. Neste sentido, é forçoso reconhecer que a liberdade é a perfeição da sociedade civil, sem que isso permita, contudo, negar que a autoridade é essencial para sua própria existência; e por isso esta última pode merecer a preferência, nessas disputas em que tantas vezes uma é oposta à outra. A não ser, talvez, que possa dizer-se (e dizê-lo com uma certa razão) que uma circunstância essencial para a existência da sociedade civil deve sempre sustentar-se a si mesma, não precisando ser salvaguardada tão ciosamente como uma que apenas contribui para sua perfeição, a qual tão facilmente a indolência dos homens tende a esquecer, e sua ignorância a desprezar.

2

DO CONTRATO ORIGINAL

Como na época atual nenhum partido pode subsistir sem associar a seu sistema político ou prático um sistema de princípios filosófico ou especulativo, verificamos, em consequência disso, que cada uma das facções que dividem esta nação elaborou um sistema do segundo tipo, a fim de proteger e secundar o esquema de ação que adotou.[1] Como geralmente o povo é um construtor extremamente tosco, especialmente neste terreno especulativo, e ainda mais especialmente quando é influenciado pelo zelo partidário,[2] é natural que sua obra se apresente um pouco informe, apresentando sinais evidentes da violência e da pressa com que foi edificada. Um dos partidos, filiando o governo à Divindade, procura torná-lo tão sagrado e inviolável que constitui pouco menos que um sacrilégio, por mais tirânico que seja, feri-lo ou violá-lo no menor aspecto.[3] O outro partido, fazendo o governo depender inteiramente do consentimento do povo, supõe a existência de uma espécie de *contrato original*, mediante o qual os súditos se reservaram tacitamente o direito de resistir a seu soberano, de cada vez que se sentirem prejudicados por aquela mesma autoridade que a ele, para certos fins, voluntariamente confiaram.[4] São estes os princípios especulativos dos dois partidos; e são também estas as consequências práticas deles deduzidas.

Arriscar-me-ei a afirmar que *ambos estes* sistemas *de princípios especulativos são justos, embora não no sentido que os partidos pretendem;* e *que ambos* os esquemas *de consequências práticas são prudentes, embora não ao ponto a que cada um dos partidos, em oposição ao outro, tem geralmente procurado levá-los.*

Que a Divindade é o autor último de qualquer governo não o negará ninguém que aceite uma providência geral e admita que todos os acontecimentos do universo são regidos por um plano uniforme, e conduzem a sábios fins. Sendo à raça humana impossível subsistir, pelo menos em situação confortável e segura, sem a proteção do governo,[5] sem dúvida esta instituição foi desejada por aquele Ser bondoso que pretende o bem de todas as suas criaturas. E como na realidade ela se tem universalmente concretizado, em todos os países e em todas as épocas, podemos, com certeza ainda maior, concluir que ela foi desejada por aquele Ser onisciente que nunca pode ser enganado por qualquer fato ou acontecimento. Mas, como ele a fez surgir, não por qualquer intervenção especial ou milagrosa, mas por seu poder oculto e universal, nenhum soberano pode propriamente ser considerado seu representante, a não ser no sentido em que é lícito dizer-se de todo poder ou força que, tendo nele sua origem, atua por sua delegação. Tudo que efetivamente acontece está contido no plano ou intenção geral da providência, e neste sentido mesmo o maior e mais legítimo dos príncipes não tem, para alegar santidade especial ou autoridade inviolável, maior razão que um magistrado inferior, ou mesmo um usurpador, ou até um salteador ou um pirata. O mesmo divino superintendente que, com sábios objetivos, atribuiu autoridade[6] a um Tito ou a um Trajano, também conferiu poder, com objetivos sem dúvida igualmente sábios, embora ignorados, a um Bórgia ou a um Angria. As causas que em cada Estado fizeram surgir o poder soberano são as mesmas que nele igualmente estabeleceram todas as jurisdições menores e todas as autoridades limitadas. Portanto, qualquer policial, não menos que um rei, age por delegação divina e é detentor de um direito sagrado.

Se lembrarmos como todos os homens são aproximadamente iguais em força física, e mesmo em poder e capacidade mental, antes de cultivados pela educação, teremos necessariamente de admitir que só o consentimento de cada um poderia, ao princípio, levá-los a associar-se e submeter-se a qualquer autoridade.[7] O povo, se remontarmos à primitiva origem do governo nas florestas e nos desertos, é a fonte de todo poder e jurisdição; voluntariamente, para bem da paz e da ordem, os homens renunciaram a sua liberdade natural e acataram leis ditadas por seus iguais e companheiros. As condições sob as quais se dispuseram à submissão, ou foram expressas, ou eram tão claras e óbvias que se podia perfeitamente considerar inútil exprimi-las.[8] Ora, se é isto que se entende por *contrato original*, é inegável que todo governo assenta, de início, em um contrato, e que as mais antigas e toscas associações humanas se constituíram essencialmente em virtude desse princípio. Seria inútil perguntar em que registros consta essa carta de nossas liberdades: não foi escrita em pergaminho, nem em folhas ou cascas de árvores; precedeu o uso da escrita e de todas as outras artes civilizadas da vida. Mas descobrimo-la claramente na natureza do homem, na igualdade,[9] ou algo semelhante à igualdade, que verificamos existir entre todos os indivíduos dessa espécie. A força que atualmente predomina, baseada nas frotas e nos exércitos, é apenas política, e deriva da autoridade, a qual é consequência da instituição do governo.[10] A força natural de um homem consiste apenas no vigor de seus membros e na firmeza de sua coragem, qualidades estas que jamais poderiam submeter multidões ao domínio de um só homem.[11] Só seu próprio consentimento, e sua noção das vantagens resultantes da paz e da ordem, poderia ter essa influência.Todavia,[12] mesmo esse consentimento foi durante muito tempo extremamente imperfeito, não podendo assim servir de base para uma administração regular. O chefe, que provavelmente conseguira sua influência no decurso da guerra,[13] governava mais pela persuasão que pelo mando e, até ao momento em que começou a poder usar a força para subjugar os refratários e desobedientes, mal se pode dizer que a sociedade tenha atingido o estado de governo civil. É evidente que não foi expressamente celebrado nenhum pacto ou acordo de submissão geral, pois tal estaria muito além da compreensão de selvagens: cada caso em que foi estabelecida a autoridade de um chefe deve ter sido um caso especial, que surgiu devido às exigências de cada circunstância particular. A evidente utilidade resultante dessa medida fez que tais casos se tornassem cada vez mais frequentes, e esta frequência foi gradualmente fazendo surgir no povo uma aquiescência habitual e, se assim quiserem chamar-lhe, voluntária, e portanto precária.

Mas aqueles filósofos que aderiram a um partido (caso isto não seja uma contradição nos termos)[14] não se satisfazem com estas concessões. Não se limitam a afirmar que o governo, em sua primitiva infância, teve origem no consentimento, ou antes, na aquiescência voluntária do povo; afirmam além disso que, mesmo atualmente, agora que chegou à maturidade plena, ele continua tendo esse único fundamento. Afirmam que todos os homens continuam nascendo iguais e não devem fidelidade a nenhum príncipe ou governo, caso não estejam presos pela obrigação e sanção de uma *promessa*. E como nenhum homem iria renunciar, sem em troca receber alguma coisa equivalente, às vantagens de sua liberdade natural, submetendo-se à vontade de outro homem, essa promessa deve sempre ser atendida como condicional, sem lhe impor obrigação alguma, a não ser que receba justiça e proteção de seu soberano. O soberano, em troca, promete-lhe estas vantagens e, se acaso deixar de cumprir a promessa, terá violado, por seu lado, as cláusulas do compromisso, libertando assim seu súdito de qualquer obrigação de fidelidade.[15] Tal é, segundo esses filósofos, o fundamento da autoridade de todo e qualquer governo; e tal é o direito de resistência que pertence a todo e qualquer súdito.

Mas, se os que assim argumentam passeassem seu olhar pelo mundo inteiro, nada encontrariam que tivesse a menor relação com suas ideias, ou pudesse justificar sistema tão apurado e filosófico. Pelo contrário, em toda parte encontramos príncipes que consideram seus súditos como sua propriedade, e afirmam seu direito independente à soberania, baseado na conquista ou na sucessão. Encontramos também, em toda parte, súditos que reconhecem a seu príncipe esse direito, considerando-se nascidos já submetidos à obrigação de obediência a seu soberano, do mesmo modo que nasceram já submetidos à obrigação de respeito e obediência a seus pais.[16] Estas relações são sempre concebidas como igualmente independentes de nosso consentimento, na Pérsia ou na China, na França ou na Espanha, e até mesmo na Holanda ou na Inglaterra, em todo lugar onde as doutrinas atrás referidas não foram cuidadosamente inculcadas. A obediência ou sujeição se torna coisa tão habitual[17] que os homens, em sua maioria, jamais procuram investigar suas origens ou causas, tal como em relação à lei da gravidade, à resistência ou às leis mais universais da natureza. Ou então, se alguma vez sentem essa curiosidade, logo que ficam sabendo que eles próprios e seus antepassados têm estado sujeitos, desde há várias épocas ou desde tempos imemoriais, a certa forma de governo ou a certa família, imediatamente concordam, reconhecendo sua obrigação de fidelidade.[18] Na maioria dos países, se lá fôssemos proclamar que as relações políticas assentam inteiramente no consentimento voluntário ou numa promessa recíproca, depressa o magistrado nos mandaria prender como sediciosos, por enfraquecer os laços da obediência;

se antes disso nossos amigos nos não mandassem internar como loucos, por defender tais absurdos. É estranho que um ato do espírito, que se supõe todo indivíduo tenha realizado, e isso já depois de poder fazer uso da razão,[19] pois caso contrário não poderia ter autoridade alguma, que esse ato, dizia eu, seja a tal ponto desconhecido por todos que em toda a superfície da Terra mal restem dele quaisquer vestígios ou lembrança.

Mas diz-se que esse contrato em que o governo assenta é o *contrato original*, e portanto deve ser considerado demasiado antigo para poder ser conhecido pela geração atual. Se com isto se quer referir o acordo mediante o qual selvagens pela primeira vez se associaram e conjugaram sua forças, ele deve ser reconhecido como real; mas, sendo tão antigo, e estando já obliterado por mil mudanças de governo e de príncipe, não é lícito supor-se que conserve ainda qualquer autoridade. Se alguma coisa devemos dizer a tal respeito, é forçoso afirmar que qualquer governo, que seja legítimo e ao qual os súditos tenham o dever de prestar fidelidade, assentava inicialmente no consentimento e em um pacto voluntário.[20] Mas isto, além de implicar o consentimento, por parte dos pais, em vincular seus filhos, mesmo até às gerações mais remotas (coisa que os autores republicanos jamais admitirão), além disso, dizia eu, tal fato não é confirmado pela história ou pela experiência, em qualquer época ou em qualquer país do mundo.

Quase todos os governos atualmente existentes, ou dos quais algo ficou registrado na história, assentaram inicialmente na usurpação ou na conquista, ou em ambas, sem qualquer pretensão de legítimo consentimento ou sujeição voluntária do povo.[21] Quando à frente de um exército ou de um partido se encontra um homem experimentado e audacioso, frequentemente se lhe torna fácil, empregando umas vezes a violência e outras vezes falsas pretensões, impor seu domínio a um povo cem vezes mais numeroso do que seus partidários. Impede a liberdade de comunicações, para que seus inimigos não possam saber com segurança o seu número ou força; não lhes concede lazer para se reunirem num corpo que lhe seja contrário; é até possível que todos aqueles que são instrumentos de sua usurpação desejem sua queda; mas a ignorância em que se encontram das intenções uns dos outros conserva-os amedrontados, e é a única causa da segurança do chefe.[22]

Foi mediante tais artifícios que muitos governos foram fundados, e a isto se resume todo o *contrato original* de que podem vangloriar-se.

A face da Terra está permanentemente em mudança, devido à transformação de pequenos reinos em grandes impérios, à dissolução de grandes impérios em reinos menores, à fundação de colônias, à migração de tribos. Será possível descobrir, em todas estas ocorrências, algo mais do que força e violência? Onde está o acordo mútuo, a associação voluntária de que tanto se fala? Mesmo a maneira mais suave mediante a qual uma nação pode receber um senhor estrangeiro, por casamento ou testamento, não é extremamente honrosa para o povo, pois supõe que ele pode ser tratado como um dote ou uma herança, de acordo com o prazer ou os interesses dos governantes.

Mas, nos casos em que não há intervenção da força e se realiza uma eleição, que coisa é essa tão louvada eleição? Ou é uma combinação entre alguns grandes homens, que decidem por todos e não permitem oposição alguma, ou é o furor de uma multidão que segue um sedicioso cabeça de motim,[23] o qual talvez não seja conhecido por uma dúzia de entre eles, e deve o lugar que ocupa apenas a sua própria impudência ou ao capricho momentâneo de seus companheiros. Poderá dizer-se que estas desordenadas eleições, que além do mais são raras, são detentoras de tão poderosa autoridade que faça delas o único fundamento legítimo de todo governo e de toda fidelidade?

Na realidade, nenhuma ocorrência pode ser mais terrível que a total dissolução do governo,[24] que dá liberdade à multidão e faz depender a determinação ou escolha do novo regime de um número que se aproxima do de todo o conjunto do povo; pois nunca atinge inteiramente todo esse conjunto. Portanto, todo homem deseja ver, à frente de um exército poderoso e obediente, um general que seja capaz de alcançar rapidamente a vitória, dando um senhor ao povo, que é tão incapaz de por si mesmo escolhê-lo.[25] Tão pequena correspondência há entre essas noções filosóficas e a realidade dos fatos.

Não deixemos que o regime saído da *Revolução*[26] nos iluda, ou nos faça apaixonar por uma origem filosófica do governo a ponto de imaginarmos que todas as outras são monstruosas e irregulares. Mesmo esse acontecimento esteve longe de corresponder a essas ideias sutis. A única coisa que então mudou foi a sucessão, e mesmo esta apenas na parte monárquica do governo; e foi apenas a maioria de setecentos[27] que determinou essa mudança, em nome de cerca de dez milhões. Evidentemente não duvido de que a maioria desses dez milhões tenha concordado de boa vontade com essa determinação; mas acaso o problema foi entregue, um pouco que fosse, a sua decisão? Acaso a questão não foi com justiça, a partir desse momento, considerada resolvida, e não passou a ser castigado todo aquele que recusasse submeter-se ao novo soberano? De que outra maneira poderia o problema ter sido resolvido?

A república de Atenas é, segundo creio, a mais ampla democracia de que nos fala a história. Contudo, se levarmos devidamente em conta as mulheres, os escravos e os estrangeiros, esse regime não foi criado, nem jamais qualquer lei foi votada, pela décima parte daqueles que eram obrigados a se lhe submeter. Isto para não referir as ilhas e colônias que os atenienses consideravam suas por direito de conquista. E, visto que é bem sabido que nessa cidade as assembleias populares eram sempre cheias de abusos e desordens,[28] malgrado as instituições e leis que as controlavam, como negar que tais assembleias deverão ser muito mais desordenadas quando não seguem a constituição estabelecida, mas se reúnem tumultuosamente após a dissolução do antigo governo, a fim de dar origem a um novo? Não será totalmente quimérico falar de uma escolha em tais circunstâncias?

Os aqueus gozavam da democracia mais livre e mais perfeita de toda a antiguidade, e todavia, como nos diz Políbio, usaram da força para obrigar algumas cidades a entrar para sua liga.[*][29]

Henrique IV e Henrique VII da Inglaterra não possuíam realmente outro título ao trono senão uma eleição parlamentar; contudo, jamais o reconheceram, pois isso iria enfraquecer sua autoridade. Muito estranho, se o consentimento e as promessas são o único fundamento verdadeiro de toda autoridade!

É inútil dizer que todos os governos são ou devem ser criados com base no consentimento popular, na medida em que a necessidade das coisas humanas o permitir. Isto é totalmente favorável à ideia que defendo. Afirmo que jamais as coisas humanas permitirão tal consentimento, e raramente algo que aparente sê-lo; e que a conquista ou a usurpação, ou mais simplesmente a força, mediante a dissolução

---

* Livro II, capítulo 38.

dos antigos governos, é a origem de quase todos os novos governos que o mundo viu nascer. E que, nos poucos casos em que possa parecer ter havido um consentimento, este foi geralmente tão irregular, tão limitado ou tão misturado com a fraude e a violência, que não se lhe pode atribuir grande autoridade.

[[30]Não tenho aqui a intenção de negar que o consentimento do povo, quando ocorre, seja um justo fundamento do governo; é, sem dúvida, o melhor e o mais sagrado de todos. Afirmo apenas que muito raramente ele se verificou, em qualquer grau, e quase nunca em toda a sua plenitude, e que é portanto forçoso admitir também algum outro fundamento do governo.

Se todos os homens fossem inspirados por tão inflexível respeito pela justiça que por si sós se abstivessem totalmente da propriedade alheia, teriam ficado para sempre num estado de liberdade absoluta, sem se submeterem a qualquer magistrado ou sociedade política. Mas isso seria um estado de perfeição do qual, com razão, a natureza humana é considerada incapaz. Mais, fossem eles dotados de um entendimento tão perfeito que sempre lhes permitisse saber quais são seus interesses, jamais teria sido proposta qualquer outra forma de governo que não a que assenta no consentimento e é plenamente votada por todos os membros da sociedade. Mas este estado de perfeição é também totalmente inacessível à natureza humana.[31] A razão, a história e a experiência nos mostram que todas as sociedades políticas tiveram uma origem muito menos exata e regular; e, se procurássemos o momento em que nos eventos políticos o consentimento do povo menos é levado em conta, deveríamos escolher precisamente o momento em que é instituído um novo governo. Numa constituição estabelecida a opinião do povo é frequentemente consultada, mas durante a fúria das revoluções, das conquistas e das convulsões políticas é geralmente a força militar ou a habilidade política que decide a controvérsia.]

Quando é instituído um novo governo, seja por que meios for, o povo fica geralmente descontente com ele, e obedece mais por medo e necessidade do que em virtude de qualquer ideia de fidelidade ou de obrigação moral. O príncipe está atento e vigilante, precisando se precaver cuidadosamente contra qualquer início ou sinais de insurreição.

O tempo vai gradualmente fazendo desaparecer todas estas dificuldades, e habituando o povo a reconhecer como seus príncipes legítimos ou naturais os membros daquela mesma família que de início havia considerado uma família de usurpadores ou conquistadores estrangeiros. E para fundamentar esta opinião não recorrem a nenhuma noção de promessa ou consentimento voluntário, o qual bem sabem não ter sido, neste caso, nem esperado nem pedido. A instituição original é feita através da violência, e a submissão é devida à necessidade. A administração subsequente é também sustentada pelo poder, e aceita pelo povo, como uma questão de obrigação e não de escolha. O povo não imagina que seu consentimento confere um título ao príncipe; consente de boa vontade, por pensar que a longa posse lhe conferiu um título, independentemente de sua escolha ou sua preferência.[32]

Se se objetar que, pelo fato de continuar vivendo sob o domínio de um príncipe que seria possível abandonar, cada indivíduo manifesta um consentimento *tácito* a sua autoridade e lhe promete obediência, poderá responder-se que tal consentimento implícito só pode ter lugar se cada indivíduo pensar que o caso depende de sua escolha. Mas, se cada um pensar (como sucede com todos os homens que nasceram sob o governo estabelecido) que tem desde a nascença deveres de submissão para com um certo príncipe ou uma certa forma de governo, será absurdo inferir um consentimento ou escolha que, neste caso, todos expressamente negam e repudiam.[33]

Será lícito afirmar seriamente que um pobre camponês ou artífice tem a possibilidade de livremente abandonar seu país, quando não conhece as línguas nem os costumes estrangeiros, e vive apenas seu dia a dia com o pequeno salário que ganha? Seria o mesmo que dizer que um homem, devido ao fato de permanecer num navio, dá seu livre consentimento à autoridade do capitão, embora tenha sido levado para bordo enquanto dormia, e só lançando-se ao mar e morrendo possa sair do navio.

E se o príncipe proíbe os súditos de abandonar seus domínios, como no tempo de Tibério, quando um cavaleiro romano foi considerado criminoso por haver tentado fugir para a Pártia, a fim de escapar à tirania daquele imperador?* Ou como quando os antigos moscovitas castigavam toda e qualquer viagem com a pena de morte? E, se acaso um príncipe verificasse que grande número de seus súditos era atacado

---

* Tácito, *Anais,* Livro 4, capítulo 14.

por uma fúria de emigração para o estrangeiro, sem dúvida alguma isso os impediria, e com grande razão e justiça, para evitar o despovoamento de seu reino. Perderia ele o direito à fidelidade de todos os seus súditos em virtude dessa lei tão sensata e razoável? E neste caso não há dúvida que os súditos são privados de sua liberdade de escolha.

Um grupo de homens que abandonasse seu país natal para ir povoar qualquer região desabitada poderia sonhar com a recuperação de sua liberdade natural; mas depressa viria a descobrir que seu príncipe continuava reivindicando-os como seus súditos, apesar de se encontrarem em uma nova colônia. E com esta atitude estaria apenas agindo em conformidade com as ideias mais comuns dos homens.

O exemplo mais autêntico que se pode verificar, de um consentimento *tácito* deste tipo, é o do estrangeiro que se instala em qualquer país, conhecendo previamente o príncipe, o governo e as leis a que irá submeter-se. Mesmo assim, embora seja mais voluntária, sua fidelidade é muito menos esperada e exigida que a de um súdito nascido no país; pelo contrário, seu príncipe natural continua reivindicando-o. E, se acaso não castiga o renegado, se o captura quando em guerra a serviço de seu novo príncipe, essa clemência não assenta na lei nacional, a qual em todos os países condena o prisioneiro, e sim no consentimento dos príncipes, que combinaram entre si esta indulgência, a fim de evitar represálias.

[[34]Se uma geração de homens se retirasse de cena de uma vez só, e lhe sucedesse uma outra, como acontece no caso dos bichos-da-seda e das borboletas, a nova raça, se fosse suficientemente sensata para escolher seus governantes, coisa que, sem dúvida, nunca acontece entre os homens, poderia estabelecer voluntariamente e mediante o consentimento geral sua própria forma de constituição, sem de modo algum levar em conta as leis ou precedentes que dominavam no tempo de seus antepassados. Mas a sociedade humana está em fluxo permanente, a cada momento há um homem que se retira do mundo e outro que nele entra, e assim torna-se necessário, a fim de preservar a estabilidade do governo, que os membros da nova raça aceitem a constituição estabelecida, seguindo de perto o caminho traçado por seus pais, os quais por sua vez fizeram o mesmo, seguindo as pisadas de seus pais. Em todas as instituições humanas é necessário introduzir algumas inovações, e são casos felizes aqueles em que o gênio esclarecido da época orienta estas no sentido da razão, da liberdade e da justiça. Mas a nenhum indivíduo é lícito realizar inovações violentas: estas são perigosas mesmo quando feitas pelo legislativo; delas é sempre de esperar maior mal do que bem e, se é certo que a história nos dá exemplos do contrário, mesmo assim estes não podem ser transformados em precedentes, e devem ser apenas considerados como prova de que na ciência política há poucas regras que não admitam certas exceções, e que não possam às vezes ser modificadas pelo acaso. As violentas inovações do reinado de Henrique VIII foram introduzidas por um monarca despótico, sustentado por uma aparência de autoridade legislativa; as do reinado de Carlos I foram causadas pelo partidarismo e pelo fanatismo, e tanto umas como outras deram bons resultados em cada caso. Mas mesmo as primeiras foram durante muito tempo fonte de inúmeras desordens, e de ainda mais perigos; e, se as regras da fidelidade forem extraídas das segundas, a sociedade humana se tornará teatro da mais completa anarquia, e todo governo chegará imediatamente a seu fim.]

Suponhamos que um usurpador, depois de banir seu príncipe legítimo e a família real, imponha seu jugo a qualquer país, durante dez ou doze anos, conseguindo manter em suas tropas uma disciplina tão rigorosa e em suas guarnições uma ordem tão impecável que jamais se erga qualquer insurreição, nem se ouça qualquer murmúrio contra sua administração. Poderá neste caso afirmar-se que o povo, que em seus corações detesta essa traição, deu um consentimento tácito a sua autoridade e lhe prometeu fidelidade, só pelo fato de a necessidade o levar a viver sob seu jugo? Suponhamos agora que o príncipe legítimo é recolocado no trono, por meio de um exército por ele recrutado em países estrangeiros: o povo recebê-lo-á com alegria e exultação, mostrando claramente com que relutância se havia submetido a outro jugo.[35] Posso agora perguntar qual o fundamento em que assenta o título do príncipe. Evidentemente não é o consentimento popular, pois, embora o povo de boa vontade aceite sua autoridade, jamais pensa que foi seu consentimento que o tornou soberano; se deu o consentimento, foi por considerá-lo já, por nascimento, seu soberano legítimo. Quanto àquele consentimento tácito que agora se pode deduzir do fato de viver sob seu domínio, nada mais é do que aquele que anteriormente havia dado ao tirano e usurpador.

Ao afirmarmos que todo governo legítimo deriva do consentimento do povo, sem dúvida lhe prestamos uma homenagem muito superior à que merece, ou sequer espera e deseja que lhe prestemos. Quando os domínios romanos se tornaram demasiado difíceis de controlar para que a república pudesse governá-los, o povo de todo o mundo conhecido ficou extremamente grato a Augusto pela autoridade que, mediante a violência, sobre ele estabeleceu; e manifestou igual intenção de submeter-se ao sucessor que ele indicasse em seu testamento. Posteriormente, teve a desgraça de nunca haver uma família que estabelecesse uma sucessão longa e regular, e que a linhagem de seus príncipes fosse continuamente interrompida, tanto por atentados pessoais como por rebeliões públicas. De cada vez que caía uma família, a guarda pretoriana escolhia um imperador; as legiões do Leste escolhiam um segundo; as da Germânia, talvez, um terceiro; e só pela espada se decidia a controvérsia. Se nessa poderosa monarquia a condição do povo era digna de lástima, não era pelo fato de nunca ser feita por ele a escolha do imperador, pois isso seria impraticável, mas pelo de nunca ter sido governado por uma sucessão de chefes que se seguissem regularmente uns aos outros.[36] Quanto à violência, às guerras e ao derramamento de sangue que foram provocados pela nova escolha, não devem ser censurados, pois eram inevitáveis.

A casa de Lancaster governou esta ilha durante cerca de sessenta anos,[37] mas os partidários da rosa branca pareciam multiplicar-se todos os dias na Inglaterra; a linhagem atual já está no governo há mais tempo ainda.[38] Terá desaparecido completamente qualquer possibilidade de direitos de outra família, embora na época em que ela foi expulsa quase nenhum homem ainda hoje vivo tivesse já chegado à idade da razão, ou pudesse ter consentido em seu domínio ou a ela ter prometido obediência e fidelidade? O que constitui, sem dúvida, indicação suficiente da atitude geral dos homens quanto a esse aspecto; porque, se censuramos os partidários da família destronada, não é apenas devido ao longo período durante o qual conservaram sua imaginária fidelidade;[39] censuramo-los por defenderem uma família que, afirmamo-lo nós, foi justamente expulsa, e que a partir do momento em que a nova linhagem teve início perdeu todo direito à autoridade.

Mas, para apresentarmos uma refutação mais regular, ou, pelo menos, mais filosófica, desse princípio "Do contrato original" ou consentimento popular, talvez bastem as observações seguintes.

Os deveres *morais* podem ser divididos em duas espécies. A *primeira* compreende aqueles a que todos os homens são conduzidos por um instinto ou propensão natural, que exerce influencia sobre eles independentemente de qualquer ideia de obrigação e qualquer consideração da utilidade pública ou privada. Desta natureza são o amor pelas crianças, a gratidão para com os benfeitores e a piedade pelos infelizes. Ao refletirmos sobre as vantagens de que a sociedade se beneficia graças a tais instintos humanos, prestamo-lhes o justo tributo da aprovação e da estima moral; mas a pessoa que por eles é guiada sente seu poder e influência anteriormente a qualquer reflexão deste tipo.[40]

A *segunda* espécie de deveres morais é a dos que não assentam em qualquer instinto original da natureza, derivando inteiramente de um sentido de obrigação, quando consideramos as necessidades da sociedade humana e a impossibilidade de preservá-la se esses deveres forem descurados. É assim que a *justiça,* o respeito pela propriedade alheia, e a *lealdade,* o cumprimento das promessas, se tornam obrigatórias e ganham autoridade sobre os homens.[41] Porque, sendo evidente que todo homem se ama mais a si mesmo do que a qualquer outra pessoa, ele é naturalmente levado a ampliar o mais possível suas aquisições; e esta sua propensão só pode ser limitada pela reflexão e pela experiência, graças às quais fica conhecendo os efeitos perniciosos desse excesso de liberdade e a total dissolução da sociedade que dela forçosamente decorrerá. Portanto, suas tendências ou instintos originais são aqui restringidos e limitados por um juízo ou observação posterior. Com o dever político ou civil de *fidelidade* acontece precisamente o mesmo que com os deveres naturais de justiça e lealdade. Nossos instintos primitivos nos conduzem, ou a conceder a nós mesmos uma liberdade ilimitada, ou a procurar o domínio sobre os outros; e só a reflexão nos leva a sacrificar essas fortes paixões aos interesses da paz e da ordem pública. Basta um pequeno grau de experiência e de observação para mostrar que é impossível preservar a sociedade sem a autoridade dos magistrados, e que esta autoridade depressa passaria a ser desrespeitada se não se fizesse obedecer da maneira mais rigorosa. A observação destes interesses gerais e evidentes é a fonte de toda sujeição e de toda obrigação moral que a ela atribuímos.[42]

Qual é pois a necessidade de fazer assentar o dever de *fidelidade* ou obediência aos magistrados no de *lealdade* ou cumprimento das promessas, e de supor que é o consentimento de cada indivíduo que o submete ao governo, quando vemos que a fidelidade e a lealdade assentam ambas exatamente no mesmo fundamento, e são ambas aceitas pelos homens devido aos evidentes interesses e necessidades da sociedade humana? Diz-se que somos obrigados a obedecer a nosso soberano porque lhe fizemos uma promessa tácita nesse sentido; mas por que somos obrigados a cumprir nossa promessa? Devemos aqui afirmar que o comércio e as relações entre os homens, que tão grandes vantagens oferecem, não possuirão segurança alguma se os homens não respeitarem seus compromissos. De modo semelhante se pode dizer que seria totalmente impossível viver em sociedade, ou pelo menos numa sociedade civilizada, sem leis, magistrados e juízes para impedir os abusos dos fortes contra os fracos, dos violentos contra os justos e equitativos. Como a obrigação de fidelidade tem a mesma força e autoridade que a obrigação de lealdade, nada ganhamos em reduzir uma à outra; para fundamentar ambas elas bastam os interesses e necessidades gerais da sociedade.[43]

Se se perguntar qual a razão dessa obediência que somos obrigados a prestar ao governo, prontamente responderei que é *porque de outro modo a sociedade não poderia subsistir*. E esta resposta é clara e inteligível para todo e qualquer homem. Vossa resposta é: *porque devemos cumprir a palavra dada*. Mas, além de ninguém, antes de ser instruído num sistema filosófico, ser capaz de compreender ou apreciar esta resposta, além disso, digo eu, vós mesmos ficais embaraçados quando se pergunta *por que somos obrigados a cumprir a palavra dada*. E não se pode dar outra resposta a não ser aquela que, imediatamente e sem qualquer desvio, explica nossa obrigação de fidelidade.

Mas *a quem é devida a fidelidade? Quem é nosso soberano legítimo?* Este problema é geralmente o mais difícil de todos, e pode dar origem a infindáveis discussões. Quando se tem a felicidade de poder responder: *Nosso soberano atual, que herdou em linha direta de antepassados que nos governaram durante muitas gerações*, esta resposta não admite réplica; mesmo que os historiadores, investigando até à mais remota antiguidade a origem dessa família real, descubram, como frequentemente acontece, que sua autoridade teve inicialmente origem na usurpação e na violência. Todos reconhecem que a justiça privada, o respeito pela propriedade alheia, é uma virtude extremamente importante; contudo, a razão nos diz que não há propriedade de objetos duradouros, como terras ou casas, quando cuidadosamente investigada sua passagem de mão em mão, que não deva em algum momento ter-se baseado na fraude e na injustiça.[44] As necessidades da sociedade humana, tanto na vida privada como na pública, não permitirão uma investigação tão rigorosa; e não há virtude ou dever moral algum que não possa facilmente ser rejeitado, se permitirmos que uma falsa filosofia a analise e inspecione, mediante toda e qualquer regra capciosa da lógica, sob todo e qualquer aspecto ou posição em que possa ser colocado.

Os problemas relacionados com a propriedade privada encheram inúmeros volumes de direito e filosofia, sem em ambos contarmos com os comentadores do texto original, mas, apesar disso, podemos afirmar que muitas das regras neles estabelecidas são incertas, ambíguas e arbitrárias. Idêntica opinião se pode formar a respeito da sucessão e dos direitos dos príncipes e das formas de governo.[45] Não há dúvida que se dão vários casos, sobretudo na infância de qualquer constituição, que de modo algum podem ser determinados pelas leis da justiça e da equidade; e nosso historiador Rapin[46] afirma que a controvérsia entre Eduardo III e Filipe de Valois era desta natureza, e só podia ser decidida por um apelo ao céu, ou seja, pela guerra e pela violência.

Quem poderá dizer-me se seria Germânico ou Druso quem deveria ter sucedido a Tibério, se este tivesse morrido, estando ambos vivos, sem designar nenhum deles como seu sucessor? Deveria o direito de adoção ser aceito como equivalente ao do sangue, numa nação em que ele tinha o mesmo efeito nas famílias, e já em dois casos havia tido aplicação política? Deveria Germânico ser considerado como filho mais velho, por ter nascido antes de Druso, ou mais novo, por ter sido adotado depois do nascimento de seu irmão? Deveria o direito do mais velho ser levado em conta, numa nação onde não era aplicado à sucessão nas famílias? Deveria o Império Romano dessa época ser considerado hereditário, em virtude de dois exemplos, ou deveria ele, mesmo numa época tão recuada, ser considerado como pertencente ao possuidor mais forte ou ao do momento, devido a basear-se em tão recente usurpação?

Cômodo subiu ao trono depois de uma série bastante longa de excelentes imperadores, os quais não tinham adquirido seu título nem por nascimento nem por eleição pública, mas pelo ritual fictício da adoção. Depois de esse devasso sanguinário ser assassinado por uma conspiração repentinamente urdida entre sua concubina e o amante desta, que por acaso era nessa ocasião *prefeito pretoriano*, estes imediatamente discutiram a escolha do novo senhor do gênero humano, para falar no estilo daqueles tempos, e deram sua preferência a Pertinax. Antes de ser conhecida a morte do tirano, o *prefeito* foi secretamente procurar aquele senador, o qual, ao ver aparecerem os soldados, julgou que sua execução havia sido ordenada por Cômodo. Foi imediatamente proclamado imperador pelo administrador e sua comitiva; entusiasticamente aclamado pela populaça; relutantemente obedecido pelos guardas; formalmente reconhecido pelo senado; e passivamente aceito pelas províncias e exércitos do império.

O descontentamento da guarda *pretoriana* irrompeu em repentina sedição, a qual ocasionou o assassínio daquele excelente príncipe; ficando assim o mundo sem senhor e sem governo, os guardas houveram por bem pôr formalmente o império à venda. Juliano, o comprador, foi aclamado pelos soldados, reconhecido pelo senado e obedecido pelo povo, e também teria sido obedecido pelas províncias, se a cobiça das legiões não tivesse feito surgir oposição e resistência. Pescênio Niger, na Síria, fez-se eleger imperador, conseguiu o tumultuoso assentimento de seu exército e viu-se apoiado pelo secreto favor do senado e do povo de Roma. Albino, na Grã-Bretanha, considerou-se com igual direito a apresentar suas pretensões; mas Severo, que governava a Panônia, acabou finalmente por sobrepujar a ambos. Esse hábil político e guerreiro, achando seu nascimento e dignidade demasiado baixos para a coroa imperial, ao princípio confessou apenas a intenção de vingar a morte de Pertinax. Avançou como general sobre a Itália; derrotou Juliano; e, sem que possamos determinar o início exato do consentimento sequer de seus soldados, foi, por necessidade, reconhecido como imperador pelo senado e pelo povo; e sua violenta autoridade foi plenamente consolidada pela submissão de Niger e Albino.*

Inter haec Gordianus Caesar (diz Capitolino, referindo-se a outro período) *sublatus a militibus, Imperador est appellatus, quia non erat alius in praesenti* [Nesse ínterim, Gordiano César, [...] apoiado pelos soldados, foi aclamado imperador, pois, no momento, não havia outro]. Convém salientar que Gordiano era um moço de catorze anos de idade.

Na história dos imperadores encontram-se numerosos exemplos de natureza semelhante, como na dos sucessores de Alexandre e na de muitos outros países. E nada pode ser mais lamentável que um governo despótico deste tipo, em que a sucessão é desarticulada e irregular, tendo que ser resolvida, de cada vez que o trono fica vago, pela força ou por eleições. Num governo livre isso é muitas vezes inevitável, sendo também muito menos perigoso. Os interesses da liberdade podem frequentemente levar o povo, em sua própria defesa, a modificar a sucessão da coroa. E a constituição, por ser composta de partes, pode continuar a manter uma estabilidade suficiente apoiando-se nos membros aristocráticos ou democráticos, embora de vez em quando o membro monárquico seja mudado, a fim de ser ajustado aos primeiros.

Num governo absoluto, nos casos em que não haja um príncipe legítimo que possua direito ao trono, este pode com segurança ser considerado pertencente ao primeiro ocupante. Os exemplos deste gênero são até demasiados frequentes, sobretudo nas monarquias orientais.[47] Quando uma linhagem de príncipes se extingue, o testamento ou as disposições do último soberano devem ser considerados como um título. Assim o edito de Luís XIV, que considerava sucessores os príncipes bastardos, no caso de faltarem todos os príncipes legítimos, teria nesse caso uma certa autoridade.** [48] Do mesmo modo, foi o

---

* Herodíade, Livro II.

** É notável que, no protesto do Duque de Bourbon e dos príncipes legítimos contra esta determinação de Luís XIV, se insista na doutrina do *contrato original*, mesmo sob aquele governo absoluto. Dizem eles que, tendo a nação francesa escolhido Hugo Capeto e sua posteridade para governá-la, e a sua posteridade, no caso de falhar a primeira linha de sucessão, existe um direito tácito de escolher uma nova família real e este direito é violado pela convocação dos príncipes bastardos para o trono, sem o consentimento da nação. Mas o Conde de Boulainvilliers, que escreveu a defesa dos príncipes bastardos, ridiculariza esta noção de contrato original, especialmente quando aplicada a Hugo Capeta, o qual subiu ao trono, diz ele, mediante as mesmas artes que desde sempre foram usadas

testamento de Carlos II que decidiu o destino de toda a monarquia espanhola. A cessão do antigo proprietário, sobretudo quando se vem juntar à conquista, é de maneira semelhante considerada um título válido. A obrigação geral que nos vincula ao governo depende do interesse e das necessidades da sociedade; e esta obrigação é muito forte. Sua atribuição a este ou aquele príncipe ou forma de governo em particular é frequentemente mais incerta e duvidosa. A posse atual tem considerável autoridade nestes casos, e mais do que na propriedade privada, devido às desordens que acompanham todas as revoluções e mudanças de governo.[49]

Antes de acabar, assinalaremos apenas que, embora invocar a opinião geral possa com justiça, nas ciências especulativas como a metafísica, a filosofia natural ou a astronomia, ser considerado injusto e inconsequente, mesmo assim, em todos os problemas relacionados com a moral, assim como com a crítica, não há efetivamente nenhum outro padrão que possa resolver qualquer controvérsia. E nada prova mais claramente que uma teoria deste tipo é errônea do que o fato de ela conduzir a paradoxos que repugnam aos sentimentos mais comuns dos homens e aos usos e opiniões de todas as nações e de todas as épocas.[50] A doutrina que baseia todo governo legítimo num *contrato original*, ou no consentimento do povo, pertence a este tipo; e o mais conhecido de seus partidários, em sua defesa, não hesitou em afirmar *que a monarquia absoluta é incompatível com a sociedade civil,*[*] *e portanto de modo algum pode ser uma forma de governo civil;* e *que o poder supremo de um Estado não pode tirar a nenhum homem, por meio de impostos ou tributos, parte alguma de sua propriedade, sem seu próprio consentimento ou o de seus representantes.*[**] É fácil averiguar que autoridade pode ter qualquer argumentação moral que conduza a opiniões tão afastadas dos usos mais habituais entre os homens, em toda a parte menos neste reino.[51]

---

por todos os conquistadores e usurpadores. É certo que fez reconhecer seu título pelos Estados, depois de ter assegurado a posse do trono: mas isto será uma escolha ou um contrato? Convém salientar que o Conde de Boulainvilliers era um conhecido republicano, mas, sendo homem culto e muito versado em história, sabia que o povo quase nunca é consultado nessas revoluções, e que só o tempo confere direito e autoridade àquilo que geralmente começa por assentar na força e na violência. Ver *Estado da França*, vol. III.

[*] Ver Locke, *Sobre o governo*, capítulo VII, seção 90.

[**] Ver Locke, *Sobre o governo*, capítulo XI, seções 138, 139, 140.

O único texto da antiguidade que encontrei, onde a obrigação de obediência ao governo é atribuída a uma promessa, está no *Críton* de Platão, no trecho em que Sócrates recusa fugir da prisão, por ter tacitamente prometido obedecer às leis. Assim, tira ele uma consequência *tory* de obediência passiva, partindo do fundamento *whig* "Do contrato original".

Não é de esperar que surjam novas descobertas nestes domínios. Se, até uma época bem avançada, raros foram os homens que pensaram que o governo se baseia num pacto, é coisa certa que ele, em geral, não pode ter tal fundamento.

Entre os antigos, o crime de rebelião era vulgarmente designado pela expressão νεωτερίξειν, *novas res moliri*.[52]

3

DA OBEDIÊNCIA PASSIVA

Procuramos no ensaio anterior refutar os sistemas políticos *especulativos* apresentados neste país, tanto o sistema religioso de um partido como o sistema filosófico de outro. Passamos agora a examinar as consequências *práticas* deduzidas por cada um dos partidos, em relação às normas da submissão devida aos soberanos.[1]

Dado que a obrigação de justiça assenta inteiramente nos interesses da sociedade, os quais exigem a mútua abstinência da propriedade, a fim de preservar a paz entre os homens, é evidente que, se acaso a execução da justiça implicar consequências altamente perniciosas, essa virtude deve ser suspensa e substituída pela utilidade pública, nessas emergências extraordinárias e urgentes. A máxima *fiat Justitia et ruat Coelum*, "que a justiça seja cumprida, mesmo que o universo seja destruído" é evidentemente falsa, e, sacrificando os fins aos meios, revela uma ideia absurda da subordinação dos deveres. Algum governador hesitará em queimar os subúrbios de sua cidade, caso eles facilitem o avanço do inimigo? Algum general se absterá de saquear um país neutro, se assim o exigirem as necessidades da guerra, não tendo outra maneira de sustentar seu exército? Com o dever de fidelidade acontece o mesmo: e o senso comum nos ensina que, como o governo nos obriga à obediência apenas porque esta é favorável à utilidade pública, esse dever terá sempre que se submeter, nos casos extraordinários em que a obediência acarretar de modo evidente a ruína pública, à obrigação primeira e original.[2] *Salus populi suprema Lex:* "a segurança do povo é a lei suprema". Essa máxima agrada aos sentimentos dos homens de todas as épocas; e não há ninguém tão fanático dos sistemas dos partidos que, lendo a história das insurreições contra um Nero[3] ou um Filipe II, não deseje o sucesso da empresa, ou deixe de louvar os que a executam. Mesmo nosso arrogante partido monárquico, malgrado sua sublime teoria,[4] se vê, em tais casos, obrigado a julgar, sentir e aprovar em conformidade com os outros homens.

Admitindo-se portanto a resistência em casos extraordinários, o único problema que merece ser discutido entre bons pensadores é qual o grau de necessidade capaz de justificar a resistência, tornando-a legítima e recomendável. E devo aqui confessar que sempre preferirei a opinião daqueles que respeitam muito rigorosamente os laços da fidelidade, e consideram sua infração como um último refúgio, nos casos desesperados em que o povo se encontra em perigo iminente de sofrer violência e tirania. Porque além dos malefícios da guerra civil, que a insurreição geralmente acarreta, é coisa certa que o aparecimento em qualquer povo de uma tendência para a rebelião é sempre uma das principais causas da tirania dos dirigentes, obrigando-os a numerosas medidas violentas que jamais adotariam se todos tendessem para a sujeição e a obediência. E por isso o *tiranicídio* ou assassinato, aprovado por antigas máximas,[5] longe de atemorizar os tiranos e os usurpadores, em vez disso os torna dez vezes mais ferozes e impiedosos, e foi já por tudo isso justamente abolido pelas leis das nações, e universalmente condenado como um método baixo e traiçoeiro de justificar esses tumultuadores da sociedade.

Devemos além disso considerar que, sendo a obediência um dever, em circunstâncias normais, é nela que sobretudo se deve insistir; nada poderia ser mais absurdo do que enumerar com excessiva preocupação e cuidados todos os casos em que se pode permitir a resistência.[6] De maneira semelhante, e embora um filósofo possa com razão reconhecer, no decorrer de sua argumentação, que é lícito prescindir das regras da justiça em casos de necessidade urgente, que deveríamos nós pensar de qualquer pregador ou casuísta que escolhesse como principal objeto de seu estudo a determinação de tais casos, defendendo o direito de resistência com a maior veemência de argumentação e eloquência? Acaso não seria preferível dedicar-se ele à difusão da doutrina geral, em vez de apresentar as exceções particulares, as quais talvez os homens tenham, por si sós, uma tendência excessiva para adotar e exagerar?

Todavia, duas razões podem ser invocadas em defesa daquele partido que entre nós diligentemente tem propagado os princípios da resistência,[7] princípios esses que, forçoso é confessá-lo, geralmente tão perniciosos e tão destrutivos são para a sociedade civil. A *primeira* é que seus adversários levaram a doutrina da obediência a tais extremos, não só nunca referindo as exceções em casos extraordinários (o que poderia talvez ser desculpável), mas chegando até a negá-las expressamente, que se tornou necessário insistir nessas exceções, em defesa dos direitos da verdade e de liberdade ofendidas. A *segunda,* e talvez a melhor dessas razões, assenta na natureza da Constituição e da forma de governo da Inglaterra.

É característica quase exclusiva de nossa Constituição haver um primeiro magistrado com tão grande preeminência e dignidade que, apesar de limitado pelas leis, se encontra de certo modo, no que diz respeito a sua própria pessoa, acima das leis, não podendo ser interrogado nem punido por qualquer injúria ou delito que possa cometer. Apenas seus ministros, ou aqueles que agem por sua delegação, estão submetidos à justiça; e, enquanto a garantia de sua proteção pessoal leva o príncipe a não impedir o livre curso das leis, se preserva na realidade uma segurança equivalente, por meio da punição dos transgressores menores, ao mesmo tempo que se evita a guerra civil, a qual ocorreria inevitavelmente, se de cada vez fosse diretamente atacado. Contudo, embora a Constituição preste ao príncipe esta salutar homenagem, jamais poderá razoavelmente pensar-se que com este princípio ela haja ditado sua própria destruição, ou instituído uma dócil submissão, no caso de ele proteger seus ministros, perseverar na injustiça e usurpar todo o poder do Estado. É certo que este caso não é expressamente previsto pelas leis, pois estas, em seu papel normal, não podem dar-lhe solução, nem instituir um magistrado com autoridade superior, que possa castigar as exorbitâncias do príncipe. Mas um direito sem solução possível seria coisa absurda, e assim, para este caso há a solução excepcional da resistência, sempre que se chegue à situação extrema de só por esse meio se poder defender a Constituição. Portanto, a resistência deve, evidentemente, tornar-se mais frequente no governo inglês do que em outros que são mais simples e implicam menor número de partes e de movimentos. Quando o rei é um soberano absoluto, está pouco sujeito à tentação de exercer a desmedida tirania que seria capaz de provocar uma justa rebelião, mas quando é um soberano limitado, sua imprudente ambição, mesmo sem quaisquer vícios, pode arrastá-lo para essa perigosa situação. É opinião corrente que foi esse o caso de

Carlos I e, se nos é permitido falar a verdade, agora que os ódios já se extinguiram, foi também o caso de Jaime II.

Embora não fossem homens de bom caráter, eram homens inofensivos, mas interpretaram erradamente a natureza de nossa Constituição e monopolizaram todo o Poder Legislativo, e assim tornou-se necessário fazer-lhes frente com certa veemência, e até privar formalmente o segundo daquela autoridade que ele usara de modo tão imprudente e irrefletido.[8]

4
DOS PRIMEIROS PRINCÍPIOS DO GOVERNO

Aos olhos daqueles que estudam de maneira filosófica os problemas humanos, nada parece mais surpreendente do que a facilidade com que os muitos são governados pelos poucos, assim como a implícita submissão com que os homens abdicam de seus próprios sentimentos e paixões em favor dos de seus governantes. Se investigarmos através de que meios se consegue este prodígio, verificaremos que, como a *força* está sempre do lado dos governados, os governantes se apoiam unicamente na opinião. O governo assenta portanto apenas na opinião; e esta máxima se aplica tanto aos governos mais despóticos e militares como aos mais livres e populares. O sultão do Egito, ou o imperador de Roma, podiam conduzir seus súditos inermes, como animais, contra seus sentimentos e inclinações; mas, pelo menos, precisavam comandar seus *mamelucos,* ou seus *guardas pretorianos,* como homens, através de sua opinião.

A opinião pode ser de duas espécies, a saber, a opinião de *interesse* e a opinião de *direito.* Por opinião de interesse entendo sobretudo o sentido dos benefícios gerais que derivam do governo, juntamente com a convicção de que aquele governo que está efetivamente estabelecido é tão vantajoso como qualquer outro que facilmente pudesse ser instituído.[1] Todo governo adquire grande segurança, sempre que é esta a opinião dominante num Estado, ou entre aqueles que detêm a força nas mãos.

O direito pode ser de duas espécies, o direito ao *poder* e o direito à *propriedade.* Facilmente se pode constatar a preponderância, entre os homens da opinião, da primeira espécie, observando a dedicação de todos os povos a seus antigos governos, e mesmo àqueles nomes que receberam a consagração da antiguidade. A antiguidade sempre dá origem à opinião de direito;[2] e, por mais desfavorável que seja o conceito em que temos os homens, a verdade é que eles sempre se mostram prontos a sacrificar vida e fortuna para a manutenção da justiça pública.[3] Não há, sem dúvida, outro caso em que à primeira vista possamos encontrar, na conformação do espírito humano, maior contradição do que esta. Quando um homem pertence a um partido, é capaz, sem vergonha ou remorso, de desprezar todos os liames da honra e da moral para servir à sua facção; apesar disso, quando um partido se constitui com base num ponto de direito ou de princípio,[4] nenhuma outra circunstância permite aos homens dar mostras de maior firmeza e mais sólido sentido da justiça e da equidade. É a mesma predisposição social dos homens que dá origem a estas manifestações contraditórias.

É evidente que a opinião de direito à propriedade é da maior importância em todas as questões relacionadas com o governo. Um autor famoso[5] fez da propriedade o fundamento de todo governo,[6] e a maior parte de nossos autores políticos[7] parece tender para concordar com ele quanto a esse ponto. Isso é levar as coisas longe demais; todavia, é forçoso reconhecer que a opinião de direito à propriedade exerce grande influência nesta questão.

É portanto nestas três opiniões, de *interesse* público, de *direito ao poder* e de *direito à propriedade,* que têm seu fundamento todos os governos e toda autoridade dos poucos sobre os muitos. É certo que há outros princípios, que conferem a estes maior força, e determinam, limitam ou alteram sua influência, como, por exemplo, o *interesse pessoal,* o *medo* e a *afeição;* podemos contudo afirmar que estes outros princípios são incapazes de, por si sós, exercer qualquer influência, e pressupõem uma influência anterior das opiniões acima referidas. Devem portanto ser considerados princípios secundários do governo, e não seus princípios originais.

Porque, *primeiro,* quanto ao *interesse pessoal,* entendido aqui no sentido de uma expectativa de recompensas particulares, o que é diferente da proteção geral que recebemos do governo, é evidente que é necessário a autoridade do magistrado estar estabelecida, ou, pelo menos, ser esperada, antes de poder surgir essa expectativa. A perspectiva de recompensas pode aumentar sua autoridade em relação a algumas pessoas em particular; mas em relação ao público nunca pode dar-lhe origem. Os homens esperam naturalmente receber de seus amigos e conhecidos os maiores favores; portanto, as esperanças de qualquer número importante de súditos jamais se concentrariam em qualquer grupo em especial, se os membros deste não possuíssem qualquer outro título à magistratura e uma outra influência sobre as opiniões dos homens. Esta mesma observação pode também aplicar-se aos outros dois princípios, o *medo* e a *afeição*. Não haveria razão para alguém ter *medo* da fúria de um tirano, se a autoridade deste proviesse apenas do medo; porque, sendo ele um único homem, sua força corpórea tem alcance muito restrito,[8] e todo o restante poder que possui deve assentar em nossa opinião, ou na suposta opinião de outros.[9] Por outro lado, embora a *afeição* pela sabedoria e virtude de um *soberano* tenha grande importância e exerça forte influência, mesmo assim é necessário que anteriormente se considere estar ele investido de uma dignidade pública, caso contrário a estima pública não lhe trará vantagem alguma, nem tampouco sua virtude exercerá qualquer influência para além de um círculo restrito.

Um governo pode durar muitas gerações, mesmo que não haja coincidência entre a balança do poder[10] e a balança da propriedade. Isto acontece sobretudo quando qualquer classe ou ordem do Estado adquiriu uma ampla parcela da propriedade, mas, devido à Constituição original do governo, não participa do poder. A que título poderia qualquer indivíduo dessa classe adquirir autoridade nos negócios públicos? Como geralmente os homens são extremamente dedicados a seu antigo governo,[11] não é de esperar que o povo venha jamais a apoiar tais usurpações. Mas quando a Constituição original atribui qualquer parcela de poder, mesmo pequena, a uma classe que possua uma grande parcela de propriedade, fácil se lhe torna ir gradualmente reforçando sua autoridade, levando a balança do poder a coincidir com a da propriedade. Foi isto o que aconteceu na Inglaterra com a Câmara dos Comuns.

A maior parte dos autores que escreveram sobre o governo britânico supôs que, como a Câmara Baixa representa todos os comuns da Grã-Bretanha, seu peso na escala é proporcional à propriedade e ao poder de todos aqueles que representa. Mas este princípio não deve ser considerado absolutamente verdadeiro; porque, embora o povo possa ter maior dedicação pela Câmara dos Comuns do que por qualquer outro membro da Constituição, dado que essa Câmara foi escolhida como sua representante e pública guardiã de sua liberdade, mesmo assim houve casos em que a Câmara, mesmo quando em oposição à coroa, não foi apoiada pelo povo; conforme podemos observar no exemplo da Câmara *tory* do reinado de Guilherme.[12] Se os membros da Câmara dos Comuns fossem obrigados a receber instruções de seus constituintes, como os deputados holandeses, o caso seria inteiramente diferente; e, se os comuns da Grã-Bretanha tivessem um poder proporcional a seu imenso poder e riqueza, é difícil acreditar que a coroa pudesse influenciar essa multidão de pessoas e resistir a esse predomínio da propriedade. É certo que a coroa exerce grande influência sobre o corpo coletivo na eleição dos membros da Câmara; mas se esta influência, que atualmente se exerce apenas de sete em sete anos, fosse usada para influenciar cada voto do povo, depressa ela se esgotaria, e nenhuma habilidade, popularidade ou renda seria capaz de sustentá-la. Só posso, portanto, ser de opinião que uma alteração neste aspecto viria introduzir em nosso governo uma alteração total, depressa transformando-o em uma pura república; talvez até em uma república de tipo bastante aceitável. Pois, embora quando reunido em corpos como as tribos romanas o povo seja completamente incapaz de ser governado,[13] quando disperso em pequenos grupos é mais suscetível tanto de razão como de ordem; a força das correntes e marés populares é em grande medida atenuada; e é possível promover o interesse público com algum método e regularidade. Mas é inútil tecer mais comentários a respeito de uma forma de governo que provavelmente jamais será instituída na Grã-Bretanha, e que não parece ser objetivo de qualquer de nossos partidos.[14] Procuremos estimar e melhorar o mais possível nosso antigo governo, sem encorajar qualquer paixão por essas perigosas novidades.[15]

5

DA SUCESSÃO PROTESTANTE

Creio que, se durante o reinado de Guilherme e Ana, no tempo em que era ainda incerta a consolidação da *Sucessão Protestante,*[1] um membro do Parlamento estivesse refletindo sobre o partido que deveria tomar quanto a essa importante questão, e avaliando imparcialmente as vantagens e desvantagens de ambos os lados, ele levaria em consideração os seguintes aspectos.

Facilmente ele veria a grande vantagem que resultaria da restauração da família Stuart, graças à qual teríamos uma sucessão segura e incontestada, livre de um rival portador de um título tão valioso como o do sangue, o qual sempre constitui para a multidão a reivindicação mais forte e mais facilmente compreensível.[2] Inútil será dizer, como muitos disseram, que o problema dos *governantes,* independentemente do *governo,* é um problema frívolo, que pouco merece ser discutido, e muito menos que por causa dele se lute.[3] A grande maioria dos homens jamais partilhará essa opinião, e creio ser muito melhor para a sociedade que o não faça, mantendo suas inclinações naturais. Como poderia ser mantida a estabilidade de qualquer governo monárquico (o qual talvez não seja o melhor, mas é e sempre foi o mais comum de todos),[4] se os homens não tivessem esse respeito apaixonado pelo legítimo herdeiro de sua família real, e, mesmo quando ele é fraco de entendimento ou alquebrado pelos anos, lhe não dessem tão marcada preferência, acima dos homens que possuem brilhantes talentos ou são celebrados por grandes feitos?[5] Sem isso, todos os líderes populares reivindicariam o trono, de cada vez que este ficasse vago, ou até sem que o ficasse, e o reino se transformaria num teatro de guerras e perturbações constantes. Sob este aspecto, sem dúvida a situação do Império Romano não era muito invejável, nem tampouco o é a das nações *orientais,* que dão pouca importância aos títulos de seu soberano, e todos os dias os sacrificam ao capricho ou disposição momentânea da populaça ou da soldadesca.[6] Louca sabedoria é essa, que tão cuidadosamente se dedica a rebaixar os príncipes, colocando-os ao mesmo nível que os mais desprezíveis dos homens.[7] É certo que o anatomista nada mais encontra no maior dos monarcas do que no mais ínfimo camponês ou jornaleiro, e que o moralista pode muitas vezes encontrar bem menos. Mas a que conduzem todas estas reflexões? Nós, todos nós, conservamos ainda aqueles preconceitos a favor do nascimento e do sangue, e nem nas ocupações sérias nem nos mais descuidados divertimentos conseguimos deles nos libertar inteiramente. Depressa nos enfadaria uma tragédia que apresentasse as aventuras de marinheiros ou carregadores, ou mesmo de particulares de categoria mais elevada, ao passo que aquelas que apresentam reis e príncipes adquirem a nossos olhos uma aura de importância e dignidade. E se acaso algum homem, graças à sua superior sabedoria, pudesse elevar-se inteiramente acima desses preconceitos, depressa a mesma sabedoria o levaria a voltar a eles, para bem da sociedade, cuja prosperidade compreenderia estar a eles intimamente ligada. Longe de procurar abrir os olhos do povo quanto a este aspecto, passaria a estimar esses sentimentos de reverência para com seus príncipes, que tão necessários são para manter na sociedade a devida subordinação.[8] E, mesmo que muitas vezes se sacrifique a vida de vinte mil homens, para manter um rei na posse de seu trono ou impedir que seja prejudicado o direito de sucessão, esse homem não se indigna com aquela perda, alegando que talvez cada um desses indivíduos tivesse tanto valor quanto o príncipe a quem servia; leva em conta as consequências da violação do direito hereditário dos reis, consequências essas que podem fazer-se sentir durante muitos séculos, ao passo que a perda de alguns milhares de homens acarreta tão pouco prejuízo para um grande país que é possível alguns anos depois já não se fazer sentir.

As vantagens da ascensão da casa de Hanover ao trono são de natureza oposta, e derivam precisamente do fato de ela constituir uma violação do direito hereditário, e colocar no trono um príncipe que não tem, por nascimento, direito algum a essa dignidade. A história desta ilha mostra de maneira evidente que durante cerca de dois séculos os privilégios do povo têm aumentado constantemente, devido à divisão das terras da Igreja, à alienação das propriedades dos barões, ao progresso do comércio e, acima de tudo, à nossa situação privilegiada, que durante muito tempo nos garantiu uma segurança suficiente, sem ser preciso um exército permanente. Pelo contrário, durante esse mesmo período, e em quase todas as outras nações da Europa, a liberdade pública tem estado em constante declínio, pois o povo ganhou aversão às fadigas da velha milícia feudal, e preferiu conceder exércitos mercenários a seus príncipes, os quais facilmente os voltaram contra eles. Portanto, não é de estranhar que alguns dos soberanos britânicos se tenham enganado quanto à natureza da Constituição, ou, pelo menos, quanto à índole do povo, aceitando todos os precedentes favoráveis que lhes haviam sido deixados por seus antepassados, ao mesmo tempo que desprezavam todos os que lhes eram adversos e implicavam uma limitação de nosso governo. Este seu erro foi encorajado pelo exemplo de todos os príncipes vizinhos, o qual, dado que estes tinham o mesmo título ou designação e possuíam as mesmas insígnias de autoridade, naturalmente os levou a exigir os mesmos poderes e prerrogativas.[9] Os discursos e proclamações de Jaime I, e todo o conjunto das ações desse príncipe, assim como de seu filho, mostram claramente que ele considerava o governo inglês uma simples monarquia, e jamais pensou que uma parte importante de seus súditos tinha opinião contrária. Esta ideia levou esses monarcas a revelar suas pretensões, sem preparar a força necessária para apoiá-las, e isto sem aquela reserva ou disfarce que sempre são usados por aqueles que empreendem qualquer projeto novo ou pretendem fazer inovações em qualquer governo. Seus preconceitos se fortaleceram ainda mais[10] devido às lisonjas dos cortesãos, e sobretudo às do clero, o qual, com base em diversas passagens das Escrituras, que além do mais foram deturpadas, haviam elaborado um sistema coerente e confessado de poder arbitrário.[11] A única maneira possível de destruir imediatamente todas estas ambiciosas reivindicações e pretensões era afastar-se da legítima linha hereditária, escolhendo um príncipe que, sendo inequivocamente escolhido pelo povo, e recebendo a coroa sob certas condições, expressas e declaradas, vê sua autoridade estabelecida ao mesmo nível que os privilégios do povo. Escolhendo-o dentro da família real, evitamos todas as esperanças de súditos ambiciosos, que em ocasiões futuras poderiam perturbar o governo com suas cabalas e pretensões; tomando a coroa hereditária em sua família evitamos todos os inconvenientes da monarquia eletiva; e, rejeitando o herdeiro legítimo, preservamos todas as nossas limitações constitucionais, tornando sólido e uniforme nosso governo. O povo respeita a monarquia porque é protegido por ela e o monarca preserva a liberdade porque foi por ela instituído. Assim, a nova instituição garante todas as vantagens permitidas pela experiência e sabedoria dos homens.

São estas, consideradas separadamente, as vantagens de defender a sucessão da casa Stuart e a da casa Hanover. Cada uma destas soluções tem também suas desvantagens, as quais um patriota imparcial deveria ponderar e examinar, a fim de formular um juízo imparcial sobre o todo.

As desvantagens da sucessão protestante derivam dos domínios estrangeiros que os príncipes de Hanover possuem, os quais é lícito supor que nos arrastariam para as intrigas e guerras do continente, fazendo que em certa medida perdêssemos a inestimável vantagem de estarmos rodeados e guardados pelo mar, que é por nós dominado. As desvantagens de chamar de volta a família deposta vêm sobretudo de sua religião, que é mais prejudicial para a sociedade que a religião estabelecida entre nós, é contrária a esta, e impede que qualquer outra comunidade religiosa goze de tolerância, de paz ou de segurança.[12]

É minha opinião que estas vantagens e desvantagens devem ser reconhecidas em ambos os lados, pelo menos por todos aqueles que sejam capazes de um mínimo de reflexão ou raciocínio. Nenhum súdito, por mais leal que seja, pretende negar que o título duvidoso e os domínios estrangeiros da atual família real constituam um inconveniente. Nem tampouco qualquer partidário dos Stuarts deixará de confessar que a reivindicação da hereditariedade, o direito inalienável e a religião católica romana são também desvantagens dessa família. Portanto, compete apenas ao filósofo, que não pertence a nenhum desses partidos,[13] pesar todas as circunstâncias e atribuir a cada uma delas seu verdadeiro valor e influência. Esse filósofo começará prontamente por reconhecer que todas as questões políticas são infinitamente complicadas, e que raras vezes a deliberação leva a uma escolha que seja inteiramente boa ou inteiramente má. De qualquer medida se pode prever que resultem as mais complexas e variadas consequências, e a verdade é que de qualquer uma sempre resultam numerosas consequências imprevistas. Portanto, nesta sua experiência ou tentativa os únicos sentimentos que o inspiram são a hesitação, a reserva e a dúvida, ou então, se alguma paixão se permite, o desprezo pela multidão ignorante, que é sempre vociferante e dogmática, mesmo em relação às questões mais sutis, das quais, talvez mais ainda por falta de moderação que de entendimento, são totalmente incapazes de ser juízes.[14]

Mas, para dizer algo mais explícito sobre o assunto, as reflexões seguintes mostrarão, espero, se não o entendimento, pelo menos a moderação do filósofo.

Julgando apenas a partir das primeiras aparências e da experiência do passado, temos de admitir que as vantagens do título parlamentar da casa de Hanover são maiores que as do título indiscutível da casa Stuart, e que portanto nossos avós se mostraram sagazes ao preferirem a primeira à segunda. Durante todo o tempo em que a casa Stuart governou a Grã-Bretanha, que, sem contar com a interrupção,[15] somou mais de oitenta anos, o governo viveu permanentemente em sobressalto, devido à luta entre os privilégios do povo e as prerrogativas da coroa. Quando se depunham as armas, continuava o ruído das discussões, e quando estas silenciavam a desconfiança continuava corroendo os corações, lançando a nação em abominável perturbação e desordem. E enquanto nós assim nos entretínhamos com dissensões internas, ia-se elevando na Europa, sem qualquer oposição da nossa parte e até, às vezes, com nossa ajuda, uma potência estrangeira que constitui um perigo para a liberdade pública.[16]

Mas no decorrer dos últimos sessenta anos, devido a ter sido feita uma instituição parlamentar, e malgrado todas as facções que possam ter predominado tanto entre o povo como nas assembleias públicas, toda a força de nossa Constituição sempre pendeu para um só lado, mantendo-se entre nossos príncipes e nossos parlamentares uma ininterrupta harmonia. A liberdade pública, juntamente com a paz e a ordem interna, floresceu quase sem interrupção; houve um incremento do comércio, das manufaturas e da agricultura; cultivaram-se as artes, as ciências e a filosofia. Até os partidos religiosos foram obrigados a pôr de lado seu recíproco rancor, e a glória da nação se espalhou por toda a Europa,[17] graças tanto aos progressos nas artes da paz como à coragem e às vitórias na guerra. Dificilmente alguma nação se poderá vangloriar de um período tão longo e glorioso, nem em toda a história da humanidade existe outro exemplo de tantos milhões de pessoas, durante tão grande espaço de tempo, se terem conservado unidas, de maneira tão livre, tão racional e tão adequada à dignidade da natureza humana.[18]

Mas, embora esta recente experiência pareça decidir claramente a favor da atual instituição, há algumas outras circunstâncias que devem ser colocadas no outro prato da balança, pois é perigoso basear nosso juízo num único exemplo ou acontecimento.

Tivemos duas revoltas durante o florescente período atrás referido, além de inúmeras conjuras e conspirações. E, se é certo que nenhuma destas deu origem a qualquer acontecimento fatal, devemos pensar que escapamos graças sobretudo à estreiteza de espírito dos príncipes que disputavam nosso governo, e pensar que até agora temos sido bem afortunados. Mas receio que as reivindicações da família deposta ainda se não tenham tornado obsoletas;[19] além disso, quem pode prever se suas futuras tentativas não darão origem a maiores desordens?

As dissensões entre o privilégio e a prerrogativa podem ser facilmente resolvidas mediante leis, votações, conferências e concessões, sempre que haja razoável moderação ou prudência de ambos os lados ou apenas de um dos lados. Mas entre títulos conflitantes a questão só pode ser resolvida pela espada, pela devastação e pela guerra civil. Um príncipe que ascende ao trono com um título duvidoso nunca ousa dar armas a seus súditos, o que constitui a única maneira de dar inteira segurança a um povo, tanto contra a opressão interna como contra a conquista por um país estrangeiro.[20]

Não obstante nossa riqueza e nossa fama, o último tratado de paz[21] só por pouco nos permitiu escapar a perigos que tiveram origem menos na má direção ou fortuna na guerra do que no pernicioso costume de hipotecar nossas finanças, e ao princípio ainda mais pernicioso de nunca pagar nossas dívidas. Provavelmente jamais teriam sido adotadas essas fatais medidas, se não fosse para defender um governo pouco firme.[22]

Mas, para nos convencermos de que um título hereditário é preferível a um título parlamentar que não assente em outras razões ou motivos, basta que nos transportemos para a época da restauração, e imaginemos que ocupamos um lugar naquele Parlamento que chamou de volta a família real, pondo fim às maiores desordens que jamais tiveram origem nas pretensões opostas do príncipe e do povo.[23] O que se pensaria nessa época de alguém que propusesse afastar Carlos II, e entregar a coroa ao Duque de York ou de Gloucester, com o único fim de evitar pretensões ambiciosas como as de seu pai e seu avô? Não seria esse alguém considerado um reformador extravagante, amante das soluções perigosas, capaz de mexer e brincar com um governo e uma Constituição nacional tal como um curandeiro com seu doente?[24]

A verdade é que a razão invocada pela nação para afastar os Stuarts, assim como tantos outros ramos da família real, não foi seu título hereditário (razão essa que a opinião comum teria considerado inteiramente absurda), e sim sua religião; e é isto que nos leva a comparar as desvantagens, atrás referidas, de cada uma dessas famílias.

Confesso que, considerando o assunto em geral, seria excessivo desejar que nosso príncipe não tivesse domínios estrangeiros, e pudesse dedicar inteiramente sua atenção ao governo desta ilha. Para não referir alguns verdadeiros inconvenientes que podem resultar da posse de territórios no continente, é certo que esta serve de pretexto para calúnias e difamações, pretexto esse que é avidamente aproveitado pelo povo, o qual está sempre pronto a pensar mal de seus superiores. Deve todavia reconhecer-se que Hanover é talvez o pedaço de terra europeia menos inconveniente para um rei da Inglaterra: fica no coração da Alemanha, a certa distância das grandes potências que são nossas rivais naturais; é protegido pelas leis do império,[25] assim como pelas armas de seu próprio soberano; e serve apenas para ligar-nos mais estreitamente à casa de Áustria, nossa aliada natural.[26]

A convicção religiosa da casa Stuart constitui um inconveniente de caráter muito mais profundo, que nos ameaçaria com consequências muito mais funestas. A religião católica romana, com seu préstito de padres e frades, é mais dispendiosa do que a nossa; mesmo que não venha com seu natural acompanhamento de inquisidores, fogueiras e patíbulos, é menos tolerante; e, não lhe bastando separar a função sacerdotal da função real (o que forçosamente é prejudicial para qualquer Estado), ainda atribui a primeira a um estrangeiro, cujos interesses são sempre diferentes do interesse público e podem até muitas vezes ser-lhe opostos.[27]

Mas, mesmo que essa religião trouxesse grandes vantagens para a sociedade, ela é contrária àquela que está estabelecida entre nós e que, conforme parece provável, continuará durante muito tempo a dominar o espírito do povo. E, embora seja de esperar que o progresso da razão mitigará, gradualmente, a acrimônia[28] das querelas religiosas em toda a Europa, até agora o espírito de moderação tem mostrado progressos demasiado lentos para poder merecer inteira confiança.[29]

Assim, no seu todo, as vantagens da entronização da família Stuart, a qual permite evitar um título contestável, parecem ser equiparáveis às da entronização da família Hanover, que nos permite evitar as reivindicações da prerrogativa; mas de outro lado as desvantagens provenientes de colocar no trono um católico romano são maiores do que as que, na outra solução, derivam da outorga da coroa a um príncipe estrangeiro. Qual o partido que um patriota imparcial deveria tomar, no reinado de Guilherme e Ana, entre estas concepções opostas, é coisa que alguns poderão, talvez, considerar difícil de determinar.[30]

Mas a entronização da casa de Hanover foi efetivamente realizada. Os príncipes dessa família, sem intrigas nem cabalas, sem qualquer solicitação de sua parte, foram escolhidos para subir ao trono, por decisão unânime de todo o corpo legislativo. Desde a subida ao trono que têm dado mostras, em todos os seus atos, da maior moderação, equidade e respeito para com as leis e a Constituição.

Quem nos tem governado são nossos ministros, nossos parlamentares, somos nós mesmos, e, se acaso algum mal nos sucedeu, só da sorte ou de nós próprios nos podemos queixar. Em que censuras não incorreríamos entre as nações se, enfastiados de uma instituição tão deliberadamente feita, e cujas condições tão religiosamente têm sido respeitadas, voltássemos a lançar tudo na maior confusão, e, com nossa inconstância e temperamento rebelde, nos mostrássemos totalmente indignos de qualquer estado que não a mais absoluta escravidão e sujeição?

O maior inconveniente de um título contestável é acarretar o perigo de revoltas e guerras civis. Qual o homem sensato que, para evitar este inconveniente, se lançaria diretamente numa guerra civil e numa revolta? Isto para não referir que uma posse tão longa, garantida por tantas leis, deve ter já criado, perante a opinião da maior parte da nação, um título para a casa de Hanover, independentemente de sua posse atual,[31] e portanto agora não iríamos mais, mesmo através de uma revolução, evitar um título contestável.

Nenhuma revolução feita por forças nacionais será jamais capaz, sem que haja qualquer outra grande necessidade, de abolir nossas dívidas, nas quais estão implicados os interesses de tantas pessoas.

E uma revolução feita por forças estrangeiras é uma conquista, uma calamidade com a qual nos ameaça o precário equilíbrio do poder, e que é provável nossas dissensões civis, mais do que quaisquer outras circunstâncias, venham a fazer-nos sofrer.[32]

6

QUE A POLÍTICA PODE SER TRANSFORMADA EM UMA CIÊNCIA

Diversos autores se perguntam se existe alguma diferença especial entre as diversas formas de governo, e se não será verdade que qualquer dessas formas se pode tornar boa ou má, conforme seja bem ou mal administrada.*[1] Se se chegasse à conclusão de que todos os governos se equivalem, e que a única diferença reside no caráter e na conduta dos governantes, teria chegado o fim da maior parte das controvérsias políticas, e deveria considerar-se simples fanatismo e loucura todo e qualquer *zelo* por uma determinada Constituição, em detrimento de outra. Todavia, e apesar de partidário da moderação, não posso deixar de condenar essa opinião, e ser-me-ia doloroso pensar ser impossível, nas coisas humanas, maior estabilidade que a que lhes vem do temperamento e caráter ocasional de determinados homens.

Os que afirmam que a excelência de qualquer governo depende da excelência da administração podem, é certo, citar numerosos exemplos históricos concretos em que o mesmo governo, mudando de mãos, passou repentinamente do pior para o melhor extremo. Compare-se o governo francês sob Henrique III e sob Henrique IV.[2] A desgraçada época do primeiro se caracterizou pela opressão, frivolidade e velhacaria dos governantes, e pelo espírito de facção, sedição, traição, rebeldia e deslealdade dos súditos. Mas, a partir do momento em que o heroico e patriótico príncipe que lhe sucedeu se encontrou firmemente instalado no trono, tanto o governo como o povo, tudo, enfim, pareceu modificar-se inteiramente: e isso devido às diferenças de temperamento e conduta daqueles dois soberanos.[3] Poderia apresentar-se um número

---

* *For forms of government let fools contest. Whate'er is best administe'd is best.* [As formas de governo, que as discutam os tolos; a melhor é a mais bem administrada.] *Ensaio sobre o Homem,* Livro 3.1.

quase infinito de exemplos deste gênero, tirados da história antiga ou da moderna, da estrangeira ou da nacional.

Mas será talvez conveniente estabelecer aqui uma distinção. Todos os governos absolutos[4] inevitavelmente dependem muito da administração, o que constitui um dos grandes inconvenientes de que sofre essa forma de governo. Mas um governo republicano e livre seria um evidente absurdo, se acaso os controles e restrições especificamente previstos na Constituição não tivessem na realidade influência alguma, e não fizessem que todos, mesmos os maus, tivessem interesse em agir em favor do bem público. Tal é a intenção dessas formas de governo, e tais são realmente suas consequências quando sabiamente organizadas; mas, por outro lado, elas se tornam fonte de toda espécie de desordens e dos mais nefandos crimes, quando em seu plano e instituição originais falta habilidade ou honestidade.

É tão grande a força das leis e das formas específicas de governo, e tão pouco dependem elas do caráter e temperamento dos homens, que se podem às vezes delas deduzir consequências quase tão gerais e tão certas como as que são possíveis nas ciências matemáticas.[5]

A Constituição da república romana atribuía ao povo todo o Poder Legislativo, sem conceder o direito de veto nem à nobreza nem aos cônsules. O povo detinha este poder ilimitado através de um corpo coletivo, e não representativo. Daí resultaram as seguintes consequências: quando, devido à prosperidade e às conquistas, o povo se tomou muito numeroso e se espalhou até grande distância da capital, as tribos da cidade passaram a fornecer a quase totalidade dos votos, embora fossem as menos numerosas; seus membros passaram, portanto, a ser adulados por todos aqueles que almejavam a popularidade; viviam ociosamente, sustentados pela distribuição geral de trigo, e por subornos particulares que recebiam de quase todos os candidatos; e assim se foram tornando cada vez mais devassos, e o Campo de Marte era cenário constante de tumultos e revoltas. Entre esses cidadãos aviltados foram introduzidos escravos armados, e assim o governo caiu na anarquia, e o poder despótico dos Césares se tornou a maior felicidade a que os romanos podiam aspirar.[6] Tais são os resultados da democracia sem um órgão representativo.

A nobreza de um país pode ser detentora de todo ou de apenas uma parte do Poder Legislativo, de duas maneiras diferentes: ou cada nobre participa do poder como parte do órgão inteiro, ou é este que possui o poder enquanto composto de partes, cada uma das quais tem poder e autoridade distintos. A aristocracia veneziana é exemplo do primeiro tipo de governo, e a polonesa do segundo. No governo veneziano é o conjunto da nobreza que detém todo o poder, e nenhum nobre possui qualquer autoridade que lhe não venha do todo. No governo polonês cada um dos nobres, por intermédio de seus feudos, tem uma autoridade hereditária distinta sobre seus vassalos, e o órgão inteiro não possui qualquer poder que não receba do concurso de suas partes. As diferenças de funcionamento e de tendências destas duas formas de governo podem ser explicadas mesmo *a priori*. É preferível uma nobreza como a veneziana a outra como a polonesa, independentemente das maiores diferenças de inclinações e educação que possa haver entre os homens. Uma nobreza que possua em comum seu poder será capaz de manter a paz e a ordem, tanto em seu próprio seio como entre seus súditos, e a nenhum de seus membros será possível, mesmo por um momento, possuir autoridade suficiente para controlar as leis. Os nobres preservarão sua autoridade sobre o povo, mas sem qualquer opressiva tirania nem violações da propriedade privada, pois um governo assim tirânico não serve aos interesses de toda a nobreza, embora possa convir a alguns de seus membros. Haverá uma distinção hierárquica entre a nobreza e o povo, mas será essa a única distinção existente no Estado. O conjunto da nobreza constituirá um corpo, e o conjunto do povo constituirá outro, sem qualquer dessas contendas e animosidades particulares que em toda parte espalham a ruína e a desolação.[7] Fácil se torna constatar as desvantagens de uma nobreza como a da Polônia em qualquer destes aspectos.

É possível constituir um governo livre no qual uma única pessoa, quer se chame doge, príncipe ou rei, possua uma ampla parcela do poder, estabelecendo um correto equilíbrio com as outras partes do governo. Esse primeiro magistrado pode ser *eletivo* ou *hereditário;* e, embora a uma visão superficial a primeira instituição possa parecer a mais vantajosa, um exame mais profundo descobrirá nela maiores inconvenientes do que na última, inconvenientes esses que assentam em causas e princípios eternos e imutáveis.[8] Em semelhante governo o preenchimento do trono é problema de interesse demasiado grande e geral para deixar de dividir todo o povo em facções, havendo lugar para recear quase com certeza uma guerra civil, o maior dos males, de cada vez que ele ficar vago. O príncipe eleito pode ser *estrangeiro* ou *natural* do país; o primeiro não conhecerá bem o povo que vai governar, não terá confiança em seus súditos, nem estes nele, dará toda a sua confiança a estrangeiros, que terão a única preocupação de enriquecer o mais depressa possível, enquanto o favor e a autoridade de seu senhor puderem sustentá-los. Um natural do país levará para o trono todas suas animosidades e amizades pessoais, e sua ascensão não poderá deixar de despertar sentimentos de inveja naqueles que anteriormente o consideravam seu igual. Para não referir o fato de que uma coroa é recompensa demasiado grande para ser concedida apenas ao mérito, e levará sempre os candidatos a usar da força, do dinheiro ou da intriga para conquistar os votos dos eleitores; de modo que uma tal eleição não tornará mais provável que o príncipe possua méritos excepcionais do que quando a nação deixa que seja apenas o nascimento a determinar quem será o soberano.[9]

Pode portanto afirmar-se, como axioma universal em política, que *um príncipe hereditário, uma nobreza sem vassalos e um povo que escolhe seus representantes formam a melhor monarquia, aristocracia e democracia.* Contudo, para provar mais decisivamente que é possível em política formular verdades gerais, que não variam com o temperamento ou a educação tanto dos súditos como do soberano, talvez não seja inoportuno apontar aqui alguns outros princípios desta ciência que possam merecer essa designação.

Facilmente poderá verificar-se que os governos livres, embora geralmente sempre tenham sido os mais felizes para aqueles que gozam sua liberdade, são contudo os mais ruinosos e tirânicos para suas províncias. E creio poder-se considerar esta observação como uma máxima do gênero a que aqui nos estamos referindo. Quando um monarca amplia seus domínios por meio da conquista, depressa aprende a considerar em pé de igualdade seus antigos e seus novos súditos, pois na realidade todos são para ele o mesmo, com exceção dos poucos amigos e favoritos que conhece pessoalmente. Não faz, portanto, distinção alguma entre eles em suas leis *gerais,* ao mesmo tempo que toma o cuidado de evitar quaisquer atos *particulares* de opressão, contra uns como contra os outros. Mas um Estado livre faz necessariamente uma grande distinção, e assim deverá acontecer até que os homens aprendam a amar o próximo como a si mesmos. Num tal governo todos os conquistadores são legisladores, e nunca deixarão, mediante impostos e restrições ao comércio, de tudo planejar de maneira a tirar de suas conquistas certas vantagens particulares, além das públicas. Em uma república os governadores das províncias têm também maior oportunidade para se apropriar dos despojos, por meio da intriga e do suborno; e seus concidadãos, vendo seu Estado enriquecido com os despojos das províncias submetidas, terão maior tendência para tolerar tais abusos. Sem contar com o fato de, num Estado livre, ser necessário tomar a precaução de mudar frequentemente os governadores, o que obriga esses tiranos temporários a tornar-se mais diligentes e vorazes, para conseguir acumular suficientes riquezas antes de ceder o lugar a seus sucessores. Como os romanos tiranizaram o mundo, no tempo da república! É certo que tinham leis para impedir a tirania dos magistrados provinciais; mas diz-nos Cícero que a melhor maneira de servir os interesses das províncias seria a revogação dessas leis. Porque nesse caso, diz ele, nossos magistrados, gozando de total impunidade, pilhariam apenas o bastante para satisfazer sua própria ganância, ao passo que atualmente precisam também satisfazer a de seus juízes, assim como a de todos os grandes homens de Roma, de cuja proteção necessitam. Quem é capaz de ler sem horror e espanto o relato das crueldades e tiranias de Verres? E quem não se enche de indignação ao saber que, depois de Cícero ter fulminado esse perverso criminoso com toda a força de sua eloquência, chegando a conseguir que o condenassem com o máximo rigor permitido pela lei, apesar disso aquele cruel tirano viveu tranquilamente até idade avançada, no conforto e na opulência, sendo trinta anos depois proscrito por Marco Antônio, devido a sua exorbitante riqueza, juntamente com o próprio Cícero e todos os homens mais virtuosos de Roma? Após a dissolução da república, o jugo romano sobre as províncias se tornou mais leve, segundo nos informa Tácito,[*] e deve assinalar-se que muitos dos piores imperadores, como por exemplo Domiciano[**] tiveram o cuidado de evitar que as províncias sofressem qualquer opressão. No[***] tempo de Tibério a Gália[10] era considerada mais rica do que a própria Itália, e

[*] *Anais,* Livro 1, capítulo 2.

[**] Suetônio, *In Vita Domit.*, cap. 8.

[***] Ver Tácito *Anais,* Livro 3, 40.10.

não tenho conhecimento de que, durante toda a época da monarquia romana, qualquer das províncias do Império se tenha tornado menos rica ou menos populosa, embora sem dúvida a coragem e a disciplina militar tenham sofrido uma grande decadência.[11] A opressão e tirania infligidas pelos cartagineses aos Estados africanos que submeteram chegou ao ponto de, conforme nos ensina Políbio,* não lhes bastando extorquir metade de todo o produto da terra, o que por si só já constituía uma renda elevadíssima, ainda os sobrecarregaram com muitos outros impostos. Se passarmos dos tempos antigos para os modernos, continuaremos podendo afirmar o mesmo. As províncias das monarquias absolutas sempre recebem melhor tratamento que as dos Estados livres. Basta comparar o *pays conquis* da França com a Irlanda para nos convencermos desta verdade, embora este último reino, sendo em grande parte habitado por ingleses, possua tantos direitos e privilégios que poderia naturalmente aspirar a um tratamento melhor que o concedido a uma província conquistada. A Córsega é também um exemplo evidente do mesmo fato.[12]

Há em Maquiavel uma observação, a respeito das conquistas de Alexandre, o Grande, que me parece poder ser considerada uma daquelas verdades políticas eternas que nem o tempo nem quaisquer acidentes podem alterar. Pode parecer estranho, diz aquele político, que conquistas tão repentinas como as de Alexandre possam ter sido tão tranquilamente conservadas por seus sucessores, e que os persas, durante todas as confusões e guerras civis que se verificaram entre os gregos, nunca tenham feito o menor esforço para recuperar a independência.[13] Se quisermos descobrir as causas deste fato singular, podemos considerar duas maneiras diferentes pelas quais um monarca pode governar seus súditos: ou segue os princípios dos monarcas orientais, levando sua autoridade até ao ponto de só permitir que haja entre seus súditos as distinções de posição que ele mesmo determinar, assim como quaisquer privilégios de nascimento, honrarias ou posses hereditárias, em uma palavra, nenhum crédito entre o povo, a não ser o que provier de sua delegação; ou o monarca exerce seu poder de maneira mais branda, como outros príncipes europeus, autorizando outras fontes de honra além de seu sorriso e favor: nascimento, títulos,

* Livro 1, cap. 72.

posses, coragem, integridade, saber, ou grandes e afortunadas proezas. No primeiro tipo de governo, se o país for conquistado, jamais será possível sacudir esse jugo, pois não há entre o povo quem possua o crédito e autoridade pessoais necessários para dar início a tal empresa; ao passo que no segundo bastará o menor infortúnio ou discórdia entre os vencedores para encorajar os vencidos a pegar em armas, pois estes possuem chefes preparados para incitá-los e comandá-los em qualquer empreendimento.* [14]

---

* Considerei como certo, de acordo com a suposição de Maquiavel, que os antigos persas não tinham nobreza, embora haja razões para suspeitar que o secretário florentino, que parece ter conhecido melhor os autores latinos do que os gregos, se tenha enganado neste ponto. Os persas mais antigos, cujos costumes são descritos por Xenofonte, eram um povo livre e tinham nobreza. Seus ομότιμοι foram mantidos mesmo depois da ampliação de suas conquistas e da consequente mudança de seu governo. Arriano os menciona no tempo de Dario, *De Exp. Alex.*, Livro 2, 2. Os historiadores também declaram frequentemente que os detentores do comando eram homens de família. Tigranes, que foi general dos medos no reinado de Xerxes, era da família dos Acmenos, *Heródoto* 7.62. Artáqueas, que dirigiu a perfuração do canal junto ao monte Athos, pertencia à mesma família. Id., capítulo 117. Megabizo foi um dos sete persas eminentes que conspiraram contra os Magi. Seu filho, Zópiro, era o primeiro comandante no reinado de Dario, e foi o conquistador de Babilônia para este monarca. Seu neto, Megabizo, era o comandante do exército que foi derrotado em Maratona. Seu bisneto, Zópiro, foi também homem eminente, e foi banido da Pérsia. *Heródoto* 3.160. *Tucídedes,* Livro 1.109. Rosáceo, que comandou um exército no Egito durante o reinado de Artaxerxes, também descendia de um dos sete conspiradores, *Diodoro Sícolo,* Livro 16, 47. Agisleu, *in* Xenofonte, *Hist. Graec.*, Livro 4, 1, desejoso de conseguir o casamento do Rei Cotys, seu aliado, com a filha de Spitídrates, um persa de elevada linhagem, que se havia passado para seu lado, pergunta antes de mais a Cotys a que família pertence Spitídrates, e Cotys responde que é de uma das mais ilustres da Pérsia. Arieu, quando Clearco e os dez mil gregos lhe ofereceram o poder, recusou alegando ser de linhagem demasiado baixa, dizendo que tantos persas eminentes jamais o aceitariam como soberano. Id., *De exped.;* Livro 2. Algumas das famílias descendentes dos sete persas acima referidos se mantiveram durante os reinados de todos os sucessores de Alexandre: e Mitrídates, no tempo de Antíoco, diz-nos Políbio que era descendente de um deles, Livro 5, cap. 43. Artabazo era considerado, conforme diz Arriano ἐν τοῖς πρῴτοις Περσῶν, *Livro* 3, 23. E quando Alexandre casou em um só dia oitenta de seus capitães com mulheres persas, sua intenção era, evidentemente, aliar os macedônios com as mais eminentes famílias persas. Id. Livro 17, 107. O governo da Pérsia era despótico, e sob muitos aspectos era dirigido à maneira oriental, mas não a ponto de extinguir toda a nobreza e confundir todos os níveis e categorias. Permitia que houvesse homens que eram nobres, por si mesmos e suas famílias, independentemente de seus cargos e funções. Se os macedônios conservaram tão facilmente o domínio sobre eles, foi devido a outras causas, que facilmente se encontrarão nos historiadores; embora se deva admitir que o argumento de Maquiavel é em si mesmo correto, malgrado sua duvidosa aplicação a este caso.

É este o argumento de Maquiavel, que parece sólido e convincente, embora fosse preferível não ter ele misturado o falso ao verdadeiro, afirmando que as monarquias governadas segundo a política oriental são as mais difíceis de conquistar, apesar de serem as mais fáceis de conservar depois de conquistadas, devido a ser impossível nelas haver qualquer súdito poderoso cujo descontentamento e revolta possam facilitar a ação de um inimigo. Porque, além de um governo assim tirânico debilitar a coragem dos homens, tornando-os indiferentes à sorte de seu soberano, além disso a experiência nos ensina que mesmo a autoridade temporária e por delegação que os generais e magistrados detêm, que em tais governos é tão absoluta em sua esfera como a do próprio príncipe, é capaz de produzir, entre bárbaros habituados a uma obediência cega, as mais perigosas e fatais revoluções. Assim se vê que sob todos os aspectos é o governo moderado que deve ser preferido, pois é ele que proporciona maior segurança, tanto ao soberano como aos súditos.

Os legisladores, portanto, não devem confiar inteiramente ao acaso o futuro governo de um Estado, e sim elaborar um sistema de leis para regular a administração das questões públicas até a mais remota posteridade. Os efeitos hão de sempre corresponder às causas,[15] e em qualquer nação uma sábia legislação é a herança mais valiosa que pode ser deixada às épocas futuras. No mais ínfimo tribunal ou repartição pública se verifica que as normas e os métodos estabelecidos para regulamentar as diversas atividades constituem uma importante barreira contra a natural depravação da humanidade. Por que não poderia dar-se o mesmo com as questões públicas? Poderemos atribuir a estabilidade e a sabedoria do governo veneziano, ao longo de tantos anos, a algo mais que à forma de governo? E não é coisa fácil apontar quais os defeitos da Constituição original que produziram os tumultuosos governos de Atenas e Roma, e finalmente culminaram na ruína dessas duas célebres repúblicas? E esta questão depende tão pouco do caráter e da educação dos indivíduos, que é possível uma certa parte da mesma república ser sabiamente governada e outra sê-lo deficientemente, pelos mesmos homens, devido simplesmente à diferença das normas e instituições que regulam cada uma dessas partes. Dizem-nos os historiadores que foi efetivamente esse o caso de Gênova.

Enquanto o Estado estava permanentemente cheio de revoltas, tumultos e desordens, o banco de São Jorge, que se havia tornado uma parte importante do povo, foi durante muitos anos governado com a maior integridade e sabedoria.*

[16As épocas de maior espírito público nem sempre são as que mais se distinguem pela virtude pessoal. É possível que boas leis introduzam a ordem e a moderação no governo, mesmo que os usos e costumes pouca humanidade ou justiça hajam incutido no caráter dos homens. O período mais ilustre da história romana, do ponto de vista político, foi do início da primeira até ao fim da última Guerra Púnica, porque o devido equilíbrio entre a nobreza e o povo era mantido pelos debates dos tribunos, e não havia ainda sido desfeito pela extensão das conquistas. Nessa mesma época, contudo, o horrendo costume do envenenamento era tão vulgar que, no decurso de parte de uma estação, um *pretor* condenou à morte por este crime mais de três mil pessoas** em uma região da Itália, e além disso continuava recebendo muitas outras informações da mesma natureza. Há um exemplo semelhante, ou antes, ainda pior,*** que data dos tempos antigos da república; a tal ponto esse povo, cuja história tanto admiramos, era depravado em sua vida particular. Estou certo de que eram mais virtuosos no tempo dos *triunviratos,* embora despedaçassem sua própria pátria, espalhando a guerra e a desolação por toda a face da terra, apenas por causa da escolha de tiranos.]****

Aqui temos pois incentivo bastante para manter em todos os Estados livres, com o maior zelo, as normas e instituições graças às

---

* *Esempio veramente raro, e da Filosofi in tante loro imaginate e vedute Republiche mai non trovato, vedere dentro ad un medesimo cerchio, fra medesimi cittadini, la libertà e la tirannide, la vita civile e la corotta, la giustizia e la licenza: perchè quell'ordine solo mantiene quella città piena di costumi antichi e venerabili. E s'egli avvenisse (che col tempo in ogni modo avverrà) che San Giorgio tutta quella città occupasse, sarebbe quella una Republica più della Veneziana memorabile. História de Florença. Fiorentine.* Livro 8. [Um exemplo verdadeiramente raro, de que os filósofos jamais encontraram nas Repúblicas que imaginam e sonham, é ver dentro do mesmo círculo, entre os mesmos cidadãos, a liberdade e a tirania, a vida civil e corrupta, a justiça e licenciosidade: porque somente essa ordem mantém nessa cidade os seus costumes antigos e veneráveis. E caso aconteça (o que em qualquer caso irá acontecer no tempo) que São Jorge venha a ocupar toda aquela cidade, ela se tornará uma República mais memorável que veneziana.]

** Tito Lívio, 40.43.

*** Tito Lívio, 8.18.

**** *L'aigle contre l'aigle, Romains contre Romains, combatant seulement pour le choix de tyrans,* Corneille,[17]*Cinna, ato* I, cena 3.

quais se garante a liberdade, se satisfaz o bem público e se restringe e castiga a avareza ou a ambição de certos homens. Nada é mais honroso para a natureza humana do que vê-la suscetível de tão nobre paixão,[18] assim como nada pode indicar mais claramente a vileza do coração de um homem do que vê-lo dela destituído. Todo homem que ama apenas a si mesmo, sem consideração pela amizade ou pelo merecimento, merece a mais severa reprovação; mas um homem que apenas é suscetível de amizade, sem espírito público ou consideração pela comunidade, é deficiente na parte mais essencial da virtude.

Mas na época atual não é necessário insistir mais longamente neste assunto. Há de ambos os lados bastantes fanáticos, que inflamam as paixões de seus partidários e, sob o pretexto do bem público, defendem os interesses e os objetivos da facção a que pertencem. Por mim, serei sempre mais favorável à moderação do que ao zelo, embora talvez a maneira mais segura de fazer surgir a moderação em qualquer partido seja aumentar nosso zelo pelo público. Procuremos, portanto, se possível, extrair da precedente doutrina uma lição de moderação em relação aos partidos em que atualmente[19] nosso país está dividido; enquanto ao mesmo tempo não permitimos que essa moderação enfraqueça a diligência e a paixão que cada indivíduo tem obrigação de colocar a serviço do bem de seu país.

Aqueles que atacam ou defendem um ministro, num governo que, como o nosso, permite a mais ampla liberdade, levam sempre o caso ao extremo, exagerando os méritos ou os defeitos de sua administração. Seus inimigos nunca deixam de lhe atribuir as maiores enormidades, em política interna ou exterior, e não há vileza ou crime de que, segundo eles, o ministro não seja capaz. Guerras desnecessárias, tratados escandalosos, esbanjamento do erário público, impostos excessivos, todo o gênero de erros de administração lhe atribuem. Para agravar a acusação, diz-se que sua perniciosa conduta continuará a exercer sua influência maligna mesmo no futuro, solapando a melhor Constituição do mundo e desorganizando o sábio sistema de leis, instituições e costumes de acordo com o qual durante tantos séculos nossos antepassados tão acertadamente foram governados. Além de em si mesmo ser um mau ministro, conseguiu também destruir toda a segurança estabelecida contra os possíveis maus ministros do futuro.

Por outro lado, os partidários do ministro elevam seu panegírico a tão grande altura como as acusações que os outros lhe fazem, glorificando sua conduta sábia, firme e moderada em todos os aspectos da administração. Defendidos no estrangeiro a honra e os interesses da nação, mantido no país o crédito público, restringidas as perseguições, dominadas as facções: o mérito de todos esses benefícios é atribuído exclusivamente ao ministro. Ao mesmo tempo, todos os seus méritos culminam no mais religioso respeito pela melhor Constituição do mundo, a qual sempre preservou em todas as suas partes e transmitiu intata, para garantir a felicidade e a segurança da posteridade mais remota.

Como os defensores de ambos os partidos aceitam esta acusação ou este panegírico, não é de admirar que se verifique em ambos os lados uma extraordinária efervescência e que a nação se encha de violentas animosidades. Mas gostaria muito de persuadir esses fanáticos de que há uma flagrante contradição tanto na acusação como no panegírico, e que, se não fosse essa contradição, seria impossível que tanto uma como a outra chegassem a tais extremos. Se nossa Constituição fosse efetivamente *essa nobre invenção, orgulho da Grã-Bretanha, inveja de nossos vizinhos, erguida pelo labor de tantos séculos, melhorada à custa de tantos milhões e cimentada por tão grande profusão de sangue*[*], se, digo eu, nossa Constituição de qualquer modo merecesse esses louvores, nesse caso ela jamais teria permitido que um ministro fraco e perverso governasse triunfalmente durante uma vintena de anos, quando lhe fizeram oposição os maiores gênios da nação, os quais gozaram da mais ampla liberdade de palavra e de imprensa, no Parlamento e em seus frequentes apelos ao povo. Porque, se o ministro é tão fraco e perverso como tão insistentemente se proclama, então a Constituição deve estar errada em seus princípios originais, e não se pode com coerência acusar o ministro de solapar a melhor forma de governo do mundo. Uma Constituição só pode ser considerada boa na medida em que fornece um remédio contra a má administração; e se a inglesa, no máximo de seu vigor e depois de melhorada por dois acontecimentos tão notáveis como a *Revolução* e a *Coroação*,[20] devido aos quais nossa antiga família real a ela foi sacrificada; se, digo eu, todas essas vantagens não permitem a nossa Constituição fornecer tal remédio, nesse caso

[*] *Dissertação sobre os partidos*, Carta 10.[21]

devemos de certo modo ficar gratos ao ministro que a solapa, pois assim nos fornece uma oportunidade para erigir outra melhor no lugar dela.

Empregaria os mesmos argumentos para atenuar o zelo daqueles que defendem o ministro. *Se nossa Constituição é assim tão excelente,* é impossível que uma mudança de ministro seja coisa tão terrível, pois é essencial que essa Constituição, seja qual for o ministro, ao mesmo tempo evite que ela própria seja violada e impeça que haja quaisquer excessos na administração. *Se nossa Constituição é muito má,* então não há motivo para tal desconfiança e apreensão com a possibilidade de uma mudança, e neste caso não se justifica qualquer ansiedade, tal como a um homem que tenha casado com uma meretriz não adianta vigiá-la para impedir sua infidelidade. Num tal governo os negócios públicos terão necessariamente que se desorganizar, sejam quais forem as mãos que os conduzam, e nesse caso a paciência e a humildade dos *filósofos* é muito mais necessária que o zelo dos *patriotas.* A virtude e as boas intenções de Catão e de Bruto merecem os maiores louvores, mas para que serviu seu zelo? Apenas para apressar a fatal queda do governo romano, tornando mais violentas e dolorosas as convulsões e agonias de sua morte.

Não pretendo com isto dizer que os negócios públicos não mereçam cuidados nem atenções. Se os homens fossem moderados e consistentes seria possível aceitar suas queixas, ou pelo menos examiná-las. O Partido do Campo poderia afirmar que nossa Constituição, apesar de excelente, permite até certo ponto que haja uma má administração, de tal modo que, no caso de haver um mau ministro, é lícito fazer-lhe oposição com um grau *adequado* de zelo. Por outro lado, o Partido da Corte pode ter o direito de defender a administração do ministro, caso este seja bom, e também com *algum* zelo. Gostaria apenas de persuadir os homens a não discutirem como se estivessem lutando *pro aris et focis* [por Deus e pelo país], e a não transformarem uma boa em má Constituição, com a violência de seu facciosismo.[22]

Não referi aqui nenhum dos aspectos pessoais da atual controvérsia. Com a melhor Constituição civil, em que todos seriam constrangidos pelas mais rígidas leis, seria fácil descortinar as boas ou más intenções de um ministro, e decidir se seu caráter pessoal merece o amor ou o ódio. Mas tais problemas pouca importância têm para a nação, e submetem aqueles que lhes dedicam sua pena à justa suspeita de malevolência ou lisonja.

7

DA LIBERDADE CIVIL[1]

Aqueles que, livres da fúria e dos preconceitos partidários, dedicam sua pena às questões políticas, cultivam uma ciência que contribui, mais do que qualquer outra, para a utilidade pública, e até mesmo para a satisfação pessoal dos que se dedicam a seu estudo. Creio, no entanto, haver razões para supor que o mundo é demasiado jovem para que se possa formular em política um grande número de verdades gerais, capazes de permanecer verdadeiras até à mais remota posteridade. Possuímos ainda menos de três mil anos de existência; assim, não apenas a arte de pensar é ainda imperfeita nesta ciência, tal como em todas as outras, mas carecemos até de suficientes materiais sobre os quais possamos pensar. Não se sabe perfeitamente até que extremos, de virtude ou vício, a natureza humana é capaz de chegar, nem o que poderá esperar-se da humanidade, caso haja uma grande revolução em sua educação, costumes ou princípios. Maquiavel era sem dúvida um grande gênio, mas, tendo-se limitado a estudar os violentos e tirânicos governos dos tempos antigos, ou os pequenos e turbulentos principados da Itália, seus argumentos se revelaram extremamente deficientes, sobretudo os que se referem ao governo monárquico; e é difícil encontrar em seu *Príncipe* alguma máxima que a experiência posterior não tenha vindo refutar completamente. *Um príncipe fraco,* diz ele, *é incapaz de receber bons conselhos, pois, se os pedir a vários homens, não será depois capaz de escolher entre os diferentes conselhos recebidos. Se aceitar um deles, é possível que esse ministro seja competente, mas não continuará ministro por muito tempo: virá sem dúvida a depor seu senhor, colocando-se a si próprio e a sua família no trono.*[2] Refiro apenas este, de entre os muitos erros desse político, erros que em larga medida se devem ao fato de ele ter vivido numa época demasiado antiga para que já se pudesse ser bom juiz da verdade política. Atualmente quase todos os príncipes da Europa são governados por seus ministros, e isto vem sucedendo desde há perto de dois séculos: no entanto, nem uma só vez tal acontecimento ocorreu, nem é possível que ocorra. Séjano pôde conceber o projeto de destronar os Césares; mas Fleury, por mais vicioso que fosse, seria incapaz, desde que se conservasse em seu perfeito juízo, de alimentar a menor esperança de depor os Bourbons.[3]

Até ao século passado, o comércio não era considerado uma questão de Estado, e é raro encontrar qualquer autor político antigo que lhe tenha feito referência.* Até os autores italianos observaram a esse respeito o mais profundo silêncio, apesar de atualmente o comércio atrair a maior atenção tanto dos ministros de Estado como dos pensadores. Parecem ter sido a grandeza, a opulência e as proezas militares das duas potências marítimas que fizeram ver à humanidade a importância de que um amplo comércio pode revestir-se.[5]

Pretendendo, portanto, proceder neste ensaio a uma comparação exaustiva entre a liberdade civil e o governo absoluto, mostrando[6] as grandes vantagens que a primeira oferece em relação ao segundo, comecei a alimentar a suspeita de que nenhum homem desta época se acha suficientemente habilitado para tal empreendimento, e que é altamente provável que tudo aquilo que qualquer um possa adiantar sobre o assunto seja refutado pela experiência subsequente e rejeitado pela posteridade. As coisas humanas têm sofrido revoluções tão importantes, e têm-se dado tantos acontecimentos que contradizem as predições dos antigos, que basta isto para permitir esperar que se deem mais mudanças ainda.[7]

Foi assinalado pelos antigos que todas as artes e ciências surgiram em nações livres,[8] e que os persas e os egípcios, malgrado a abastança, a opulência e o luxo de que desfrutavam, fracos esforços fizeram no sentido de apreciar os prazeres mais requintados, prazeres estes que os gregos, mesmo em meio a guerras permanentes, vivendo pobremente e com a maior simplicidade de costumes, levaram a tão grande perfeição. Assinalaram também que, a partir do momento em que os

---

* Xenofonte faz-lhe referência, mas pondo em dúvida que ele possa trazer qualquer vantagem para o Estado. Eἴ δὲ καὶ ἐμπορία ὠφελεῖ τι πόλιν, etc., [Se o comércio é útil à polis] Xenofontes, *Hiero.*, 9, 9. Platão o exclui totalmente de sua República imaginária. *leis,* Livro 4.[4]

gregos se viram privados da liberdade, e apesar de verem suas riquezas imensamente aumentadas, graças às conquistas de Alexandre, a partir desse momento as artes entraram em declínio, e desde então não mais foram capazes de progredir naquela região. O saber se transferiu para Roma, que nessa época era a única nação livre do universo, e, depois de encontrar solo tão propício, realizou progressos prodigiosos durante mais de um século, até ao momento em que a decadência da liberdade acarretou a decadência das letras, espalhando no mundo inteiro a mais completa barbárie. Longino pensou que bastavam essas duas experiências, cada uma das quais foi dupla em seu gênero, mostrando tanto a derrocada do saber nos governos absolutos quanto seu progresso nos governos populares, para justificar sua afirmação de que as artes e as ciências só num governo livre podem florescer. E nesta opinião foi seguido por diversos autores eminentes* de nosso país, os quais ou se limitaram a apreciar fatos antigos, ou patentearam uma excessiva parcialidade em favor da forma de governo estabelecida entre nós.

Mas o que diriam esses autores dos exemplos da Roma moderna e de Florença? Das quais a primeira levou à maior perfeição todas as belas-artes, a escultura, a pintura e a música, assim como a poesia, embora gemesse sob a tirania, e uma tirania de sacerdotes, ao passo que a segunda realizou seus principais progressos nas artes e nas ciências depois de começar a perder sua liberdade, devido à usurpação da família dos Médicis. Ariosto, Tasso e Galileu, e igualmente Rafael e Michelangelo, não nasceram em repúblicas. E, embora a escola lombarda tenha sido famosa, assim como a romana, por outro lado os venezianos foram os menos ilustres, e parecem possuir um gênio para as artes e ciências um tanto inferior ao dos outros italianos. Rubens fundou sua escola em Antuérpia, e não em Amsterdam. Na Alemanha, o centro de cultura é Dresden, e não Hamburgo.

Mas o mais eminente exemplo do florescimento do saber sob os governos absolutos é o da França, que raras vezes têm gozado de liberdade, e contudo levou as artes e as ciências a uma perfeição que nenhuma outra nação ultrapassou. Os ingleses são, talvez, maiores filósofos; os italianos, melhores pintores e músicos; os romanos foram maiores oradores. Mas os franceses são o único povo, com exceção dos

* Addison e Lord Shaftesbury.

gregos, que teve, ao mesmo tempo, filósofos, poetas, oradores, historiadores, pintores, arquitetos, escultores e músicos. Quanto ao teatro, foram ainda melhores do que os gregos,[9] os quais foram melhores do que os ingleses. E na vida cotidiana aperfeiçoaram em ampla medida aquela arte que é a mais útil e agradável de todas, *l'art de vivre,* a arte da sociedade e da conversação.

Se considerarmos o estado das ciências e das belas-artes em nosso próprio país, veremos que a observação de Horácio em relação aos romanos pode em grande medida ser aplicada aos ingleses:

> *Sed inlongum tamen aevum*
> *Mansuerunt, hodieque manent vestigia ruris.*
> [E por muito tempo perdurou
> e ainda perduram os vestígios de nosso passado rústico].

A elegância e a propriedade do estilo têm sido extremamente desprezadas entre nós. Não temos dicionário algum de nossa língua, e mal possuímos uma gramática aceitável. A primeira prosa culta que tivemos foi escrita por um autor que ainda é vivo*. Quanto a Sprat, Locke e mesmo Temple, todos eles conheciam demasiado mal as regras da arte para que se possa considerá-los prosadores elegantes. A prosa de Bacon, Harrington e Milton é extremamente afetada e pedante, embora o conteúdo de suas obras seja excelente. Os homens deste país têm-se ocupado de tal modo com as grandes discussões sobre *religião, política* e *filosofia,* que não têm nenhuma inclinação pelas observações aparentemente minuciosas da gramática e da crítica. E, embora este estilo de pensamento deva ter melhorado consideravelmente nossa inteligência e nossa capacidade de argumentação, deve confessar-se que, mesmo nas ciências acima mencionadas, não possuímos qualquer obra importante que possamos legar à posteridade. O máximo de que nos podemos vangloriar são algumas tentativas no sentido de uma filosofia mais acertada, as quais, sem dúvida, constituem uma valiosa promessa, mas que até agora não atingiram qualquer grau de perfeição.[10]

Passou a ser opinião estabelecida que o comércio só sob um governo livre pode florescer, e esta opinião parece assentar numa experiência

---

* O Dr. Swift.

mais longa e mais ampla do que a anterior, relativa às artes e às ciências. Se seguirmos a evolução do comércio, através de Tiro, Atenas, Siracusa, Cartago, Veneza, Florença, Gênova, Antuérpia, a Holanda, a Inglaterra, etc., verificaremos em todos os casos que ele se encontra nos governos livres. As três maiores cidades da Europa são Londres, Amsterdam e Hamburgo; todas elas cidades livres, e cidades protestantes, o que significa que desfrutam de uma dupla liberdade.[11] Não obstante, é forçoso assinalar que a grande preocupação ultimamente surgida, em relação ao comércio da França, parece demonstrar que esta máxima não é mais certa e infalível do que a anterior, e que é possível aos súditos de um príncipe absoluto se tornarem nossos rivais no comércio, como já o eram no saber.

Ousasse eu dar minha opinião quanto a um problema tão incerto, afirmaria que, não obstante os esforços dos franceses, há algo de inerente à própria natureza do governo absoluto e dele inseparável que é prejudicial ao comércio; embora a razão na qual assenta esta opinião seja um tanto diferente daquela em que geralmente se insiste. A propriedade privada me parece estar quase tão segura numa monarquia civilizada europeia como numa república; nem tampouco em tal governo a violência do soberano deve fazer recear mais perigos do que os que geralmente provêm das trovoadas e dos terremotos, ou de qualquer dos mais invulgares e extraordinários acidentes. A cobiça, aguilhão da indústria, é uma paixão tão obstinada, que abre caminho através de tantos perigos e dificuldades reais, que não seria provável ela se deixar assustar por um perigo imaginário, e tão pequeno que mal é possível calculá-lo. Portanto, em minha opinião, o comércio poderá decair sob os governos absolutos, mas não devido a ser menos *seguro,* e sim devido a ser menos *honroso.* A monarquia não pode subsistir sem uma subordinação de classes. O nascimento, os títulos e a posição devem ser honrados acima da indústria e da riqueza. E, enquanto for esta a opinião dominante, todos os mercadores importantes estarão sujeitos à tentação de abandonar seu comércio, a fim de adquirir qualquer um desses empregos que trazem privilégios e honrarias.[12]

Já que estou tratando desta questão das alterações que o tempo produziu ou pode produzir na política, devo assinalar que todos os tipos de governo, livre ou absoluto, parecem ter sofrido nos tempos modernos uma grande mudança para melhor, no que diz respeito à administração das questões exteriores e internas. A *balança do poder* é um segredo da política, que só na época atual passou a ser plenamente conhecido;[13] e devo acrescentar que a polícia interna dos Estados foi também objeto de grandes aperfeiçoamentos durante este último século. Informa-nos Salústio que o exército de Catilina aumentou muito com a incorporação dos salteadores das proximidades de Roma, embora, creio eu, todos os homens dessa profissão que atualmente se encontram dispersos pela Europa não seriam em número suficiente para formar um regimento. Nas alegações de Cícero em favor de Milo encontro, entre outros argumentos usados para provar que seu cliente não havia assassinado Clódio*, o seguinte: que se Milo, diz ele, tivesse a intenção de matar Clódio, não o teria atacado à luz do dia, nem a tão grande distância da cidade; tê-lo-ia atacado à noite, próximo dos subúrbios, onde se poderia supor que ele tivesse sido morto por ladrões; a frequência de tais acidentes teria facilitado essa burla. Isto constitui uma prova surpreendente da frouxidão da polícia de Roma, e do número e força desses ladrões, pois nessa ocasião Clódio ia acompanhado por trinta escravos, que estavam completamente armados, e suficientemente habituados ao sangue e ao perigo, com os frequentes tumultos provocados por esse sedicioso tribuno.[14]

Mas, embora todos os tipos de governo tenham melhorado nos tempos modernos, mesmo assim o governo monárquico parece ter sido aquele que mais se aproximou da perfeição. Pode atualmente afirmar-se, sobre as monarquias civilizadas, aquilo que anteriormente se dizia apenas em louvor das repúblicas: que *são um governo de Leis e não de Homens.*[15] Verifica-se que são capazes, e em medida surpreendente, de ordem, método e constância. Nelas a propriedade está em segurança, a indústria é estimulada, as artes florescem; e o príncipe vive em segurança no meio de seus súditos, como um pai no meio de seus filhos.[16] Existem na Europa, e já existem há dois séculos, talvez cerca de duzentos príncipes absolutos, grandes ou pequenos: e, calculando que cada um deles reinou durante vinte anos, podemos supor que houve ao todo dois mil monarcas ou tiranos, como lhes teriam chamado os gregos. Todavia, em todos eles não houve um único, nem sequer

---

* *Vide Asc. Ped. in Orat. pro Milone.* [Cícero, *Discurso em defesa de Milão*].

Filipe II da Espanha, que tenha sido tão mau como Tibério, Calígula, Nero ou Domiciano, que foram quatro de entre os doze imperadores romanos. Deve contudo confessar-se que os governos monárquicos, apesar de se terem aproximado mais, em brandura e em estabilidade, dos governos populares, ainda lhes são inferiores. Nossa educação e nossos costumes modernos inculcam maior humanidade e moderação que os antigos; mas não conseguiram ainda eliminar inteiramente as desvantagens dessa forma de governo.

Mas devo aqui pedir licença para formular uma conjetura que parece provável, mas só pela posteridade poderá ser plenamente julgada. Inclino-me para pensar que há nos governos monárquicos uma fonte de melhoria, e nos governos populares uma fonte de degenerescência, que com o tempo levarão essas duas espécies de Constituição civil ainda mais perto da igualdade. Os maiores dos abusos que ocorrem na França, país que é o mais perfeito modelo de monarquia pura, não derivam de lá haver impostos em número e importância superior aos que se encontram nos países livres, mas sim do método dispendioso, desigual, arbitrário e complicado de cobrá-los, que em grande medida desencoraja a indústria dos pobres, sobretudo a dos camponeses e lavradores, e torna a agricultura um trabalho miserável e escravizante. Mas quem tendem esses abusos a favorecer? Se é a nobreza, podem ser considerados inerentes a essa forma de governo, pois a nobreza é o verdadeiro esteio da monarquia, e é natural que nessa Constituição seus interesses sejam mais respeitados do que os do povo. Mas na realidade é a nobreza que mais é prejudicada por essa opressão, pois ela arruína suas propriedades e empobrece seus rendeiros. Os únicos que são favorecidos são os *financeiros,* raça de homens odiada pela nobreza e por todo o reino. Se, portanto, surgisse um príncipe ou ministro suficientemente dotado de discernimento para ver qual o seu interesse e o da nação, e com suficiente força de vontade para romper com os costumes antigos, seria lícito esperar que esses abusos teriam fim; e em tal caso a diferença entre esse governo absoluto e nosso governo livre já não pareceria tão importante como atualmente.

A fonte de degenerescência que se pode verificar nos governos livres consiste na prática de contrair dívidas e hipotecar as rendas públicas, o que pode com o tempo ter como resultado que os impostos se tornem intoleráveis, e que toda a propriedade do Estado caia nas mãos do povo.

Conforme[17] nos diz Xenofonte* os atenienses, embora governados por uma república, pagavam cerca de duzentos por cento pelas quantias em dinheiro que qualquer emergência os obrigasse a tomar emprestadas. Entre os modernos, foram os holandeses os primeiros a introduzir a prática de tomar emprestadas grandes somas a juro baixo, e por causa disso quase chegaram a arruinar-se. Os príncipes absolutos também têm contraído dívidas, mas, como qualquer príncipe absoluto pode abrir falência quando quiser, seu povo nunca pode ser oprimido por suas dívidas. Nos governos populares, sendo o credor público geralmente o povo, e principalmente os que ocupam os mais altos cargos, o Estado tem grande dificuldade em adotar esta solução que, apesar de por vezes ser necessária, é sempre cruel e bárbara. Parece portanto ser este um inconveniente que ameaça todos os governos livres, e sobretudo o nosso, no atual estado de coisas. E é este um forte motivo para nos levar a aumentar nossa parcimônia em relação aos dinheiros públicos; caso contrário seremos reduzidos, pela multiplicidade dos impostos ou, o que é pior, por nossa incapacidade pública e inabilidade para a defesa, a amaldiçoar nossa própria liberdade, e aspirar ao mesmo estado de servidão de todas as nações que nos rodeiam.

* Ver Κτῆσιν δὲ ἀπ᾽οὐδενὸς ἂν οὕτω καλὴν κτήσαιντο, ὥσπερ ἀφ᾽ οὗ ἂν προτελέσωσιν εἰς τὴν ἀφορμήν — οἱ δέ γεπλεῖστοι ᾽Αθηναίων πλείονα λήψονται κατ᾽ ἐνιαυτόν ἢ ὅσα ἂν εἰσενέγκωσιν οἱ γὰρ μνᾶν προτελέσαντες ἐγγὺς δυοῖν μναῖν πρόσοδον ἕξουσι — ὅ δοκεῖ των ἀνθρωπίνων ἀσφαλέστατόν τε καὶ πόλυχρονιώτατον εἶναι. ΞΕΝ. ΠΟΡΟΙ. ["Mas nenhum investimento pode render-lhes um retorno tão bom quanto o dinheiro adiantado por eles para formar o fundo de capital. Mas a maioria dos atenienses obterá mais de cem por cento em um ano e, quem adiantar uma mina, receberá uma renda de quase duas minas, garantidas pelo Estado, que é, ao que parece, a mais segura e durável instituição humana"]. Xenofonte, *Recursos ou rendas*, 3.9.10.

8

DA LIBERDADE DE IMPRENSA

Nada neste país é mais capaz de surpreender os estrangeiros do que a extrema liberdade que desfrutamos de comunicar ao público quanto nos aprouver, e de censurar abertamente qualquer medida que possa ser tomada pelo rei ou por seus ministros. Se o governo se decide pela guerra, afirma-se que, seja deliberadamente ou por ignorância, ele interpreta erradamente os interesses da nação, e que na atual situação a paz seria infinitamente preferível. Se a paixão dos ministros se inclina para a paz, nossos autores políticos só falam de guerra e devastação, e acusam de mesquinha e pusilânime a conduta pacífica do governo. Dado que esta liberdade não é permitida por nenhum outro governo, seja republicano ou monárquico (na Holanda e em Veneza mais do que na França ou na Espanha), é muito natural que surja a seguinte pergunta: *Como é possível que só a Grã-Bretanha goze deste especial privilégio?*.[1]

A razão devido à qual as leis nos concedem tal liberdade parece derivar da forma mista de nosso governo, o qual não é inteiramente monárquico nem inteiramente republicano.[2] Deve ser considerada como uma correta observação política, se não estou em erro, a de que os dois extremos do governo, a liberdade e a escravidão, geralmente quase se tocam; e que, à medida que nos afastamos dos extremos, misturando à liberdade um pouco de monarquia, o governo sempre se torna mais livre, assim como, por outro lado, misturando à monarquia um pouco de liberdade, o jugo sempre se torna mais pesado e intolerável.[3] Num governo como o da França, que é absoluto, num país onde tanto as leis como os costumes e a religião contribuem para fazer que o povo se sinta plenamente satisfeito com sua condição, o monarca não pode alimentar qualquer desconfiança em relação a seus súditos, e portanto é capaz de lhes conceder grandes *liberdades,* tanto de palavra como de ação. Num governo completamente republicano como o da Holanda, onde nenhum magistrado é suficientemente eminente para suscitar a *desconfiança* do Estado, não é perigoso conferir aos magistrados amplos poderes discricionários; e, embora de tais poderes derivem muitas vantagens para a manutenção da paz e da ordem, eles limitam consideravelmente as ações dos homens, fazendo todos os cidadãos ter grande respeito pelo governo. Parece assim evidente que os dois extremos, a monarquia absoluta e a república, são muito semelhantes em alguns aspectos essenciais. Na *primeira* não há desconfiança do magistrado em relação ao povo, e na *segunda* não há desconfiança do povo em relação ao magistrado; em ambos os casos essa ausência de desconfiança dá origem a grande tranquilidade, causando uma espécie de liberdade nas monarquias e de poder arbitrário nas repúblicas.

Para justificar a segunda parte da precedente observação, que em todo governo os meios estão muito afastados um do outro e que as misturas de monarquia e liberdade tornam o jugo ou mais leve ou mais pesado, devo citar um comentário de Tácito sobre os romanos do período imperial, de acordo com o qual estes eram incapazes de suportar tanto a escravidão total como a liberdade total: *Nec totam servitutem, nec totam libertatem pati possunt* [*não suportam nem a completa escravidão nem a completa liberdade*]. Um poeta famoso traduziu e aplicou aos ingleses este comentário, em sua vívida descrição da política e do governo da Rainha Elizabeth:

> *Et fit aimer son joug à l'Anglais indompté,*
> *Qui ne peut ni servir, ni vivre en liberté.**
> E fez o inglês indômito amar seu jugo
> Que não pode nem servir, nem viver em liberdade.

De acordo com estes comentários, devemos considerar o governo romano do período imperial como uma mistura de despotismo e liberdade, com maior preponderância do despotismo; e o governo inglês como uma mistura da mesma espécie, na qual predomina a liberdade. As consequências estão em conformidade com a observação anterior, e são o que seria de esperar dessas formas mistas de governo,

---

* *Henriade*, Livro 1.[4]

que dão origem a um recíproco temor e desconfiança.[5] Muitos dos imperadores romanos foram os mais terríveis tiranos que jamais desonraram a natureza humana, e é evidente que sua crueldade era provocada sobretudo por sua desconfiança e por verem que todos os grandes homens de Roma toleravam com impaciência o domínio de uma família que, apenas algum tempo antes, de modo algum era superior à sua.[6] Na Inglaterra, por outro lado, dado que é a parte republicana do governo que predomina, embora com grande mistura de monarquia, ela é obrigada, para sua própria preservação, a manter uma vigilante *desconfiança* em relação aos magistrados, a eliminar todos os poderes discricionários e a garantir a vida e a fortuna de todos por meio de leis gerais e inflexíveis. Uma ação só pode ser considerada crime se a lei como tal claramente a definir; nenhum homem pode ser acusado de um crime sem ser apresentada aos juízes uma prova legal; e mesmo esses juízes precisam ser seus pares, e são obrigados, em seu próprio interesse, a manter um olhar vigilante sobre os abusos e violências dos ministros. A estas causas se deve o fato de haver na Grã-Bretanha tanta liberdade, e até talvez licenciosidade,[7] como antigamente havia escravidão e tirania em Roma.

Estes princípios explicam a grande liberdade da imprensa neste reino, mais do que qualquer outro governo permite. Compreende-se[8] que ficaríamos sob a ameaça do poder arbitrário, caso não tivéssemos o cuidado de impedir seu progresso, e se não houvesse um método fácil de espalhar o alarma de uma ponta a outra do reino. O entusiasmo do povo precisa ser frequentemente instigado, a fim de refrear as ambições da corte; e o medo de que esse entusiasmo seja instigado precisa ser usado para evitar essas ambições. Nada contribui tanto para este fim como a liberdade de imprensa, graças à qual é possível usar todo o saber, inteligência e gênio da nação em favor da liberdade, e exortar todos a defendê-la. Portanto, enquanto a parte republicana de nosso governo puder conservar sua preponderância sobre a monárquica, ela terá naturalmente o cuidado de manter livre a imprensa, pois esta é importante para sua própria preservação.

Deve todavia conceder-se que a ilimitada liberdade de imprensa, embora seja difícil, e talvez impossível, propor para ela um remédio adequado, é um dos males a que estão sujeitas essas formas mistas de governo.[9]

9

SE O GOVERNO BRITÂNICO TENDE MAIS PARA A MONARQUIA ABSOLUTA OU PARA A REPÚBLICA

Um fato que dá origem a violentos preconceitos contra quase todas as ciências é o de nenhum homem prudente, por mais certo que esteja de seus princípios, se atrever a fazer profecias sobre qualquer acontecimento, ou a predizer as consequências remotas das coisas. O médico não se arrisca a pronunciar-se sobre o estado em que se encontrará seu paciente daí a uma quinzena ou um mês, e o político ainda menos se atreve a predizer, com vários anos de antecedência, a situação dos negócios públicos. Harrington se considerava tão certo de seu princípio geral, segundo o qual *a balança do poder depende da da propriedade,* que se arriscou a declarar para sempre impossível o restabelecimento da monarquia na Inglaterra, mas pouco depois da publicação de seu livro ela foi restaurada, e sabemos que a partir de então ela sempre se manteve em sua situação anterior.[1] Não obstante este infeliz exemplo, vou tentar o exame de um problema importante, a saber: *se o governo britânico tende mais para a monarquia absoluta ou para a república, e em qual destas duas espécies de governo é mais provável que ele acabe por se fixar.* Como não parece haver grande perigo de uma brusca revolução em qualquer dos dois sentidos, ao menos escaparei à vergonha resultante de minha temeridade, se se verificasse ter-me equivocado.

Os que afirmam que o equilíbrio de nosso governo tende mais para a monarquia absoluta podem defender sua opinião mediante as razões seguintes. Seria impossível negar que a propriedade tem grande influência sobre o poder, mas, apesar disso, a máxima geral segundo a qual *a balança de um depende da balança da outra* só pode ser aceita com severas restrições. É evidente que uma propriedade muito menor, em uma só mão, será capaz de contrabalançar uma maior propriedade em diversas mãos, não só porque é difícil fazer que muitas pessoas se associem tendo em vista os mesmos objetivos, mas também porque, quando unida, a mesma propriedade gera muito maior dependência do que quando dispersa. Cem pessoas com mil libras anuais cada uma podem gastar toda a sua renda, e mesmo assim ninguém ficar na dependência delas, a não ser seus criados e artífices, os quais com justiça consideram seus lucros como produto de seu próprio trabalho. Mas um homem que possua cem mil libras de renda anual, se for suficientemente generoso e habilidoso, pode criar grande dependência por meio de favores, e ainda mais mediante as esperanças que faz nascer.

Por isso se verifica que, em todos os governos livres, todo cidadão exorbitantemente rico sempre provoca desconfiança, mesmo que suas posses não possam ser comparadas às do Estado.[2] A fortuna de Crasso, se bem me lembro, chegava[3] apenas a[4] cerca de dois milhões e meio em nossa moeda, e mesmo assim sabemos que, embora seu gênio nada tivesse de extraordinário, ele foi capaz, graças unicamente a sua riqueza, de igualar durante toda a sua vida tanto o poder de Pompeu como o de César, o qual veio depois a tornar-se senhor do mundo. A riqueza dos Médicis fez deles senhores de Florença, embora provavelmente ela não fosse muito grande, comparada com a propriedade conjunta dessa opulenta república.

Estas considerações são de molde a fazer-nos receber uma ideia grandiosa do espírito de amor à liberdade britânico, pois fomos capazes de conservar nosso governo livre, durante tantos séculos, contra nossos soberanos que, além do poder e da majestade e dignidade da coroa, sempre foram senhores de muito mais propriedades do que qualquer cidadão jamais gozou em qualquer república. Mas deve dizer-se que este espírito, por maior que seja, nunca será capaz de se manter contra a imensa propriedade que o rei atualmente possui, e que continua aumentando. Segundo um cálculo moderado, a coroa tem à sua disposição perto de três milhões por ano. A lista civil soma perto de um milhão, a cobrança de todos os impostos outro milhão, e os salários do exército e da marinha, juntamente com os cargos eclesiásticos, somam mais de um terceiro milhão: uma quantia imensa, que pode razoavelmente ser calculada em mais da trigésima parte de toda a renda e trabalho do reino. Se a esta grande propriedade acrescentarmos o luxo crescente da nação, nossa tendência para a corrupção, juntamente com o grande poder e prerrogativas da coroa, e o comando das forças militares, ninguém poderá esperar ser capaz, sem extraordinários esforços, de, apesar destas desvantagens, conservar nosso governo livre durante muito tempo.[5]

Por outro lado, os que sustentam que o governo britânico se inclina para a república também podem defender sua opinião por meio de argumentos plausíveis. Pode dizer-se que, apesar de essa imensa propriedade da coroa se ir juntar à dignidade de primeiro magistrado e a muitos outros poderes e prerrogativas legais, que naturalmente lhe deverão dar maior influência, ela se torna menos perigosa para a liberdade devido precisamente a essa razão. Se a Inglaterra fosse uma república, e qualquer particular possuísse uma renda equivalente a um terço, ou mesmo a um décimo da coroa, muito justamente provocaria desconfiança, pois teria infalivelmente grande autoridade no governo; e uma autoridade tão irregular, não reconhecida pelas leis, é sempre mais perigosa que a autoridade, mesmo muito maior, que delas deriva. Um homem que seja possuidor de um poder usurpado não pode fixar limites para suas pretensões;[6] seus partidários têm razão para tudo esperar de seu favor; seus inimigos provocam sua ambição, fazendo-o recear a violência de sua oposição; e, estando o governo mergulhado em grande agitação, todo indivíduo corrupto do país naturalmente se lhe juntará. Pelo contrário, uma autoridade legal, embora grande, tem sempre certos limites, os quais impedem as ambições e pretensões de seu possuidor; as leis certamente terão previsto remédio contra seus excessos.[7] Um magistrado tão eminente tem demasiado medo e demasiado pouca ambição para pensar em usurpações; e, como sua autoridade legal é tranquilamente reconhecida, tem pouca tentação e pouca oportunidade de aumentá-la ainda mais.[8] Além disso, sucede com as aspirações e projetos ambiciosos o mesmo que se pode observar nas seitas filosóficas e religiosas. Uma nova seita provoca tal agitação, e é tanto atacada como defendida com tal veemência, que sempre alastra mais depressa, e multiplica seus partidários com maior rapidez do que qualquer opinião de há muito estabelecida, recomendada pela sanção das leis e da antiguidade.[9] Tal é a natureza da novidade, que sempre que alguma coisa agrada ela se torna duplamente agradável, precisamente pela mesma razão.[10] E, na maior parte dos casos, a violência dos inimigos é favorável aos projetos ambiciosos, do mesmo modo que o zelo dos partidários.

Pode além disso dizer-se que, embora os homens sejam fortemente dominados pelo interesse, até mesmo o próprio interesse, e todos os assuntos humanos, são inteiramente governados pela *opinião*.[11] Ora, no decurso destes últimos quinze anos, deu-se uma brusca e sensível mudança nas opiniões dos homens, graças aos progressos do saber e da liberdade. A maior parte dos habitantes desta ilha se despojou de toda supersticiosa reverência pelos nomes e pela autoridade; o clero[12] perdeu grande parte de seu crédito; suas pretensões e doutrina foram ridicularizadas; e mesmo a religião mal consegue já sustentar-se. O simples nome de *rei* inspira pouco respeito, e falar de um rei como vigário de Deus na terra, ou atribuir-lhe qualquer um desses títulos pomposos que antigamente deslumbravam os homens, provocaria apenas o riso de todos.[13] Embora a coroa, graças a sua grande renda, possa conservar sua autoridade nas épocas de tranquilidade, por meio da influência e do interesse pessoal, apesar disso, como o menor choque ou convulsão é capaz de fazer em pedaços esses interesses, o poder real, deixando de ser sustentado pelos princípios e opiniões dos homens, será imediatamente destruído. Se durante a *revolução* os homens estivessem na mesma disposição em que estão atualmente, a monarquia teria corrido o risco de desaparecer completamente desta ilha.[14]

Se me arriscasse a expor minhas próprias opiniões no meio destes argumentos opostos, afirmaria que, a não ser que se dê qualquer convulsão extraordinária, o poder da coroa, graças a sua grande renda, parece mais estar-se reforçando; embora ao mesmo tempo deva admitir que este progresso parece ser muito lento e quase insensível.

É bem sabido que todo governo tem que acabar um dia, e que a morte é tão inevitável para o corpo político como para o corpo animal.[15] Mas, como é possível preferir-se um tipo de morte a outro, é lícito perguntar-se se é mais desejável que a Constituição britânica seja substituída por um governo popular ou por uma monarquia absoluta. Aqui declaro francamente que, embora em quase todos os casos a liberdade seja preferível à escravidão, preferiria ver nesta ilha um monarca absoluto a uma república. De fato, pensemos que tipo de república temos razões para esperar. Não está em causa qualquer bela república imaginária, cujo plano possamos traçar em nosso gabinete. Não há dúvida que é possível imaginar um governo popular mais perfeito que a monarquia absoluta, ou mesmo que nossa atual Constituição.[16] Mas que razões temos nós para esperar que tal governo venha jamais a ser instituído na Grã-Bretanha, após a destruição de nossa monarquia? Se qualquer pessoa adquirir sozinha poder suficiente para reduzir a pedaços nossa Constituição e reelaborá-la inteiramente, ela será na realidade um monarca absoluto, e já tivemos um exemplo deste tipo, suficiente para nos convencer de que tal pessoa jamais renunciaria a seu poder nem instituiria um governo livre.[17] Portanto o problema deve ser deixado à sua evolução natural; e a Câmara dos Comuns, de acordo com sua constituição atual, será o único Legislativo nesse governo popular. Seriam milhares os inconvenientes que tal situação acarretaria. Se em tal caso a Câmara dos Comuns alguma vez for dissolvida, o que não é de esperar, podemos contar com uma guerra civil em cada eleição. Se ela se mantiver, sofreremos toda a tirania de uma facção, subdividida em novas facções. E, como um governo assim violento não pode subsistir por muito tempo, iremos finalmente, depois de muitas convulsões e guerras civis, encontrar repouso na monarquia absoluta, a qual teria sido muito melhor instituirmos pacificamente desde o início. Portanto, a monarquia absoluta é a morte mais fácil, a verdadeira eutanásia da Constituição britânica.[18]

Portanto, se temos razões para ter mais desconfiança em relação à monarquia, por vir desse lado o perigo mais importante, temos também razões para tê-la mais em relação ao governo popular, porque é este o perigo mais terrível. Isto pode dar-nos uma lição de moderação em todas as nossas controvérsias políticas.

10

DA INDEPENDÊNCIA DO PARLAMENTO[1]

Os autores políticos estabeleceram como máxima que, na instituição de qualquer sistema de governo e na fixação dos diversos freios e controles constitucionais, todo homem deve ser considerado um *velhaco,* que tem como fim único de todas as suas ações o interesse pessoal. É por intermédio deste interesse que devemos governar os homens, e através dele obrigá-los, apesar de sua insaciável avareza e ambição, a contribuir para o bem comum. Sem isso, dizem eles, será inútil gabarmos as vantagens de qualquer Constituição; e acabaremos finalmente por descobrir que a segurança de nossas liberdades e posses depende apenas da boa vontade dos governantes; ou seja, que não temos segurança alguma.[2]

Que todo homem deve ser considerado um velhaco é, portanto, uma máxima *política* acertada; embora ao mesmo tempo pareça um pouco estranho que uma máxima que *de fato* é falsa seja verdadeira *em política.* Mas, para resolver satisfatoriamente este problema, devemos lembrar que os homens são geralmente mais honestos na vida privada do que na vida pública, e que são capazes de ir mais longe para servir um partido do que quando apenas estão em causa seus interesses pessoais. Nas ações humanas a honra constitui um freio importante, mas este freio é em larga medida eliminado sempre que um grupo bastante grande age em conjunto; pois cada um está certo de ser aprovado por seu próprio partido, em tudo o que seja favorável ao interesse comum, e depressa aprende a desprezar os protestos dos adversários.[3] Ao que podemos acrescentar que em todos os senados ou assembleias as decisões são tomadas por maioria de votos, e assim basta que a maioria se deixe levar pelo interesse pessoal (como sempre sucederá[4]) para que todo o senado se deixe arrastar pela sedução deste interesse separado, e proceda como se nem um só de seus membros tivesse o menor respeito pela liberdade e pelo interesse da nação.

Quando portanto a nosso exame e censura é apresentado qualquer plano de governo, real ou imaginário, em que o poder esteja distribuído entre várias assembleias e ordens, devemos sempre levar em conta o interesse separado de cada assembleia e de cada ordem; e se verificarmos que, graças a uma hábil divisão do poder, esse interesse terá efeitos necessariamente coincidentes com o interesse público, podemos concluir que esse é um governo sábio e feliz. Se, pelo contrário, os interesses separados não forem freados nem orientados no sentido do bem público, não podemos esperar de tal governo senão discórdia, desordem e tirania. Esta minha opinião é justificada pela experiência, assim como pela autoridade de todos os filósofos e políticos, tanto antigos como modernos.

Como teria portanto ficado surpreendido um gênio como Cícero ou Tácito, se lhe dissessem que numa época futura surgiria um equilibrado sistema de governo *misto,* no qual a autoridade estaria distribuída de modo tal que uma das ordens, sempre que lhe aprouvesse, poderia absorver todo o resto e apoderar-se de todo o poder da Constituição! Tal governo, diriam eles, não seria um governo misto; pois, tão grande é a ambição natural dos homens, que eles nunca estão satisfeitos com o poder, e que, se uma das ordens, em defesa de seus próprios interesses, pudesse usurpar o poder de todas as outras, ela sem dúvida assim faria, assumindo a autoridade mais absoluta e incontrolável que fosse possível.

Mas a experiência mostra que essa opinião seria errônea. Pois é esse efetivamente o caso da Constituição britânica. A parcela de poder que nossa Constituição atribui à Câmara dos Comuns é tão grande, que esta dirige de modo absoluto todas as outras partes do governo. É evidente que o poder Legislativo do rei não pode controlá-la adequadamente, porque, embora o rei tenha direito de sanção na elaboração das leis, esse direito é de fato considerado tão pouco importante, que tudo que for votado pelas duas câmaras será, com certeza, transformado em lei, e o consentimento real é pouco mais do que uma formalidade. A principal força da coroa reside no poder Executivo; mas, além de em qualquer governo o poder Executivo estar inteiramente subordinado ao Legislativo;[5] além disso, repito, o exercício desse poder exige uma despesa imensa; e os Comuns reservaram exclusivamente para si o direito de distribuir verbas. Como não seria fácil àquela Câmara, portanto, arrancar à coroa todos esses poderes, um após outro, impondo condições a troco de cada distribuição de verbas, e escolhendo tão bem as ocasiões que sua recusa apenas criasse dificuldades ao governo, sem dar às potências estrangeiras qualquer vantagem sobre nós? Se a Câmara dos Comuns estivesse em idêntica dependência em relação ao rei, e só por sua dádiva os membros da Câmara tivessem prioridade, acaso não seria ele quem tomaria as decisões, tornando-se a partir desse momento um monarca absoluto? Quanto à Câmara dos Lordes, esta constitui um poderosíssimo apoio para a coroa, na medida em que por sua vez é apoiada por esta; mas tanto a experiência como a razão nos mostram que ela não possui força nem autoridade suficiente para se manter por si só, sem o referido apoio.

Como poderemos então resolver este paradoxo? E através de que meios este membro de nossa Constituição é mantido dentro dos devidos limites, quando, de acordo com a própria Constituição, deve necessariamente possuir todo o poder que exigir e só por si mesmo pode ser limitado? Como pode isto ser compatível com nossa experiência da natureza humana?[6] A resposta é que neste caso os interesses do conjunto são refreados pelos dos indivíduos; e que a Câmara dos Comuns não amplia seus poderes porque essa usurpação seria contrária aos interesses da maioria de seus membros. A coroa tem à sua disposição um tal número de cargos, que, quando apoiada pela parte honesta e desinteressada da Câmara, sempre poderá orientar as decisões do todo, pelo menos em medida suficiente para livrar de perigo a antiga Constituição. Podemos portanto dar a esta influência o nome que nos aprouver; podemos dar-lhe as odiosas designações de *corrupção* e *dependência;* de qualquer modo, um certo grau ou certa espécie dela é inseparável da própria natureza da Constituição, e necessária para a preservação de nosso governo misto.[7]

Assim, em vez de afirmar* de maneira absoluta que a dependência do Parlamento, seja em que medida for, constitui uma violação da liberdade britânica, o Partido do Campo[9] deveria ter feito algumas concessões a seus adversários, limitando-se a examinar qual seria o grau adequado para esta dependência, além do qual ela se tornaria perigosa para a liberdade. Mas não seria de esperar tal moderação em

* Ver *Dissertation on Parties* [Bolingbroke, *Dissertação sobre os partidos*], *passim.*[8]

qualquer espécie de homens de partido. Após uma concessão desta natureza, seria preciso abandonar toda espécie de declamações, e os leitores ficariam esperando uma calma investigação sobre qual seria a medida adequada de influência da corte e dependência parlamentar. E, embora em tal controvérsia a vantagem continuasse possivelmente pertencendo ao Partido do Campo, mesmo assim a vitória não poderia ser tão completa como este deseja, nem um verdadeiro patriota seria capaz de abrandar totalmente seu zelo, por receio de levar as coisas ao extremo oposto, reduzindo demasiadamente* a influência da coroa. Foi portanto considerado preferível negar que esse extremo pudesse jamais ser perigoso para a Constituição, ou que a coroa pudesse jamais ter demasiado pouca influência sobre os membros do Parlamento.

Todos os problemas relativos ao justo meio termo entre extremos são difíceis de resolver, tanto por não ser fácil encontrar *palavras* adequadas para definir esse meio termo como por nesses casos o bem e o mal se distinguirem um do outro de maneira tão gradual, que chegam até a tornar duvidosos e incertos nossos sentimentos.[10] Mas no problema em questão há uma dificuldade peculiar, capaz de embaraçar o mais sábio e imparcial dos juízes. O poder da coroa sempre reside em uma única pessoa, seja rei ou ministro; e, como esta pessoa pode ter um grau maior ou menor de ambição, capacidade, coragem, popularidade ou fortuna, o mesmo poder que é excessivo em umas mãos pode ser demasiado reduzido em outras. Nas repúblicas puras, onde a autoridade é distribuída entre diversas assembleias ou senados, os freios e controles constitucionais atuam de maneira mais uniforme, pois é lícito supor-se que os membros dessas numerosas assembleias têm sempre qualidades e virtudes aproximadamente idênticas, sendo apenas levados em consideração seu número, riqueza ou autoridade. Mas uma monarquia limitada não pode permitir tal estabilidade,

* Por essa *influência da coroa* que pretendo justificar entendo apenas aquela que deriva dos cargos e honrarias que estão à disposição da coroa. Quanto ao *suborno* particular, deve este ser considerado da mesma maneira que o costume de utilizar espiões, que já num bom ministro mal se pode aceitar, e num mau ministro é abjeto; mas ser espião e deixar-se corromper, sob qualquer ministro, deve ser considerado uma desavergonhada prostituição. Com razão considera Políbio a influência pecuniária do senado e dos censores um dos pesos regulares e constitucionais que conservaram o equilíbrio do governo romano. Políbio, *História* 6.15.

nem é possível atribuir à coroa um grau de poder rigorosamente definido, capaz de estabelecer adequadamente, em quaisquer mãos, um sólido equilíbrio com as outras partes da Constituição.[11] É esta uma desvantagem inevitável, entre as muitas vantagens oferecidas por essa forma de governo.

11

IDEIA DE UMA REPÚBLICA PERFEITA

Com[1] as formas de governo não se passa o mesmo que com as outras invenções, pois nestas é possível pôr de lado uma máquina velha, se encontrarmos outra que ofereça maior precisão e comodidade, ou sem perigo proceder a experiências, mesmo que o êxito seja duvidoso. Um governo estabelecido apresenta uma infinita vantagem, devido precisamente ao fato de estar estabelecido;[2] os homens, em sua maioria, são governados pela autoridade e não pela razão, e nunca reconhecem autoridade ao que não apresenta a recomendação da antiguidade.[3] Portanto, intrometer-se neste assunto, fazendo experiências apenas com base numa pretensa argumentação ou filosofia, é coisa que jamais será tentada por um magistrado sensato, que tenha respeito pelo que traz as marcas do tempo; e, embora possa tentar algumas melhorias para bem da nação, mesmo assim adaptará o mais possível suas inovações ao antigo edifício, conservando intatos os principais pilares e sustentáculos da Constituição.

Havia entre os matemáticos da Europa um profundo desacordo sobre o modelo de navio mais adequado para navegar; e Huygens, que finalmente resolveu a controvérsia, é justamente considerado merecedor da gratidão tanto do mundo do saber como do dos negócios, apesar de Colombo ter descoberto a América e de Sir Francis Drake ter dado a volta ao mundo sem essa invenção. Visto devermos admitir que uma forma de governo pode ser mais perfeita do que outra, independentemente dos costumes e do caráter dos indivíduos,[4] por que não havemos de procurar determinar qual é a mais perfeita de todas, embora os grosseiros e defeituosos governos vulgares pareçam servir os objetivos da sociedade, e embora o estabelecimento de um novo sistema de governo não seja tão fácil como a construção de um navio segundo um novo modelo? Este assunto é sem dúvida o mais merecedor de curiosidade de quantos a inteligência humana pode escolher. E quem sabe se, depois de resolvida esta controvérsia pelo universal consenso dos sábios e prudentes, não poderá surgir em qualquer época futura uma oportunidade para passar da teoria à prática, graças à dissolução de qualquer velho governo, ou mediante um acordo entre os homens para formar um novo, em qualquer distante região do mundo? Em qualquer caso, será, sem dúvida, vantajoso saber qual é a mais perfeita de todas, a fim de podermos levar qualquer Constituição ou forma de governo existente a aproximar-se dela o mais possível, por meio de alterações e inovações suaves, para não provocarem demasiadas perturbações na sociedade.

Neste ensaio pretendo apenas ressuscitar este tema de especulação,[5] portanto apresentarei minhas opiniões no menor número possível de palavras. Estou certo de que uma extensa dissertação sobre o assunto não seria facilmente aceita pelo público, o qual tende a considerar tais indagações tão inúteis quanto quiméricas.

Todos os planos de governo que implicam uma grande reforma dos costumes da humanidade são puramente imaginários. São desta natureza a *República* de Platão e a *Utopia* de Sir Thomas More. A *Oceana* é o único modelo válido de república que foi até agora apresentado ao público.[6]

Os principais defeitos da *Oceana* parecem ser os seguintes. *Primeiro,* a rotação que propõe é inconveniente, pois expulsa periodicamente dos empregos públicos mesmo os homens mais aptos. *Segundo,* sua lei *agrária* é impraticável; os homens não tardariam a descobrir a arte, praticada na antiga Roma, de ocultar suas posses sob o nome de outras pessoas, até que finalmente o abuso se tornaria tão vulgar que desapareceria sequer a aparência de controle. *Terceiro,* a *Oceana* não oferece suficiente segurança para a liberdade, ou para a reparação das ofensas. O senado deve propor, e o povo deve consentir; assim, o senado não só possui direito de sanção mas também, o que tem muito mais importância, essa sanção precede o voto do povo. Se na Constituição inglesa a sanção real fosse dessa mesma natureza, se o rei tivesse poderes para impedir que qualquer projeto de lei chegasse ao Parlamento, ele seria um monarca absoluto. Como é precedido pelo voto das duas câmaras, sua sanção tem pouca importância: a diferença consiste apenas em dizer a mesma coisa de uma outra maneira.

Quando um projeto popular já foi debatido no Parlamento, já chegou à maturidade, depois de estudados e avaliados seus inconvenientes e vantagens, se posteriormente é submetido à aprovação real, poucos príncipes se arriscarão a rejeitar o desejo unânime do povo. Mas se o rei tivesse o poder de esmagar em embrião um projeto que lhe desagradasse (como aconteceu durante algum tempo no Parlamento escocês, por intermédio dos lordes dos artigos), nem haveria equilíbrio algum no governo britânico, nem jamais as ofensas seriam reparadas; e é bem certo que o excesso de poder, em qualquer governo, se deve muito menos às novas leis do que à negligência em corrigir os abusos que frequentemente derivam das antigas. Muitas vezes os governos, diz Maquiavel, se veem obrigados a regressar a seus princípios originais. Parece portanto poder afirmar-se que na *Oceana* o senado detém todo o Poder Legislativo, coisa que Harrington reconheceria ser uma forma inadequada de governo, sobretudo depois de ser abolida a lei agrária.[7]

Eis uma forma de governo contra a qual, em teoria, não posso apresentar qualquer objeção importante.

A Grã-Bretanha e a Irlanda (ou qualquer território de igual superfície) são divididas em cem condados, e cada condado em cem freguesias, perfazendo ao todo dez mil. Se o país que pretende transformar-se em república tem uma superfície menor, podemos diminuir o número de condados, mas sem nunca chegar abaixo de trinta. Se tem uma superfície maior, é preferível ampliar as freguesias, ou colocar mais freguesias em cada condado, a aumentar o número de condados.

Todos os proprietários rurais do condado com renda de vinte libras por ano, assim como todos os proprietários de casa no valor de quinhentas libras, nas freguesias urbanas,[8] se reúnem anualmente na igreja da freguesia para escolher, por eleição, um dos proprietários do condado como seu membro, ao qual chamaremos o *representante* do condado.

Os cem representantes do condado se reúnem na capital do condado dois dias depois da eleição, para escolher por eleição, de entre eles, dez *magistrados* do condado e um *senador*. Haverá portanto, em todo o Estado, cem senadores, mil e cem magistrados e dez mil representantes dos condados, pois todos os senadores terão dignidade de magistrados, e todos os magistrados terão dignidade de representantes.

Os senadores se reúnem na capital, sendo investidos de todo o Poder Executivo da república: o poder de decidir a paz e a guerra, de dar ordens aos generais, almirantes e embaixadores, em resumo, todas as prerrogativas do rei da Inglaterra, excetuando-se a da sanção.

Os representantes se reúnem em seus respectivos condados, e detêm o Poder Legislativo do Estado, sendo todas as decisões tomadas pela maioria de condados; em caso de empate, caberá ao senado o voto de qualidade.

Toda nova lei deve ser primeiramente discutida no senado; mesmo no caso de uma delas ser rejeitada, se dez senadores insistirem e protestarem, ela deverá ser submetida aos condados. O senado, se assim lhe aprouver, pode juntar ao exemplar da lei as razões que levaram à sua aprovação ou rejeição.

Devido à dificuldade de reunir todos os representantes dos condados por ocasião de toda e qualquer lei, incluindo as menos importantes, o senado tem o direito de submeter a lei ou aos magistrados ou aos representantes dos condados.

Mesmo nos casos em que uma lei lhes tenha sido submetida, os magistrados podem, se assim lhes aprouver, convocar os representantes e submeter o assunto a sua decisão.

Quer a lei seja submetida pelo senado aos magistrados ou aos representantes dos condados, deve ser enviado um exemplar da lei e das razões do senado a todos os representantes, oito dias antes do dia escolhido para a reunião, a fim de poderem deliberar a seu respeito. E, mesmo que a decisão seja submetida pelo senado aos magistrados, se cinco representantes ordenarem aos magistrados que reúnam toda a corte dos representantes e submetam o assunto à decisão desta, eles devem obedecer.

Ou os magistrados ou os representantes poderão entregar ao senador do condado qualquer lei que pretendam seja proposta ao senado; e, se cinco condados o exigirem, a lei, mesmo que seja recusada pelo senado, deve ser submetida ou aos magistrados ou aos representantes dos condados, tal como foi expressa pelos cinco condados.

Quaisquer vinte condados, pelo voto de seus magistrados ou de seus representantes, podem expulsar qualquer homem dos cargos públicos pelo prazo de um ano; trinta condados, pelo prazo de três anos.

O senado tem o direito de expulsar qualquer de seus próprios membros ou um grupo deles, que não poderão ser reeleitos nesse ano. O senado não pode expulsar duas vezes no mesmo ano o senador do mesmo condado.

O senado cessante conserva seu poder durante as três semanas seguintes à eleição anual dos representantes dos condados. Depois disso todos os senadores se encerram em conclave, como os cardeais, e, mediante uma complicada votação, como a de Veneza ou a de Malta, escolhem os seguintes magistrados: um protetor, que representa a dignidade da república e preside ao senado; dois secretários de Estado; seis conselhos: um conselho de Estado, um conselho de religião e cultura, um conselho de comércio, um conselho de leis, um conselho de guerra e um conselho do almirantado, sendo cada um destes conselhos constituído por cinco pessoas; juntamente com seis comissários do tesouro e um primeiro comissário. Todos estes devem ser senadores. O senado nomeia também todos os embaixadores em países estrangeiros, os quais podem ou não ser senadores.

O senado pode conservar qualquer um ou todos eles, mas deve reelegê-los todos os anos.

O protetor e os dois secretários têm direito de presença e de voto nas reuniões do conselho de Estado. Este conselho está encarregado de toda a política exterior. O conselho de Estado tem direito de presença e de voto nas reuniões de todos os outros conselhos.

O conselho de religião e cultura fiscaliza as universidades e o clero. O de comércio fiscaliza tudo o que se relaciona com o intercâmbio comercial. O de leis fiscaliza todos os abusos da lei cometidos pelos magistrados inferiores, e estuda quais as melhorias que se podem fazer na lei municipal. O de guerra fiscaliza a milícia e sua disciplina, paióis, depósitos, etc., e quando a república está em guerra estuda as ordens a serem dadas aos generais. O conselho do almirantado tem os mesmos poderes em relação à marinha, juntamente com a nomeação dos capitães e de todos os oficiais subalternos.

Nenhum destes conselhos pode dar ordens diretamente, a não ser quando esse direito lhe é concedido pelo senado. Em todos os outros casos deve comunicar tudo ao senado.

Durante os intervalos entre as sessões do senado, qualquer dos conselhos pode convocá-lo para antes do dia marcado para sua reunião.

Além destes conselhos ou cortes, há uma outra que é chamada a corte dos *competidores,* que é constituída da seguinte maneira: se qualquer dos candidatos ao cargo de senador obtiver mais de um terço de votos dos representantes, o candidato que obtiver mais votos a seguir ao senador eleito fica proibido durante um ano de ocupar qualquer cargo público, inclusive o de magistrado ou representante; mas toma seu lugar na corte dos competidores. Esta será pois uma corte que poderá às vezes ser composta de cem membros, e outras vezes não ter membro algum, sendo neste último caso abolida pelo prazo de um ano.

A corte dos competidores não tem poder algum no Estado, tem apenas o direito de fiscalizar as contas públicas, e de acusar qualquer homem perante o senado. Se o senado absolver esse homem, a corte dos competidores pode, se assim lhe aprouver, apelar para o povo, quer para os magistrados quer para os representantes. Perante esse apelo, os magistrados ou os representantes se reúnem em dia marcado pela corte dos competidores, e escolhem três pessoas de cada condado, não podendo nenhuma delas ser senador. Estas, em número de trezentas, reúnem-se na capital e submetem a pessoa acusada a novo julgamento.

A corte dos competidores tem o direito de propor leis ao senado; caso uma destas seja recusada, pode apelar para o povo, isto é, para os magistrados ou para os representantes, que a estudam em seus condados. Todo senador que for expulso do senado por votação da corte irá tomar lugar na corte dos competidores.

O senado possui toda a autoridade judicial da Câmara dos Lordes, isto é, cabe-lhe julgar todos os recursos dos tribunais inferiores. É ele também que designa o lorde chanceler e todos os oficiais de justiça.

Cada condado é uma espécie de república autônoma, e os representantes podem elaborar leis secundárias, as quais só passam a ter autoridade três meses depois de serem votadas. É enviada uma cópia da lei ao senado e a cada um dos outros condados. O senado ou qualquer dos condados, pode a qualquer momento anular uma lei secundária de outro condado.

Os representantes possuem toda a autoridade dos juízes de paz ingleses em julgamentos, ordens de prisão, etc.

Aos magistrados compete a designação de todos os oficiais da fazenda em cada condado. Todas as causas relativas à fazenda são julgadas em última instância pelos magistrados. Sancionam as contas de todos os funcionários, mas suas próprias contas são examinadas e sancionadas no fim do ano pelos representantes.

Os magistrados nomeiam os reitores ou ministros de todas as paróquias.

É instituído o governo presbiteriano, e o mais alto tribunal eclesiástico é uma assembleia ou sínodo de todos os presbíteros do condado. Os magistrados têm o direito de tirar qualquer causa a este tribunal decidindo-as eles mesmos.

Os magistrados têm o direito de levar em juízo, destituir ou suspender qualquer presbítero.

A milícia é organizada segundo o modelo da Suíça, sobre a qual, por ser bem conhecida, não insistiremos. É necessário apenas acrescentar que anualmente é levantado por rotação um exército de vinte mil homens, que é pago e acampa durante seis semanas no verão, a fim de que os serviços de acampamento não sejam inteiramente desconhecidos.

Os magistrados nomeiam todos os coronéis e oficiais de patente inferior, e o senado todos os de patente superior. Em tempo de guerra, o general nomeia o coronel e os oficiais de patente inferior, e ocupa seu posto pelo prazo de um ano. Findo este, deve ser confirmado pelos magistrados do condado a que o regimento pertence. Os magistrados têm o direito de expulsar qualquer oficial do regimento do condado, e o senado pode fazer o mesmo a qualquer oficial em serviço. Se os magistrados não considerarem conveniente a confirmação da escolha do general, podem nomear outro oficial para o posto daquele que recusaram.

Dentro de cada condado, todos os crimes são julgados pelos magistrados e por um júri. Mas o senado pode suspender qualquer julgamento e chamar a si a responsabilidade do mesmo.

Qualquer condado pode enviar qualquer homem a julgamento pelo senado, por qualquer crime.

Em casos de extrema emergência, o protetor, os dois secretários, o conselho de Estado e outros cinco ou mais membros designados pelo senado podem receber poderes *ditatoriais* pelo prazo de seis meses.

O protetor tem o direito de perdoar qualquer pessoa condenada pelos tribunais inferiores.

Em tempo de guerra, nenhum oficial do exército que esteja no campo de batalha pode ocupar cargos civis do Estado.

À capital, que chamaremos Londres, podem ser concedidos quatro condados; os representantes de cada um destes escolhem um senador e dez magistrados. A cidade terá portanto quatro senadores, quarenta e quatro magistrados e quatrocentos representantes. Os magistrados têm a mesma autoridade que nos condados. Os representantes têm também a mesma autoridade, mas nunca se reúnem em assembleia geral: cada um deposita seu voto em seu respectivo condado ou grupo de cem.

Quando decretam uma lei secundária, a questão é resolvida pela maioria dos condados ou grupos. Em caso de empate, os magistrados têm voto de qualidade.

Os magistrados escolhem o prefeito, o corregedor, o juiz municipal e os outros funcionários da cidade.

Nenhum representante, magistrado ou senador da república recebe qualquer salário por suas funções. O protetor, os secretários, os membros dos conselhos e os embaixadores recebem salário.

O primeiro ano de cada século é reservado à correção de todas as desigualdades que o tempo possa ter feito surgir no sistema representativo, o que deve ser feito pelo Legislativo.[9]

A razão destas normas poderá talvez ser explicada pelos seguintes aforismos políticos.

As camadas inferiores do povo e os pequenos proprietários são suficientemente bons juízes de quem não esteja muito distante deles em dignidade e posição social, e portanto, em suas reuniões de freguesia, é provável que escolham o melhor ou aproximadamente o melhor representante; mas são totalmente incompetentes para as reuniões de condado e para eleger os mais altos funcionários da república. Sua ignorância dá aos grandes oportunidade para ludibriá-los.[10]

Dez mil membros constituem uma base suficientemente ampla para qualquer governo livre, mesmo que não sejam eleitos anualmente. É certo que na Polônia os nobres são dez mil, e mesmo assim oprimem o povo, mas, como o poder permanece nas mãos das mesmas pessoas e famílias, eles são de certo modo uma nação diferente do povo. Além disso, nesse país os nobres encontram-se unidos em algumas poucas famílias.

Todos os governos livres devem ser formados por dois conselhos, um menor e um maior; ou, por outras palavras, pelo senado e pelo povo. Ao povo, sem o senado, conforme observa Harrington, faltaria prudência; ao senado, sem o povo, faltaria honestidade.[11]

Uma grande assembleia de mil representantes do povo, por exemplo, se fosse autorizada a realizar debates, acabaria em desordem; se a tal não é autorizada, o senado tem direito de sanção sobre ela, e a pior espécie de sanção, a anterior à decisão.

Eis portanto um inconveniente que até agora nenhum governo solucionou plenamente, mas é o mais fácil de solucionar deste mundo. Se o povo realiza debates, tudo é confusão; se não o faz, pode apenas aprovar, e neste caso é o senado que decide por ele. Se o povo for dividido em muitos corpos separados, poderá realizar debates com segurança, e evitam-se todos os inconvenientes.[12]

Diz o Cardeal de Retz que toda assembleia numerosa, seja qual for sua composição, não passa de populacho, cujos debates flutuam ao mínimo motivo; o que a experiência cotidiana confirma. Quando um membro se lembra de qualquer absurdo, logo o comunica a seu vizinho, e assim por diante até que todos estejam contaminados. Se este grande organismo for dividido não será provável, mesmo que todos os membros tenham apenas inteligência medíocre, que no conjunto prevaleça outra coisa que a razão. Afastados a influência e o exemplo, o bom senso sempre triunfará num grupo de pessoas.[13]

Há duas coisas que qualquer *senado* deve procurar evitar: a combinação e a divisão. A combinação é o mais perigoso dos dois inconvenientes, e contra este propomos as seguintes soluções. 1. Os senadores dependerão estreitamente do povo por meio de eleições anuais, não por uma turba insensata como os eleitores ingleses, mas por homens de fortuna e de educação.[14] 2. Ser-lhes-á concedido pouco poder; poderão dispor de poucos cargos, pois quase todos serão distribuídos pelos magistrados dos condados. 3. A corte dos competidores, sendo composta de homens que são rivais dos senadores e têm interesses muito semelhantes aos deles, procurará sempre sobrepor-se ao senado.

A divisão do senado será evitada: 1. Pelo reduzido número de seus membros. 2. Como a facção provoca combinações baseadas na separação de interesses, ela será evitada mediante a dependência dos senadores em relação ao povo.[15] 3. O senado terá o poder de expulsar qualquer membro faccioso. É certo que, caso do seu condado venha outro membro com o mesmo caráter, o senado não terá o direito de expulsá-lo. Nem seria indicado que assim fizesse, pois isso mostraria que esse caráter é próprio do povo, e é possível que tenha origem na má condução dos negócios públicos. 4. Num senado escolhido pelo povo de maneira tão regular, pode supor-se que quase todos os membros são capazes de ocupar qualquer cargo público. Seria portanto indicado que o senado tomasse certas decisões *gerais* em relação à distribuição dos cargos entre seus membros, decisões essas que não seriam aplicadas em ocasiões críticas, quando qualquer senador desse mostras de qualidades extraordinárias ou de uma extraordinária estupidez, mas que seriam suficientes para evitar[16] intrigas e facciosismos, determinando claramente o modo de distribuição dos cargos. Como exemplo, tomemos uma decisão segundo a qual ninguém pode ocupar cargos antes de ter sido senador durante quatro anos; que ninguém a não ser os embaixadores pode ocupar um cargo em dois anos seguidos; que ninguém pode ser protetor duas vezes, etc. O senado de Veneza se governa por decisões semelhantes.

Em política estrangeira, o interesse do senado quase nunca pode ser separado do do povo; portanto, deve dar-se ao senado poder absoluto em relação a ela, pois de outro modo não poderá haver sigilo nem uma política aperfeiçoada. Além disso, nenhuma aliança pode ser celebrada sem dinheiro, e o senado é ainda suficientemente dependente. Para não referir que, sendo o Poder Legislativo sempre superior ao Executivo, os magistrados ou os representantes podem intervir sempre que acharem conveniente.[17]

O principal sustentáculo do governo britânico é a oposição dos interesses, mas tal fato, embora de maneira geral seja útil, alimenta intermináveis disputas partidárias. No plano acima apresentado, ele faz muito bem sem fazer mal algum. Os *competidores* não têm o direito de controlar o senado: têm apenas o de acusar e de apelar para o povo.

De maneira semelhante, é necessário evitar a combinação e a divisão entre os mil magistrados. Isto é suficientemente conseguido mediante a separação de lugares e de interesses.[18]

Se isto não fosse suficiente, o fato de para sua eleição dependerem dos dez mil serviria ao mesmo fim.

E isto não é tudo, pois os dez mil podem reassumir o poder sempre que lhes aprouver; e não apenas quando lhes aprouver, mas também quando isso aprouver a quaisquer cinco de cada centena, o que acontecerá logo que surja a primeira suspeita de um interesse separado.

Os dez mil constituem um corpo demasiado grande quer para se unirem quer para se dividirem, a não ser quando se reúnem no mesmo local e caem sob a direção de líderes ambiciosos. Para não referir sua eleição anual, por todo o conjunto das pessoas de certa posição.[19]

Do ponto de vista interno, as pequenas repúblicas são os governos mais felizes do mundo, pois tudo está sujeito à vigilância dos governantes; mas podem ser subjugadas por qualquer grande força que venha do exterior. Este sistema parece reunir todas as vantagens dos grandes e dos pequenos Estados.[20]

Todas as leis dos condados podem ser anuladas tanto pelo senado como por outro condado, pois isso revela uma oposição de interesses, e neste caso nenhuma das partes deve decidir por si mesma. O problema deve ser submetido a todos, que decidirão melhor o que estiver mais de acordo com o interesse geral.

Quanto ao clero e à milícia, as razões destas normas são evidentes. Se o clero não depender dos magistrados civis, e se não houver milícia, será inútil pensar que qualquer governo livre terá jamais segurança ou estabilidade.

Em muitos governos, os magistrados inferiores têm como única remuneração a que lhes dá sua ambição, vaidade ou espírito público. Os salários dos juízes franceses são inferiores ao juro das quantias que pagam por seus cargos. Os burgomestres holandeses pouco mais lucro imediato auferem que os juízes de paz ingleses ou que os membros da antiga Câmara dos Comuns. A não ser que se suspeite que isso provocaria negligência na administração (o que pouco é de recear, levando em conta a natural ambição dos homens), os magistrados devem receber salários condignos. Os senadores têm acesso a tantos cargos honrosos e lucrativos, que seus serviços não precisam ser pagos. Poucos são os serviços que se exigem dos representantes.

Quem reparar na semelhança do plano de governo acima apresentado com a república nas Províncias Unidas, sábio e reputado governo,[21] será incapaz de duvidar de que ele seja praticável. As alterações que nosso sistema introduz parecem ser todas evidentemente para melhor. 1. A representação é mais equitativa. 2. O poder ilimitado dos burgomestres das cidades, que no Estado holandês dá origem a uma perfeita aristocracia, é corrigido por uma democracia bem dosada, confiando ao povo a eleição anual dos representantes dos condados. 3. É aqui eliminado o direito de sanção que todas as províncias e cidades têm sobre todo o conjunto da república holandesa, em relação às alianças, à paz e à guerra e à cobrança de impostos. 4. Em nosso plano os condados não são tão independentes uns dos outros, nem constituem corpos tão separados como as sete províncias, nas quais a desconfiança e inveja das províncias e cidades menores em relação às maiores, sobretudo a Holanda e Amsterdam, têm frequentemente perturbado o governo. 5. São confiados ao senado poderes mais amplos, embora de tipo mais seguro, do que os possuídos pelos Estados Gerais, e graças a tal o primeiro pode ser mais eficiente, e mais sigiloso em suas decisões, do que ao último é possível.

As principais alterações que poderiam ser feitas ao governo britânico, a fim de levá-lo a coincidir com o mais perfeito modelo de monarquia limitada, parecem ser as seguintes. Primeiro, deve ser restabelecido o plano[22] do Parlamento de Cromwell, tornando equitativa a representação e concedendo o direito de votar nas eleições dos condados apenas aos possuidores de[23] propriedades no valor de duzentas libras. *Segundo,* que, sendo uma tal Câmara dos Comuns demasiado poderosa em comparação com uma fraca Câmara dos Lordes como a atual, devem ser afastados os nobres escoceses e os bispos;[24] o número dos membros da Câmara Alta deve ser elevado para trezentos ou quatrocentos; seus lugares devem ser apenas vitalícios e não hereditários; deve ter o direito de eleger seus próprios membros; e nenhum dos membros da Câmara dos Comuns deve ter o direito de recusar um lugar que lhe seja oferecido. Por este meio, a Câmara dos Lordes seria formada inteiramente pelos homens de maior reputação, capacidade e interesse da nação, e todo e qualquer líder turbulento da Câmara dos Comuns poderia ser afastado desta e ligado pelo interesse à Câmara dos Nobres. Uma tal aristocracia constituiria uma excelente barreira tanto a favor da monarquia como contra ela. Atualmente, o equilíbrio de nosso governo depende em certa medida da capacidade e do comportamento do soberano, os quais são circunstâncias variáveis e incertas.[25]

Este plano de monarquia limitada, apesar de corrigido, parece estar ainda sujeito a três grandes inconvenientes. *Primeiro,* não elimina inteiramente, embora possa atenuar, os partidos da *corte* e do *campo.* *Segundo,* o caráter pessoal do rei terá ainda uma grande influência sobre o governo. *Terceiro,* a espada está nas mãos de uma única pessoa, a qual sempre negligenciará a disciplina da milícia, a fim de ter pretexto para manter um exército permanente.[26]

Terminaremos este assunto apontando a falsidade da opinião vulgar segundo a qual os grandes Estados, como a França ou a Grã-Bretanha, jamais poderão ser transformados em repúblicas, pois tal forma de governo só pode ser aplicada a cidades ou pequenos territórios.[27] Parece provável dar-se o contrário. Embora a instituição de um governo republicano seja mais difícil num país muito extenso do que numa cidade, depois de consumada essa instituição se torna mais fácil, no primeiro caso, conservá-la firme e uniforme, sem tumultos nem facções. Para as regiões distantes de um grande Estado não é fácil participar em qualquer sistema de governo livre, pois facilmente adquirem estima e reverência por uma única pessoa que, graças a esta popularidade, pode tomar o poder e, obrigando os mais obstinados a submeter-se, instituir um governo monárquico. Por outro lado, uma cidade facilmente aceita o mesmo conceito de governo, a natural igualdade da propriedade favorece a liberdade[28] e a proximidade das habitações permite aos cidadãos ajudarem-se mutuamente. Mesmo sob os príncipes absolutos, o governo subordinado das cidades é geralmente republicano, ao passo que o dos condados e províncias é monárquico. Mas as circunstâncias que facilitam a formação de repúblicas nas cidades são as mesmas que tornam sua constituição mais frágil e incerta. As democracias são turbulentas. Porque, por mais que o povo seja separado ou dividido em pequenas partes para as eleições, o fato de nas cidades habitarem próximos uns dos outros sempre fará que seja considerável a força das correntes populares. As aristocracias são mais eficazes para a manutenção da paz e da ordem, e por isso foram muito admiradas pelos autores antigos; mas são excessivamente opressivas e vigilantes. Num grande país que seja governado com magistral perícia, há oportunidade suficiente para aperfeiçoar a democracia, desde as camadas mais baixas do povo, que podem ser autorizadas a votar nas primeiras eleições, no plano mais baixo da república, até aos mais altos magistrados, que dirigem toda a vida política. Além disso, as diversas regiões do país são tão distantes e remotas, que se torna muito difícil, seja por intriga, preconceito ou paixão, induzi-las a tomar quaisquer medidas contrárias ao interesse público.

Seria inútil investigar se tal governo seria ou não imortal. Concordo com o poeta quando, sobre os infindáveis projetos da raça humana, fala do *homem de sempre*. O próprio mundo provavelmente não é imortal.

Poderão surgir pragas de tal modo destruidoras, que façam mesmo de um governo perfeito uma presa fácil para seus vizinhos. Não sabemos em que medida o entusiasmo ou outros movimentos extraordinários do espírito humano poderão levar os homens a negligenciar toda ordem e bem público. Mesmo que se eliminem as diferenças de interesse, o favor ou inimizade pessoais podem fazer surgir caprichosas e incontáveis facções. Mesmo na mais aperfeiçoada máquina política pode surgir ferrugem nas molas, perturbando seus movimentos. Por último, a prática das grandes conquistas levará forçosamente à ruína qualquer governo livre; e os governos mais perfeitos mais depressa do que os imperfeitos, precisamente devido às vantagens que os primeiros apresentam sobre os últimos. E, embora tal Estado devesse aprovar uma lei fundamental contra as conquistas, mesmo assim as repúblicas têm ambições do mesmo modo que os indivíduos, e os interesses imediatos fazem os homens esquecer sua posteridade. Constitui incentivo bastante para os esforços dos homens o objetivo de fazer um tal governo florescer durante muitas gerações. Sem pretender atribuir, a qualquer obra do homem, aquela imortalidade que o Todo-poderoso parece ter recusado a suas próprias criações.[29]

12

DOS PARTIDOS EM GERAL

De todos os homens que se distinguiram por feitos memoráveis, o lugar de honra parece caber aos legisladores e fundadores de Estados, que deixaram um sistema de leis e instituições destinado a garantir a paz, a felicidade e a liberdade das gerações futuras.[1] Talvez as benéficas invenções das artes e ciências exerçam mais ampla influência do que as mais sábias leis, cujos efeitos são limitados tanto no tempo como no espaço, mas as vantagens resultantes das primeiras não são tão ponderáveis como as que derivam das segundas. É certo que as ciências especulativas aperfeiçoam o espírito, mas deste benefício apenas tiram proveito as poucas pessoas que dispõem de ócio para a elas se dedicarem. Quanto às artes práticas, que ampliam as comodidades e os prazeres da vida, todos sabem que a felicidade dos homens depende menos da abundância destes do que da paz e segurança de sua fruição, e estas bênçãos apenas podem provir de um bom governo. Para não referir o fato de que num Estado a virtude geral e sã moralidade, tão indispensáveis para a felicidade dos homens, nunca podem provir dos mais sutis preceitos da filosofia, ou sequer das mais severas prescrições da religião, mas devem resultar inteiramente de uma virtuosa educação da juventude, consequência de sábias leis e instituições. Devo portanto ousar discordar de Lorde Bacon neste particular, e considerar a antiguidade um pouco injusta em sua distribuição das honras, que fazia deuses de todos os inventores das artes úteis, como Ceres, Baco e Esculápio, e concedia aos legisladores, como Rômulo e Teseu, apenas a dignidade de semideuses e heróis.

Assim como os legisladores e fundadores de Estados devem ser honrados e respeitados pelos homens, assim também devem ser detestados e odiados os fundadores de seitas e facções, pois a influência do espírito de facção é diretamente contrária à das leis. As facções subvertem o governo, tornam impotentes as leis e geram a mais feroz hostilidade entre os cidadãos do mesmo país, os quais devem dar uns aos outros mútua assistência e proteção. E o que deve tornar mais odiosos os fundadores de partidos é a dificuldade de extirpar essas ervas daninhas, depois de terem criado raízes num Estado. Elas se propagam naturalmente durante muitos séculos, e raramente deixam de provocar a completa dissolução do governo em que são semeadas. Além disso, são plantas que crescem com maior pujança nos solos mais ricos, e, embora os governos absolutos delas não estejam inteiramente livres, é forçoso confessar que elas nascem com maior facilidade e se propagam mais rapidamente nos governos livres, onde sempre contaminam o próprio Legislativo, que seria o único capaz, mediante a firme aplicação de recompensas e castigos, de erradicá-las.

As facções podem dividir-se em *pessoais* e *reais,* isto é, em facções baseadas na amizade pessoal ou na hostilidade entre os membros de partidos opostos, e aquelas que assentam em certas diferenças reais de opinião ou de interesse. É evidente o bem fundado desta distinção, embora deva reconhecer-se que raramente se encontra um partido puro e sem mistura, quer de uma espécie quer de outra. Poucas vezes se vê dividir-se em facções um governo no qual não haja diferença alguma entre as concepções dos indivíduos que o constituem, seja ela real ou aparente, insignificante ou essencial, e naquelas facções que assentam nas diferenças mais reais e essenciais sempre se verifica uma ampla medida de hostilidade ou afeição pessoal. Mas, apesar destas misturas, é possível designar um partido como pessoal ou real, conforme o princípio que predomina e exerce maior influência.[2]

As facções pessoais surgem com mais facilidade nas pequenas repúblicas; nestas, até as zangas domésticas se transformam em questões de Estado; o amor, a vaidade ou a emulação, assim como a ambição e o ressentimento, qualquer paixão pode originar a divisão pública. Os Neri e os Bianchi, de Florença, os Fregosi e os Adorni, de Gênova, os Colonesi e os Orsini, da Roma moderna, constituíram partidos deste tipo.

Os homens possuem uma tal propensão para se dividir em facções pessoais, que estas podem surgir da menor aparência de discordância real. Que se pode imaginar de mais insignificante do que a diferença entre a cor usada nas librés e a usada nas corridas de cavalos? Todavia, essa diferença deu origem às duas mais inveteradas facções do império grego, os Prasini e os Beneti, que jamais puseram fim a sua mútua hostilidade, até que arruinaram seu infeliz governo.

Encontramos[3] na história romana uma importante dissensão entre duas tribos, Pollia e Papiria, que se prolongou por cerca de trezentos anos, e se manifestava nos votos para todas as eleições de magistrados.[*] Tão intensa era esta rivalidade, que conseguiu manter-se durante aquele grande período de tempo, apesar de não ter alastrado nem ter levado qualquer das outras tribos a participar da contenda. Se os homens não tivessem uma forte tendência para essas divisões, a indiferença do resto da nação certamente eliminaria esta insensata hostilidade, pois ela não poderia ser alimentada por novos benefícios e injúrias, pela geral simpatia e antipatia que nunca deixam de aparecer quando todo o Estado se encontra dilacerado entre duas facções iguais.[5]

Nada mais comum do que ver partidos, que tiveram origem numa discordância real, continuarem mesmo depois de desaparecer essa discordância.

Uma vez inscritos em partidos opostos, os homens ganham afeição pelas pessoas a que estão unidos e hostilidade contra seus antagonistas, e muitas vezes transmitem estas paixões à posteridade.[6] Já havia muito

---

[*] Dado que os estudiosos da antiguidade e os políticos não dissertaram muito sobre este fato, passo a expô-lo nas palavras do historiador romano. *Populus* Tusculanus *cum conjugibus ac liberis Roman venit: Ba multitudo, veste mutata, et specie rearum, tribus circuit, genibus se omnium advolvens. Plus itaque misericordia ad poenae veniam impetrandam, quam causa ad crimen purgandum, valuit. Tribus omnes, praeter Polliam antiquarunt legem.* Polliae *sententiafuit, puberes verberatos necari; liberas conjugesque sub carona lege bel: i venire: Memoriamque ejus irae* Tusculanis *in poenae tam atroeis auctores mansisse ad patrum aetatem canstat; nec quemquamferme ex* Pollia *tribu candidatum* Papiriam *ferri solitum.* Tito Lívio, *História de Roma*, Livro 8.37. [Os tusculanos vieram para Roma com esposas e filhos, e a multidão, vestida em trajes de réus, percorreu as tribos suplicando perdão aos cidadãos. E foi assim que a comiseração se mostrou mais efetiva em obter a remissão dos seus castigos, que seus argumentos em obter a retirada das acusações. Todas as tribos rejeitaram as propostas de acusação, exceto pelos polianos, que votaram pela execução dos homens adultos e pela venda de suas mulheres e filhos segundo as leis da guerra. Parece que o ressentimento criado nos tusculanos por esta proposta tão cruel permaneceu até o tempo de nossos pais, e um candidato da tribo dos polianos dificilmente conseguia o voto dos papirianos]. Os Castelani e os Nicolloti eram duas turbulentas facções de Veneza, que frequentemente se digladiavam para logo depois esquecerem sua mútua hostilidade.[4]

tempo que desaparecera a diferença real entre os guelfos e os gibelinos, na Itália, antes da extinção destes partidos. Os guelfos aderiram ao papa, e os gibelinos ao imperador; todavia, quando a família Sforza, que apesar de pertencer ao guelfos estava aliada ao imperador, foi expulsa de Milão pelo rei* de França, com a ajuda de Giacomo Trivulzio e dos gibelinos, o papa colaborou com estes últimos, que fizeram com o papa uma aliança contra o imperador.

As guerras civis que irromperam há alguns anos no Marrocos entre os *negros* e os *brancos,* apenas por causa da cor de sua pele, tiveram origem em uma divertida diferença. Rimo-nos deles, mas creio que, bem vistas as coisas, nós oferecemos aos mouros muito mais motivo para eles nos ridicularizarem. Pois o que são todas as guerras religiosas que têm predominado nesta parte civilizada e culta do mundo? São sem dúvida mais absurdas do que as guerras civis dos mouros. A diferença da cor da pele é uma diferença bem visível e real, mas a controvérsia em torno de um artigo de fé totalmente absurdo e ininteligível assenta em uma diferença que não é de opinião, mas de algumas frases e expressões, as quais um dos partidos aceita sem compreender, enquanto o outro as recusa de idêntica maneira.[7]

As facções *reais* podem dividir-se em facções de *interesse,* de *princípio* e de *afeição.* De todas as facções, são as primeiras as mais razoáveis e desculpáveis. Quando duas classes, como por exemplo a nobreza e o povo, possuem autoridade distinta num governo não muito rigorosamente equilibrado e organizado, elas naturalmente defendem interesses distintos; nem poderia razoavelmente esperar-se conduta diferente, tendo em conta o grau de egoísmo implantado na natureza humana.[8] Para conseguir evitar esses partidos, é preciso que o legislador possua grande habilidade, e muitos filósofos são de opinião que este segredo, tal como a *panaceia universal* ou o *moto contínuo,* pode divertir os homens em teoria, mas jamais poderá ser aplicado na prática. É certo que nos governos despóticos as facções raramente se manifestam, mas nem por isso são menos reais, ou antes, são mais reais e mais perniciosas devido precisamente a esse motivo. As diversas classes, a nobreza e o povo, os soldados e os comerciantes, têm todas interesses distintos; mas a mais poderosa oprime a mais fraca

* Luís XII.

impunemente e sem encontrar resistência, o que dá a esses governos uma aparência de tranquilidade.[9]

Na Inglaterra houve uma tentativa de divisão entre os *proprietários* e os *comerciantes* da nação, mas sem êxito. Os interesses desses dois grupos não são realmente distintos, nem jamais o serão, enquanto nossa dívida pública não aumentar a ponto de se tornar totalmente opressiva e intolerável.[10]

Os partidos de *princípio,* sobretudo os que assentam em princípios abstratos e especulativos, só apareceram nos tempos modernos, e são talvez o *fenômeno* mais extraordinário e inexplicável que jamais surgiu nas questões humanas. Quando princípios diferentes dão origem a comportamentos contrários, como acontece nos diferentes partidos políticos, o problema pode ser explicado mais facilmente. Quando alguém considera que o verdadeiro direito ao governo pertence a um determinado indivíduo ou família, dificilmente poderá concordar com um seu concidadão que pense ser outro indivíduo ou família o detentor desse direito. Cada um deles deseja, naturalmente, que o direito seja respeitado, de acordo com sua própria concepção do direito. Mas quando a diferença de princípio não é acompanhada por ações contrárias, e cada um pode seguir seu caminho sem interferir no do vizinho, como sucede em todas as controvérsias religiosas, qual é a insensatez, qual a fúria capaz de originar tão infelizes e fatais divisões?

Dois homens viajando por uma estrada, um para leste e outro para oeste, poderão facilmente passar um pelo outro se o caminho for suficientemente largo; mas dois que discutem sobre princípios religiosos dificilmente poderão passar sem se chocarem, embora se possa pensar que, nesse caso, a estrada também seria bastante larga para que cada um pudesse seguir seu caminho sem interrupção. Mas a natureza do espírito humano é tal, que ele sempre se agarra a todo espírito que dele se aproxima; e, assim como é maravilhosamente fortalecido pela unanimidade de opiniões, assim também é chocado e perturbado por qualquer oposição. Daí a impetuosidade que a maioria dos homens manifesta em qualquer discussão, e daí sua impaciência perante qualquer oposição, mesmo em relação às opiniões mais especulativas e indiferentes.[11]

Este princípio, embora possa parecer insignificante, foi provavelmente a origem de todas as guerras e dissensões religiosas. Mas, como é um princípio universal da natureza humana, suas consequências não se teriam limitado a uma época e a uma seita religiosa sem o concurso de outras causas mais acidentais, as quais lhe conferem dimensões capazes de produzir a maior miséria e devastação. As religiões do mundo antigo surgiram, em sua maior parte, nas épocas desconhecidas do governo, quando os homens eram ainda bárbaros e ignorantes, quando tanto o príncipe como o camponês eram capazes de aceitar com uma fé cega qualquer lenda ou ficção religiosa que lhes apresentassem. O magistrado adotava a religião do povo e, interessando-se apaixonadamente pelos assuntos sagrados, naturalmente neles adquiria grande autoridade, e unia o poder eclesiástico ao civil. Mas quando apareceu a religião *cristã*, numa época em que na parte civilizada do mundo, que desprezava a nação onde surgira essa novidade, estavam já firmemente consolidados princípios a ela frontalmente opostos, não é de admirar que em tais circunstâncias ela haja sido pouco favorecida pelo magistrado civil, e que na nova seita o clero tenha podido monopolizar toda a autoridade. E tão mau uso ele fez desse poder, mesmo naquela época recuada, que talvez as primitivas perseguições possam em parte* ser atribuídas à violência por ele incutida em seus seguidores. E, como os princípios do governo clerical continuaram sendo os mesmos, depois de o cristianismo ter passado a ser religião oficial, isso deu origem a um espírito de perseguição que a partir de então tem sido

* Digo[12] *em parte* porque é um erro muito comum supor que os antigos eram tão favoráveis à tolerância como os ingleses ou holandeses da atualidade. Entre os romanos, as leis contra a superstição externa eram[13] tão antigas como as Doze Tábuas; e tanto os judeus como os cristãos eram às vezes por elas punidos, embora geralmente essas leis não fossem rigorosamente aplicadas. Imediatamente após a conquista da Gália, proibiram que fossem iniciados na religião dos druidas todos os que não fossem naturais do país, o que constituía uma forma de perseguição. Cerca de um século depois da conquista, o Imperador Cláudio eliminou[14] completamente essa superstição através de leis penais, o que teria constituído uma gravíssima perseguição se anteriormente a imitação dos costumes romanos não tivesse já afastado os gauleses de seus antigos preconceitos. Suetônio, *in Vita Claudii*. Plínio atribui a Tibério a extinção das superstições druídicas, provavelmente devido ao fato de esse imperador ter tomado algumas medidas no sentido de restringi-las (Livro 30, capítulo 1). É mais um exemplo da habitual cautela e moderação dos romanos em tais casos, que é muito diferente de seu método violento e sanguinário de tratar os *cristãos*. Daí podermos alimentar a suspeita de que essas furiosas perseguições contra o *cristianismo* foram em certa medida devidas ao imprudente fervor e fanatismo dos primeiros propagadores dessa seita; e a história eclesiástica nos oferece muitas razões que confirmam esta suspeita.[15]

o veneno da sociedade humana e fonte das mais inveteradas facções em todos os governos. Portanto essas divisões podem ser, quanto ao povo, justamente consideradas facções de *princípio,* mas, quanto aos sacerdotes, que são os principais instigadores, elas são, na realidade, facções de *interesse.*

Uma outra causa (além da autoridade do clero e da separação entre o poder eclesiástico e o poder civil) contribuiu para fazer do cristianismo um cenário de guerras e dissensões religiosas. As religiões que surgem em épocas totalmente ignorantes e bárbaras consistem sobretudo em lendas e ficções tradicionais, que podem variar conforme as seitas sem que sejam contrárias umas às outras; e mesmo quando elas são contrárias cada um adere à tradição de sua própria seita, sem grandes discussões ou disputas.[16] Mas na época em que o cristianismo surgiu a filosofia estava já amplamente disseminada pelo mundo, e assim os apóstolos da nova seita se viram obrigados a elaborar um sistema de opiniões especulativas, a dividir com certo rigor seus artigos de fé e a explicar, comentar, refutar e defender com toda a sutileza de argumentação e ciência. Daí decorreu naturalmente grande veemência nas discussões, quando a religião cristã veio a cindir-se em novas divisões e heresias; e esta veemência ajudou os sacerdotes em sua política de provocar um mútuo ódio e antipatia entre seus iludidos seguidores. No mundo antigo as seitas filosóficas eram mais fervorosas do que os partidos religiosos, mas nos tempos modernos os partidos religiosos são mais furiosos e enraivecidos do que as mais cruéis facções que jamais tiveram origem no interesse ou na ambição.

Mencionei os partidos de *afeição* como uma das espécies de partidos *reais,* ao lado dos de *interesse* e de *princípio.* Por partidos de afeição entendo aqueles que assentam na dedicação especial dos homens a certas famílias e indivíduos, pelos quais desejam ser governados. É frequente estas facções serem violentas, embora eu deva admitir que parece inexplicável os homens se dedicarem tão intensamente a pessoas que de modo algum conhecem, que talvez nunca tenham visto e das quais nunca receberam nem jamais podem esperar receber favor algum. Todavia, muitas vezes verificamos que isso acontece mesmo com homens que, em outras ocasiões, não dão mostras de grande generosidade de espírito, nem costumam deixar-se facilmente arrastar pela amizade para além de seu interesse pessoal.[17] Temos tendência para considerar muito íntima a relação entre nós e nosso soberano. O esplendor da majestade e do poder confere importância à fortuna mesmo de uma única pessoa; e, se a boa natureza de um homem não lhe der este interesse imaginário, sua má natureza o fará, devido ao rancor e à oposição a pessoas cujas opiniões são diferentes das suas.[18]

13

DOS PARTIDOS DA GRÃ-BRETANHA

Alguém que escolhesse o governo britânico como tema de especulação imediatamente veria nele uma fonte de divisões e de partidos que é quase impossível evitar, seja sob que administração for.[1] O justo equilíbrio entre a parte republicana e a parte monárquica de nossa Constituição é efetivamente, em si mesmo, tão excessivamente delicado e incerto, que, quando as paixões e preconceitos dos homens se lhe vêm juntar, é impossível que deixem de surgir opiniões diferentes a seu respeito, mesmo entre as pessoas mais esclarecidas. Os homens de temperamento moderado, que são amantes da paz e da ordem e detestam a sedição e as guerras civis, sempre nutrirão sentimentos mais favoráveis à monarquia do que os homens de espírito ousado e generoso, que são amantes apaixonados da liberdade e para os quais não há mal pior do que a sujeição e a escravidão. E, embora todos os homens sensatos concordem de maneira geral em conservar nosso governo misto, entretanto, quando se discutem pormenores, alguns tendem para conceder à coroa mais poderes, a conferir-lhe maior influência e a precaver-se contra seus abusos com menos cuidado do que outros, que se mostram aterrorizados com as mais remotas tentativas de tirania e poder despótico. A própria natureza de nossa Constituição implica assim a existência de partidos de princípio que podem corretamente receber as designações de Partido da Corte e Partido do Campo.[2] A força e violência de cada um destes partidos dependem grandemente do caráter da administração. É possível que uma administração seja tão má que atire a grande maioria para a oposição; uma boa administração fará que se aliem à corte muitos dos mais apaixonados amantes da liberdade. Por mais que a nação flutue entre esses partidos, porém, eles sempre subsistirão, enquanto formos governados por uma monarquia limitada.

Mas, além desta diferença de *princípio,* aqueles partidos são grandemente fomentados por uma diferença de interesses, sem a qual dificilmente poderiam tornar-se perigosos ou violentos. A coroa naturalmente dará toda confiança e poder àqueles cujos princípios, verdadeiros ou fingidos, são mais favoráveis ao governo monárquico, e esta tentação naturalmente os levará a maiores extremos do que se apenas por seus princípios se guiassem. Seus antagonistas, desapontados em suas ambiciosas aspirações, aderem ao partido cujas opiniões tendem para uma maior desconfiança em relação ao poder real, e naturalmente levam essas opiniões a extremos maiores do que os que uma sã política justificaria. Assim a *corte* e o *campo,* autênticos frutos do governo britânico, são uma espécie de partidos mistos, influenciados ao mesmo tempo por princípios e por interesses. Os chefes das facções são geralmente guiados sobretudo pelo último desses motivos, e os membros inferiores pelo primeiro.[3]

Quanto aos partidos eclesiásticos, podemos observar que, em todas as épocas do mundo, os padres têm sido inimigos da liberdade,[4] e não resta dúvida que esta sua uniforme conduta sempre assentou em razões permanentes de interesse e ambição. A liberdade de pensar e de exprimir o pensamento é sempre fatal ao poder sacerdotal, assim como às piedosas fraudes em que geralmente assenta; e, devido a uma infalível ligação que se verifica em todas as espécies de liberdade, este privilégio só pode ser gozado, ou pelo menos até agora só foi gozado sob governos livres. Portanto, é inevitável, numa Constituição como a da Grã-Bretanha, e enquanto as coisas permanecerem em sua situação natural, que o clero oficial pertença sempre ao Partido da Corte; ou que, pelo contrário, os dissidentes de toda espécie pertençam ao Partido do Campo, pois só através de nosso governo livre podem esperar conseguir aquela tolerância que necessitam. Todos os príncipes que ambicionaram o poder despótico souberam a importância que tinha ganhar o apoio do clero oficial, assim como o clero, por sua vez, sempre mostrou grande facilidade em aceitar os desígnios desses príncipes.*

---

* *Judæi sibi ipsi reges imposuere; qui mobilitate vulgi expulsi, resumpta per arma dominatione; fugas civium, urbium eversiones, fratrum, conjugum, parentum neces, aliaque solita regibus ausi, superstitionem fovebant; quia honor sacerdotii firmamentum potentiæ assumebatur.* [Durante a revolta dos macabeus por volta de 160 a.C., os judeus adotaram reis próprios, que posteriormente foram depostos pela inconstância do populacho.

Gustavo Vasa foi talvez o único monarca ambicioso que humilhou o clero, e ao mesmo tempo impediu a liberdade. Mas o poder exorbitante dos bispos da Suécia, que nessa época ultrapassava o da própria coroa, foi, juntamente com suas ligações com uma família estrangeira, a razão da adoção de um sistema político tão invulgar.

Esta observação, relativa à propensão dos padres para o governo de uma só pessoa, não se aplica apenas a uma única seita. O clero *presbiteriano* e *calvinista* da Holanda era declaradamente favorável à família de Orange, tal como os *arminianos,* que eram considerados hereges, eram favoráveis à facção Louvestein, e muito ciosos da liberdade. Mas, no caso de um príncipe poder escolher entre ambos, facilmente se compreende que ele preferirá a forma episcopal de governo à forma presbiteriana, tanto por causa da maior afinidade entre a monarquia e o episcopado como, conforme veremos, devido à facilidade que há nesse tipo de governo em dirigir o clero, através de seus superiores eclesiásticos.*

Se examinarmos o nascimento dos partidos na Inglaterra, durante a grande rebelião, poderemos observar que ele decorreu em conformidade com esta teoria geral, e que foi a forma de governo de então que os fez surgir, por uma influência regular e infalível.[7] Antes dessa época, a Constituição inglesa se encontrava numa espécie de confusão, mas, apesar disso, de maneira a permitir que os súditos possuíssem muitos privilégios, os quais, embora não fossem rigorosamente definidos e garantidos pela lei, eram universalmente considerados, devido à longa duração da posse, como a eles pertencentes por direito de nascimento.[8] Surgiu um príncipe ambicioso, ou melhor, mal orientado, que considerou todos esses privilégios como concessões de seus antecessores, as quais podia livremente revogar; e, de acordo com este princípio, durante vários anos agiu em flagrante violação da liberdade.[9] Por fim, a necessidade o obrigou a convocar o Parlamento; o espírito da

---

Ao reconquistarem a soberania com armas, entregaram-se a todas as crueldades e excessos típicos de reis: baniram todos os cidadãos, destruíram cidades, assassinaram confrades, esposas e pais de família; e assim sua tirania cuidadosamente estabeleceu e estimulou a superstição, pois às funções reais acrescentaram ainda as sacerdotais"]. Ver Tácito, *História* 5.8.[5]

* *Populi imperium juxta libertatem: paucorum dominatio regiae libidini proprior est.* ["A supremacia do povo é semelhante à liberdade; entre o domínio de uma minoria e o capricho de um monarca, a distância é pequena."] Tácito, *Anais,* 6. 41.[6]

liberdade surgiu e se propagou; o príncipe, privado de todo e qualquer apoio, se viu obrigado a conceder tudo quanto lhe foi exigido; e seus inimigos, ciosos e implacáveis, não punham limites a suas pretensões. Começaram então aquelas contendas, nas quais não é de admirar que os homens desse tempo se tenham dividido entre vários partidos, pois mesmo atualmente o observador imparcial não é capaz de decidir quanto à justiça da disputa. Se as pretensões do Parlamento fossem aceitas, o equilíbrio da Constituição seria rompido, tornando o governo quase inteiramente republicano.[10] Se não fossem aceitas, a nação continuaria talvez em perigo de ficar submetida a um poder absoluto, devido aos princípios estabelecidos e aos hábitos inveterados do rei, os quais se haviam claramente manifestado em todas as concessões que ele se vira obrigado a fazer a seu povo. Nessa ocasião tão delicada e incerta, os homens tenderam naturalmente para o lado que melhor se harmonizava com seus princípios habituais, declarando-se a favor do rei os mais apaixonados partidários da monarquia, e apoiando o Parlamento os mais zelosos defensores da liberdade. Como ambos os lados tinham aproximadamente as mesmas possibilidades de êxito, o *interesse* não exerceu grande influência na disputa, e assim os cabeças redondas e os cavaleiros foram simplesmente partidos de princípio, sem que nenhum deles repudiasse quer a monarquia quer a liberdade; mas o primeiro partido tendia mais para a parte republicana de nosso governo, e o segundo mais para a monárquica. Quanto a esse aspecto, podem ser considerados como os partidos da corte e do campo, levados a uma guerra civil por um infeliz concurso de circunstâncias e pelo espírito turbulento da época.[11] Os republicanos e os partidários do poder absoluto estavam ocultos em ambos os partidos, constituindo apenas uma ínfima parte de cada um deles. O clero havia dado apoio aos arbitrários desígnios do rei, e em troca foi autorizado a perseguir seus adversários, aos quais chamava heréticos e cismáticos.

O clero oficial era episcopal e o inconformista era presbiteriano, de modo que tudo contribuiu para lançar o primeiro, sem reservas, no partido do rei, e o último no do Parlamento.[12]

Todos conhecem o desenlace dessa contenda; foi fatal ao rei, em primeiro lugar, e mais tarde ao Parlamento. Depois de muitas perturbações e revoluções, a família real acabou finalmente por ser recolocada no trono, sendo estabelecido o antigo governo. O exemplo de seu pai não levou Carlos II a ser mais sensato: tomou as mesmas medidas, embora ao princípio de modo mais velado e cuidadoso. Surgiram novos partidos, com as designações de *whig* e *tory*, que desde então não mais deixaram de confundir e perturbar nosso governo. A determinação da natureza desses partidos é talvez um dos problemas mais difíceis que se podem encontrar, e constitui uma prova de que pode haver na história questões tão incertas como as que se encontram nas mais abstratas ciências.[13] Observamos a conduta dos dois partidos, no decurso de setenta anos, numa ampla variedade de circunstâncias, senhores do poder e privados dele, durante a paz e durante a guerra; a todo momento encontramos pessoas que declaram pertencer a um ou outro lado, na sociedade, em nossos prazeres, em nossas ocupações sérias; nós próprios somos obrigados a de certo modo tomar partido; e, vivendo num país onde se goza da mais ampla liberdade, qualquer um pode declarar abertamente todos os seus sentimentos e opiniões; e apesar de tudo isto não somos capazes de dizer qual a natureza, quais as pretensões e os princípios das diferentes facções.[14]

Numa comparação dos partidos *whig* e *tory* com os dos cabeças redondas e cavaleiros, a diferença mais evidente que se nota entre eles reside nos princípios de *obediência passiva* e de *direito irrevogável*, dos quais poucas vezes se falava entre os cavaleiros, mas que se tornaram a doutrina universal e foram considerados como a verdadeira característica dos *tories*.[15] Esses princípios, levados a suas mais óbvias consequências, implicam uma renúncia formal a todas as nossas liberdades e a defesa da monarquia absoluta, pois não pode haver coisa mais absurda que um poder limitado ao qual não se deve resistir, mesmo quando ultrapassar seus limites. Mas como geralmente os mais racionais princípios constituem um contrapeso bem fraco para a paixão, não é de admirar ter-se verificado que esses absurdos princípios[16] eram demasiado fracos para tal efeito. Como homens, os *tories* eram inimigos da opressão; e como ingleses eram inimigos do poder arbitrário. Seu amor à liberdade era talvez menos ardente que o de seus adversários, mas foi suficiente para fazê-los esquecer seus princípios gerais, quando se viram abertamente ameaçados pela subversão do antigo governo. Foram estes sentimentos que deram origem à *revolução*, um acontecimento de grande importância que foi o mais sólido fundamento da liberdade britânica. O exame do comportamento dos *tories* durante esse acontecimento e depois dele nos oferece uma visão clara da natureza desse partido.

Em *primeiro* lugar, vemos que eles manifestaram sentimentos de autênticos ingleses em sua dedicação à liberdade e em sua firme resolução de não sacrificá-la a qualquer princípio abstrato ou a qualquer imaginário direito dos príncipes. Antes da *revolução* havia motivo para duvidar deste aspecto de seu caráter, devido às evidentes tendências dos princípios que defendiam sua[17] cumplicidade com a corte, a qual parecia não fazer segredo de seus arbitrários desígnios. A *revolução* veio mostrar que, quanto a este aspecto, eles nada mais foram que um autêntico Partido da Corte, como seria de esperar num governo britânico: isto é, *amantes da liberdade, mas ainda mais amantes da monarquia.* Deve todavia confessar-se que eles levaram seus princípios monárquicos, também na prática mas sobretudo em teoria, mais longe do que aquilo que, fosse em que medida fosse, se poderia admitir num governo limitado.

Em *segundo* lugar, nenhum de seus princípios ou inclinações contribuiu, completa ou decididamente para o regime imposto pela *revolução,* ou para o que desde então tem vigorado. Este aspecto de seu caráter pode parecer oposto ao primeiro, pois qualquer outro regime, na situação em que o país se encontrava, provavelmente teria sido perigoso, ou mesmo fatal, para a liberdade. Mas é próprio do coração do homem conciliar as contradições, e esta contradição não é maior que a que existe entre a *obediência passiva* e a *resistência* empregada na *revolução.* Portanto, um *tory* pode ser definido em poucas palavras, desde a *revolução,* como *um amante da monarquia, embora sem renunciar à liberdade; e um partidário da família Stuart.* Tal como um *whig* pode ser definido como *um amante da liberdade, embora sem renunciar à monarquia, e um partidário da consolidação da linha protestante.*[18]

Estas diferentes opiniões a respeito da sucessão foram resultados acidentais mas naturais dos princípios dos partidos da Corte e do Campo, que são as autênticas divisões do governo britânico. É natural que a um amante apaixonado da monarquia desagrade toda e qualquer mudança na sucessão, por ter demasiado sabor a república; e é natural que um amante apaixonado da liberdade seja de opinião que todas as partes do governo devem estar subordinadas aos interesses da liberdade.

Algumas pessoas que não chegam a afirmar que a *verdadeira* diferença entre os *whigs* e os *tories* desapareceu com a *revolução* parecem ter tendência para pensar que agora essa diferença foi anulada, e que a situação a tal ponto voltou a seu estado natural, que atualmente os únicos partidos que há entre nós são os da Corte e do Campo: isto é, homens que, por interesse ou por princípio, são partidários da monarquia ou da liberdade. Os *tories* foram durante tanto tempo obrigados a falar em estilo republicano, que parecem ter-se convertido a si mesmos com sua hipocrisia e ter adotado as opiniões, assim como a linguagem, de seus adversários. Há contudo na Inglaterra importantes remanescentes desse partido, com todos os seus velhos preconceitos; e uma prova de que a Corte e o Campo não são nossos únicos partidos é que quase todos os dissidentes estão do lado da corte, ao passo que o baixo clero, pelo menos, da igreja da Inglaterra, está ao lado da oposição. Isto é de molde a convencer-nos de que paira ainda sobre nossa Constituição uma certa tendência, um certo peso extrínseco, que a desvia de seu curso natural e lança a confusão em nossos partidos.* [19]

---

* De algumas das opiniões apresentadas nestes ensaios, relativas aos acontecimentos políticos deste último século, o autor houve por bem, depois de um estudo mais atento, se retratar em sua *História da Inglaterra.* E, como jamais se escravizaria ao sistema de qualquer dos partidos, nem permitiria que suas próprias opiniões e princípios preconcebidos constrangessem seu juízo, o autor não se envergonha de reconhecer seus erros. E não há dúvida de que, nessa época, tais erros eram quase universais neste reino.

14

DA COALIZÃO DOS PARTIDOS

Num governo livre talvez não seja possível, e nem sequer desejável, a abolição de todas as distinções de partido. Só são perigosos os partidos que defendem pontos de vista opostos a respeito dos aspectos essenciais do governo, a sucessão ao trono ou os privilégios mais importantes dos diversos membros da Constituição, relativamente aos quais não há lugar para qualquer compromisso ou acordo; a controvérsia pode, até, assumir caráter tão grave, que chegue a parecer justificar uma oposição armada às pretensões dos adversários. A animosidade que se verificou durante mais de um século entre os partidos ingleses teve esse caráter; por vezes redundou em guerra civil, deu origem a violentas revoluções e manteve permanentemente em perigo a paz e a tranquilidade da nação. Mas, dado que ultimamente se têm manifestado os mais fortes sintomas de um desejo universal de abolir essas distinções de partido, esta tendência para a coalizão abre as mais agradáveis perspectivas de felicidade futura, e deve ser cuidadosamente acalentada e promovida por todos os que amam seu país.

O método mais eficaz de contribuir para esse tão desejável objetivo é evitar toda e qualquer injúria ou excessiva preponderância de um partido sobre outro, encorajar as opiniões moderadas, encontrar um justo meio termo em todas as disputas, persuadir cada um de que seu antagonista poderá algumas vezes ter razão, e manter um certo equilíbrio nas censuras e louvores que dirigimos a ambos os lados.[1] Os dois ensaios precedentes, a respeito do *contrato social* e *Da obediência passiva*, foram calculados para atingir este fim relativamente às controvérsias *filosóficas* e *práticas*[2] entre os partidos, e pretendem mostrar que quanto a esses assuntos nenhum dos lados tem tanta razão como se esforça por provar. Procuraremos manter a mesma moderação a respeito das disputas *históricas* entre os partidos,[3] demonstrando que cada um deles tinha a seu favor argumentos plausíveis; que em ambos os lados havia homens sagazes, que pretendiam o bem de seu país; e que as animosidades que no passado se verificaram entre as facções tinham como único fundamento a estreiteza dos preconceitos ou a paixão do interesse.

O partido popular, que mais tarde recebeu o nome de *whig*,[4] poderia mediante especiosos argumentos justificar aquela oposição à coroa que esteve na origem de nossa atual Constituição livre. Embora se visse obrigado a reconhecer que se haviam uniformemente verificado precedentes em favor da prerrogativa[5] durante muitos reinados anteriores ao de Carlos I, considerou não haver razão para continuar se submetendo a uma autoridade tão perigosa. Sua argumentação poderia ter sido a seguinte. Como os direitos da humanidade devem ser considerados eternamente sagrados, nenhuma decisão de tirania ou do poder arbitrário pode ter autoridade suficiente para aboli-los. A liberdade é uma bênção tão inestimável, que, sempre que surgir qualquer possibilidade de recuperá-la, a nação não deve hesitar em correr grandes riscos, sem se lamentar sequer com uma grande efusão de sangue ou dissipação do tesouro. Todas as instituições humanas, e o governo mais do que qualquer outra, estão em permanente transformação; os reis nunca deixam de aproveitar todas as oportunidades para aumentar suas prerrogativas e, se as circunstâncias favoráveis não forem também aproveitadas para aumentar e garantir os privilégios do povo, a humanidade estará para sempre condenada a um despotismo universal. O exemplo de todas as nações vizinhas prova que já não é seguro confiar à coroa as mesmas prerrogativas que ela anteriormente exercera, em épocas mais rudes e simples. E, embora se possa invocar o exemplo de muitos dos últimos reinados em favor de um poder real de certo modo arbitrário, há reinados mais antigos que oferecem exemplos de imposição à coroa de limitações mais rigorosas; e essas pretensões do Parlamento a que agora se chama inovações não são mais do que um restabelecimento dos justos direitos do povo.

Longe de serem odiosas, estas concepções são indubitavelmente generosas e nobres; ao sucesso e preponderância delas deve o reino sua liberdade, e talvez seu saber, indústria, comércio e poder naval; é sobretudo graças a elas que a Inglaterra se distingue na sociedade das nações e pode pretender rivalizar com as mais livres e ilustres repúblicas da antiguidade.[6] Todavia, como todas estas importantes consequências não poderiam razoavelmente ter sido previstas na época em que teve início a contenda, não faltavam aos realistas desse tempo argumentos especiosos em seu favor, mediante os quais pudessem justificar sua defesa das então estabelecidas prerrogativas do príncipe. Procuraremos expor o problema tal como a ele poderia ter-se colocado quando da reunião daquele Parlamento que, com sua violenta usurpação do poder real, deu origem à guerra civil.[7]

A única regra de governo, poderiam eles ter dito, que os homens conhecem e reconhecem, é o costume e a prática. A razão é um guia tão incerto, que sempre estará sujeita a dúvidas e controvérsias. Se alguma vez ela se tornasse predominante entre o povo, os homens sempre a teriam tomado como sua única regra de conduta; mesmo assim teriam continuado no primitivo e isolado estado de natureza, sem se submeterem ao governo civil, cuja base única é a autoridade e o precedente e não a pura razão. Desfazer esses laços seria romper todos os vínculos da sociedade civil, deixando todos com a liberdade de seguir seus interesses particulares, através dos expedientes que lhes forem ditados por seu apetite, disfarçado sob a aparência da razão. O próprio espírito de inovação é em si pernicioso, por mais favorável que por vezes possa parecer sua finalidade particular; verdade esta tão evidente, que o próprio partido popular dela tem consciência, disfarçando sua usurpação do poder real sob o plausível pretexto de recuperar as antigas liberdades do povo.[8]

Mas as atuais prerrogativas da coroa, mesmo que aceitemos todas as superstições daquele partido, foram incontestavelmente estabelecidas desde a subida ao trono da casa Tudor; período este que, abrangendo atualmente cento e sessenta anos, pode ser considerado suficiente para dar estabilidade a qualquer Constituição.[9] No reinado do Imperador Adriano não teria sido ridículo falar da Constituição republicana como regra de governo? Ou supor que os antigos direitos do senado, dos cônsules e dos tribunos ainda tinham validade?

Mas as atuais exigências dos monarcas ingleses são muito mais aceitáveis do que as dos imperadores romanos dessa época. A autoridade de Augusto era uma clara usurpação, baseada apenas na violência militar, e constitui na história de Roma uma época cujo caráter é evidente para qualquer leitor. Mas Henrique VII, se efetivamente, como alguns pretendem, ampliou o poder da coroa, fê-lo apenas por insensíveis aquisições de que o povo não deu conta, e mal foram notadas até pelos historiadores e pelos políticos. O novo governo, se acaso merece esta designação, é uma imperceptível transição a partir do primeiro; foi totalmente enxertado neste; seu título deriva inteiramente dessa raiz; e deve ser considerado apenas uma dessas revoluções graduais a que os negócios humanos sempre em qualquer nação estarão sujeitos.[10]

A casa Tudor, e depois dela a casa Stuart, exerceu apenas as prerrogativas que já haviam sido proclamadas e exercidas pelos Plantagenetas. De aspecto algum de sua autoridade se pode dizer que tenha sido uma inovação. A única diferença é talvez que os antigos reis só exerciam esses poderes espaçadamente, não podendo, devido à oposição de seus barões, transformá-los em regra fixa da administração.[11] Mas a única conclusão que se pode tirar desse fato é que esses tempos recuados eram mais turbulentos e sediciosos, e que mais tarde, felizmente, a autoridade real, a Constituição e as leis passaram a ser predominantes.

Sob que pretexto vem agora o partido popular falar em recuperar a antiga Constituição? O primitivo controle sobre os reis não competia aos comuns e sim aos barões; o povo não tinha autoridade alguma, e tinha até pouca ou nenhuma liberdade, até o momento em que a coroa, suprimindo esses facciosos tiranos, impôs a aplicação das leis e obrigou todos os súditos a respeitarem os direitos, privilégios e propriedades uns dos outros. Se devemos voltar à bárbara e feudal antiga Constituição, que os primeiros a dar o exemplo sejam esses cavalheiros que atualmente se comportam com tamanha insolência para com seu soberano. Que eles façam a corte a um barão vizinho para que ele os aceite como seus vassalos e que, sujeitando-se a essa escravidão, adquiram certa proteção pessoal, juntamente com o poder de exercer a rapina e a opressão sobre os escravos e vilões que são seus inferiores. Era esta a condição dos comuns, no tempo de seus antepassados mais remotos.

Mas até quando deveremos remontar, no recurso às antigas constituições e governos? Houve uma Constituição ainda mais antiga que aquela que esses inovadores tanto fingem invocar. Nessa época não havia Magna Carta; mesmo os barões poucos privilégios regularmente estabelecidos possuíam; e a Câmara dos Comuns provavelmente não tinha existência.[12]

É ridículo ouvir os comuns, ao mesmo tempo que por usurpação assumam todo o poder do governo, falarem do restabelecimento das antigas instituições. Acaso não se sabe que, embora os representantes recebessem pagamento de seus constituintes, ser membro da Câmara Baixa era sempre considerado um fardo, e a isenção desse cargo um privilégio? Poderão eles persuadir-nos de que o poder, que é a mais cobiçada de todas as aquisições humanas, comparados com a qual mesmo a reputação, o prazer e a riqueza são menos prezados, poderia jamais ser considerado um fardo por qualquer homem?[13]

As propriedades nos últimos tempos adquiridas pelos comuns, diz-se, lhes dão direito a mais poder do que seus antepassados desfrutavam.[14] Mas a que se deve esse aumento de suas propriedades, senão a um aumento de sua liberdade e de sua segurança? Devem reconhecer que seus antepassados, no tempo em que o poder da coroa era limitado pelos barões sediciosos, efetivamente gozavam de menos liberdade do que a que eles próprios alcançaram depois que o soberano passou a dominar; devem gozar essa liberdade com moderação, sem perdê-la por causa de novas e exorbitantes exigências e de transformarem-na em pretexto para infindáveis inovações.

A verdadeira regra de governo é a prática estabelecida em cada época. É a que tem mais autoridade, por ser recente; é também a mais conhecida, pela mesma razão. Quem deu tanta certeza a esses tribunos de que os Plantagenetas não praticaram atos de tão alta autoridade como os Tudors? Dizem eles que os historiadores não lhes fazem referência; mas os historiadores observam idêntico silêncio relativamente aos principais casos em que os Tudors exercem a prerrogativa. Sempre que qualquer poder ou prerrogativa está plena e indubitavelmente estabelecido, seu exercício é considerado coisa natural, e facilmente escapa à atenção da história e dos anais. Se não tivéssemos outros monumentos do reinado de Isabel senão os que foram conservados por Camden, embora este seja o mais copioso, judicioso e exato de nossos historiadores, ignoraríamos totalmente as máximas mais importantes de seu governo.

Acaso não foi o atual governo monárquico, em todos os seus aspectos, autorizado pelos legisladores, recomendado pelos sacerdotes, reconhecido pelos políticos, aceito, ou melhor, apaixonadamente amado pelo povo em geral, tudo isto durante um período de, pelo menos, cento e sessenta anos, e até há pouco sem que se ouvisse o menor murmúrio de controvérsia? Com certeza esta aceitação geral, durante tanto tempo, deve ser suficiente para tornar válida e legítima qualquer Constituição. Se, como se pretende, é no povo que todo poder tem sua origem, aqui temos seu consentimento, nos termos mais plenos e amplos que se pode desejar ou imaginar.

Mas o fato de ser seu consentimento que dá fundamento ao governo não deve levar o povo a pretender que graças a isso tem o direito de derrubá-lo e subvertê-lo a seu bel-prazer. Essas exigências sediciosas e arrogantes nunca têm fim: o poder da coroa passa a ser abertamente atacado; a nobreza se encontra também evidentemente em perigo; depressa se lhe seguirá a pequena nobreza; depois serão os líderes populares, que passarão a constituir a pequena nobreza, que ficarão expostos ao perigo; e o próprio povo, tendo-se tornado incapaz de governo civil, não sendo mais contido por autoridade alguma, se verá obrigado a aceitar, para bem da paz, em vez de seus monarcas legítimos e moderados, uma série de tiranos militares e despóticos.

Estas consequências são tanto mais de recear quanto o atual furor popular, embora seja acobertado por pretensões de liberdade civil, é na realidade incitado pelo fanatismo da religião; que é o princípio mais cego, mais violento e ingovernável de quantos podem influenciar a natureza humana. A violência popular é sempre temível, seja qual for o motivo de onde deriva; mas dela forçosamente resultarão as mais funestas consequências, sempre que tiver origem em um princípio que se furta a qualquer controle pela lei, pela razão ou pela autoridade dos homens.[15]

São estes os argumentos com que cada um dos partidos poderia justificar a conduta de seus predecessores durante aquela grande crise. Esse acontecimento, se acaso pode ser aceito como uma razão, mostrou que os argumentos do partido popular tinham melhor fundamento; mas antes disso, de acordo com as máximas estabelecidas dos legisladores e dos políticos, talvez as concepções dos realistas tenham parecido mais sólidas, mais seguras e mais legítimas. Mas não há dúvida que, quanto maior for a moderação com que agora nos dedicarmos a representar os acontecimentos do passado, mais perto estaremos de conseguir uma plena coalizão dos partidos e uma completa aceitação de nosso atual regime. Qualquer regime tem tudo a ganhar com a moderação;

só o facciosismo é capaz de derrubar um poder estabelecido; e um facciosismo exagerado por parte dos amigos pode fazer surgir entre os antagonistas idêntico espírito. A passagem de uma oposição moderada ao regime a sua completa aceitação faz-se de maneira fácil e insensível.

Há inúmeros argumentos inatacáveis que deveriam convencer o partido dos descontentes a concordar inteiramente com o estado atual da Constituição. Descobrem eles agora que o espírito da liberdade civil, embora ao princípio estivesse ligado ao fanatismo religioso, soube limpar-se dessa contaminação e surgir com um novo aspecto, mais autêntico e atraente; amigo da tolerância e favorável a todos os sentimentos generosos que fazem honra à natureza humana. Podem observar que as exigências populares souberam deter-se dentro de limites adequados e, depois de restringir as excessivas exigências da prerrogativa, souberam apesar disso conservar o devido respeito pela monarquia, a nobreza e todas as antigas instituições. Devem acima de tudo ter consciência de que o próprio princípio que fazia a força de seu partido, e do qual este tirava sua principal autoridade, agora o abandonou e se passou para seus antagonistas. O plano da liberdade está estabelecido; seus bons efeitos foram verificados pela experiência; ganhou estabilidade com o longo período de tempo que atravessou; e quem quer que tentasse derrubá-lo, para voltar ao governo anterior ou à família deposta, ficaria por sua vez exposto, além de outras acusações mais graves, a ser acusado de facciosismo e espírito de inovação. Devia pensar, quando pesquisa a história dos acontecimentos do passado, que esses direitos da coroa já de há muito desapareceram, e também que a tirania, a violência e a opressão a que muitas vezes deram origem são males contra os quais felizmente a liberdade garantida pela Constituição agora finalmente protege o povo. Estas reflexões constituem, para a defesa de nossa liberdade e privilégios, melhor garantia do que negar, contra a mais clara evidência dos fatos, que esses poderes reais jamais tenham existido. Não há maneira mais eficaz de trair uma causa do que acentuar um argumento no ponto errado e, defendendo uma posição insustentável, permitir que o adversário alcance o sucesso e a vitória.

NOTAS AOS ENSAIOS

1. Da origem do governo

Este ensaio só foi publicado na última edição dos *Ensaios e tratados sobre assuntos diversos* (edição 12), a última edição ainda preparada por Hume; a publicação se fez no ano seguinte ao de sua morte.

1. O título deste ensaio é o mesmo de um dos capítulos do *Tratado* (T 3.2.7: 573). Há um evidente paralelismo com este, embora não se trate de uma simples recompilação.
2. Ver T 3.2.2: 525-7. "Os homens nascem necessariamente em uma sociedade familiar, pelo menos; e são instruídos pelos pais em alguma regra de conduta e comportamento" (EPM 3.1.16: 250). "Em pouco tempo, o costume e o hábito, agindo sobre as tenras mentes dos filhos, torna-os sensíveis às vantagens que podem extrair da sociedade" (T 3.2.2.4: 527).
3. O *Tratado* indica, como as duas primeiras finalidades do governo, a *execução* e a *decisão* da justiça (T 3.2.7.6: 576-7).
4. O único objetivo útil *para a sociedade*; pois da parte dos chefes eclesiásticos o objetivo foi a defesa de seus próprios interesses. "Dos partidos em geral", p. 177; ver "Dos partidos da Grã-Bretanha" (E 13: 185).
5. "...como tudo que nos é contíguo, seja no espaço ou no tempo, [...] comumente opera com mais força do que qualquer objeto que se encontre em uma luz mais distante e obscura. Mesmo que estejamos completamente convencidos de que o último objeto supera o primeiro, não somos capazes de regular nossas ações por esse juízo; mas cedemos às solicitações de nossas paixões, que sempre intercedem em favor de tudo que é próximo e contíguo" (T 3.2.7.2: 574). Ver T 2.3.7: 463; EPM 4: 269.
6. O termo que traduzimos por *fidelidade* é "allegiance", o qual não possui equivalente exato em nossa língua; designa a atitude de obediência ao governo estabelecido.
7. Este parágrafo reproduz aproximadamente o *Tratado* (3.2.7.6: 576).

8. Ver T 3.2.8.9: 587; "Do contrato original" (E 2: 92).
9. A atribuição da origem do governo às necessidades da guerra se encontra também no *Tratado*. "Os acampamentos militares são a verdadeira origem das cidades" (T 3.2.8.2: 580). Ver "Do contrato original" (E 2: 90-91).
10. Ver "Dos primeiros princípios do governo" (E 4: 113).

2. Do contrato original

Ensaio publicado em 1748 (edição 3), juntamente com "Da obediência passiva".

1. Os partidos dominantes na Inglaterra da época eram os *whigs* (liberais) e os *tories* (conservadores). Esta noção de um significado ideológico das teorias políticas é também expressa por Hume em sua *História da Inglaterra*, quando critica a defesa da ideia da "antiga constituição" pelos *whigs*, que nela pretendiam fundamentar a exigência de uma redução dos poderes da coroa (apelando para o respeito à antiguidade dessa constituição, que afirmavam ser liberal, e dever ser imitada pela de seu tempo). Afirma Hume "(os *whigs*), só cobrem seus espírito turbulento e sua ambição privada sob a aparência de formas veneráveis". (*História* 3: 305). Ver "Da coalizão dos partidos" (E 14: 196).
2. Sobre a ação nefasta dos partidos, ver "Dos partidos em geral" (E 12: 177).
3. Referência ao partido *tory* e à teoria do direito divino dos reis. O mais célebre dos defensores desta foi Bussuet, autor de *La politique tirée de l'Écriture Sainte*, escrita em 1679 e publicada postumamente em 1709; mas seu principal representante na Inglaterra foi Robert Filmer, cujo *Patriarca* foi publicado em 1680.
4. A teoria do Contrato era defendida pelo partido *whig*; sua mais importante expressão, que é também a mais repetidamente visada por Hume, são os *Dois tratados sobre o governo* de John Locke (1690); o primeiro destes tratados era inteiramente consagrado à refutação da doutrina absolutista de Filmer.
5. Segundo o *Tratado*, o único tipo de comunidade que é possível preservar sem um governo é "uma sociedade pequena e inculta", uma sociedade selvagem, de tipo tribal (T 3.2.8.3: 580).
6. Edições 3 a 10: "a uma Isabel ou um Henrique IV da França".
7. A atribuição da origem do governo ao consentimento dos homens do "estado de natureza" se encontra em Locke (*Segundo Tratado* 4.21; 7.87; 8.99: 323, 367, 377).
8. Ver T.3.2.8.3: 581; ver Locke, *Segundo Tratado* 7.89: 363.
9. A frase "ou algo semelhante à igualdade" foi acrescentada na edição 10.

10. Ver "Da origem do governo" (E 1: 86; T 3.2.7.6: 576).
11. Ver "Dos primeiros princípios do governo" (E 1: 113).
12. O parágrafo seguinte foi acrescentado na edição 11.
13. Ver "Da origem do governo" (E 1: 86-7; T.3.2.8.2: 579-80).
14. Crítica a Locke e aos ideólogos *whigs* em geral. A ideia de que o filósofo, por definição, é um homem sem partido, é uma constante nos escritos de Hume. Em carta de 1754, afirma: "eu tenho o atrevimento de alegar que não tenho partido, e não tenho preconceito. Lord Elibank disse que sou um *whig* moderado, e o Sr. Wallace que sou um *tory* sincero" (*Letters*, I: 185; ver T 3.2.8.3: 581; 10: 15: 602).
15. Ver Locke, (*Segundo Tratado* 7.87, 89, 90, 94; 8.99; 9.131; 13.149; 14.168; 18.202, p. 366-9, 372-3, 398-9, 412-3, 425-6, 448-9).
16. Sobre a conquista e a sucessão, ver T 3.2.10.7-9: 597-8.
17. Ver T 3.2.10.3: 595.
18. Ver T 3.2.8.8.9: 587.
19. Para Locke, o consentimento à autoridade do governo só é dado quando o súdito chega à idade adulta. Ver *Segundo Tratado* 8.116: 390.
20. Inicialmente, isto é, apenas na fase de "governo primitivo", o que Hume já havia concedido (E 2: 90-91).
21. Sobre a diferença estabelecida por Hume entre a usurpação e a conquista, ver T 3.2.10.7-10: 597-99.
22. Também Maquiavel fala da aquisição dos principados "pelas armas de outros", e dos princípios cujo poder assenta apenas no apoio "móvel e instável" dos soldados. (*O Príncipe* 1: 19; 7: 43).
23. Hume exprime frequentemente em suas cartas a maior aversão aos "tumultos do populacho". Ver *Letters*, II: 178. "No que diz respeito às administrações, a atual se comportou tão escandalosamente durante a últimos tumultos, quando as Leis, a Constituição e toda a coroa e toda legislatura foram prontamente insultadas com a impunidade, que é impossível pensar que podemos ser perdedores por qualquer alteração". (*Letters*, II: 189).
24. Esta mesma ideia já surge em Hobbes, e com um cunho marcadamente absolutista; a alternativa é, segundo sua filosofia política, ou a sujeição a um poder absoluto ou a anarquia, equiparada esta última à situação de "guerra de todos contra todos" do estado de natureza. "... o estado do homem nunca pode deixar de ter uma ou outra incomodidade, e... a maior que é possível cair sobre o povo em geral, em qualquer forma de governo, é de pouca monta quando comparada com as misérias e horríveis calamidades que acompanham a guerra civil, ou aquela condição dissoluta de homens sem senhor, sem sujeição às leis e a um poder coercitivo capaz de atar as suas mãos, impedindo a rapina e a vingança. (*Leviatã*, 18: 96).

25. Hume possuía, na história inglesa, um exemplo relativamente próximo disto: o general George Monk, comandante das tropas que em 1660 impuseram a Restauração da monarquia e o regresso da dinastia Stuart ao poder. Ver a referência aos Césares no ensaio "Que a política pode ser transformada em uma ciência" (E 6: 128).
26. A Revolução em 1688, que pôs fim ao domínio dos Stuarts, colocando no trono o príncipe de Hanover (Guilherme III de Orange, tomada pelos *whigs* como exemplo da instituição de um governo baseado no consentimento popular. Diz Locke sobre seus *Dois Tratados sobre o Governo*, no Prefácio a estes: "...Espero que (eles) sejam suficientes para consolidar o trono de nosso grande restaurador, o atual rei Guilherme; para confirmar seu título no consentimento do povo, o único de todos os governos legítimos, e o qual ele possui mais plena e claramente que qualquer príncipe da Cristandade" (171). Ver outro comentário de Hume à Revolução em T 3.2.10.16-19: 602-5.
27. Isto é, a maioria do Parlamento.
28. O mesmo afirma Hume das assembleias populares da república romana. "Que a política pode ser transformada em uma ciência" (E 6: 128-29).
29. Compare-se o segundo desses parágrafos com a seguinte passagem do *Tratado*: "Nós notamos que os magistrados estão longe de derivar sua autoridade e a obrigação de obediência por parte de seus súditos de uma promessa ou contrato original que, tanto quanto possível, escondem de seu povo, sobretudo do vulgo, que essa seria sua origem" (T 3.2.8.9: 587).
30. Os dois parágrafos seguintes foram acrescentados na edição 6.
31. Ver EPM 4: 269; T 3.2.7.3: 574.
32. Ver T 3.2.10.4-5: 595-6; "Dos primeiros princípios do governo" (E 4: 113-14).
33. Esta teoria do consentimento tácito é defendida por Locke, (*Segundo Tratado* 8.119-122: 392-4). Ver outra crítica a esta teoria de Locke em T 3.2.8.8-9: 586-7.
34. Este parágrafo foi acrescentado na última edição.
35. Evidente referência à deposição de Cromwel e à Restauração dos Stuarts. Ver acima, nota 25.
36. Isto é, a monarquia eletiva nunca permite que se consolide o princípio de *longa posse*, que é para Hume o principal fundamento do governo ver T 3.2.10.4: 595. Para outras críticas à monarquia eletiva, ver "Que a política pode ser transformada em uma ciência" (E 6: 129-30).
37. A frase seguinte foi acrescentada na edição 6.
38. A "rosa branca" era o emblema da casa de York, rival da de Lancaster, cujos partidários usavam como símbolo uma rosa vermelha. Daí designar-se a luta entre as duas famílias como a "guerra das duas rosas" (1460-1471), que terminou com a restauração da casa de York.

39. Ver T 3.8.9: 587.
40. A origem destas "virtudes naturais" é por Hume atribuída principalmente à *simpatia*. Ver T 3.3.1.3-12: 614-18; 3.3.6.1-3: 657-59.
41. Ver T 3.2.1.19: 524; 3.2.2.10: 530; 3.2.5.1-4: 555-6; EPM 3.1, 12: 241, 247; 4.3: 270; 6.1.13: 309. Apêndice 3: 389.
42. Ver T 3.2.7.6: 576; 3.2.8.1: 578.
43. Ver T 3.2.8.5-6: 582-3; EPM 5.2.46: 300.
44. O paralelo entre as regras da propriedade e as da fidelidade é frequente em Hume. Ver, por exemplo, T 3.2.10.3, 5: 594, 596.
45. A edição 3 omite o trecho que vai desde esta frase até "monarquias orientais", na página 105, e o substitui pelo seguinte: "A discussão destes assuntos levar-nos-ia inteiramente para fora do âmbito destes ensaios. Para o objetivo que temos em vista basta que se tenha podido determinar, em geral, o fundamento dessa fidelidade que é devida ao governo estabelecido em todo e qualquer reino ou república Quando não há nenhum príncipe legítimo que possua direito ao trono, creio poder-se com segurança afirmar que este pertence ao primeiro ocupante. Isto aconteceu frequentemente no império romano".
46. As edições 6 a 10 têm "admite".
47. Na edição 4 o resto deste parágrafo é dado como continuação da nota abaixo.
48. O período seguinte foi acrescentado na edição 7.
49. Aqui as edições 6 a 10 acrescentam uma nota, depois transformada no parágrafo final deste ensaio. Daí o caráter insólito desse final.
50. Diz Hume no *Tratado*: "A opinião geral dos homens tem alguma autoridade em todos os casos; mas, no caso da moral, é absolutamente infalível" (T 3 2.9.4: 592).
51. O texto completo da citação de Locke a que se refere a primeira das notas é o seguinte: "Portanto, é evidente que a *monarquia absoluta,* que alguns consideram o único governo no mundo, é de fato *incompatível com a sociedade civil,* e portanto não pode ser, de modo algum, uma forma de governo civil". (p. 369). Quanto ao texto a que se refere a segunda nota, Hume já não é tão fiel a Locke. Este, com efeito, afirma: "...o *poder supremo não pode tomar* de homem algum nenhuma parte de sua *propriedade* sem o consentimento destes" (138: 406). E acrescenta: "..porquanto o *Governo*... jamais poderá dispor de um poder de tomar para si, no todo ou em parte, a *propriedade* dos súditos sem o consentimento destes". (139: 407). Até aqui Locke só fala do consentimento *do próprio súdito* cuja propriedade está em causa, sem qualquer referência a representantes; mas também não refere o problema dos impostos, trata-se da condenação de qualquer tentativa de efetivamente privar o súdito de sua propriedade. Diz o § 140: 408: "É verdade que os governos não podem sustentar-se sem grandes despesas, e é adequado que

todo aquele que desfruta uma parcela de proteção pague, de seus próprios haveres, uma parte proporcional necessária para mantê-la. Contudo, será ainda mediante o seu próprio consentimento, i.e., o consentimento da maioria, dado diretamente ou através dos representantes por ela escolhidos. Pois, se alguém arrogar-se um *poder de impor* e coletar *tributos* junto ao povo por sua própria autoridade, e sem esse consentimento do povo, estará violando, com esse ato, a *lei fundamental da propriedade* e subvertendo o fim do governo. Pois que propriedade tenho eu sobre aquilo que outrem pode tomar por direito quando julgar conveniente?" (A finalidade do governo é a preservação da propriedade (9.124: 395-6).

Isto é, Locke não diz exatamente "seu próprio consentimento *ou* o de seus representantes", e sim "seu próprio consentimento, isto é, o de seus representantes" (podemos aqui deixar de lado o problema da maioria, pois para Locke o consentimento dos representantes do povo é equivalente ao da maioria do povo inteiro). O consentimento do cidadão individual, *enquanto tal*, não é o que Locke exige, não há alternativa, é apenas o consentimento dos representantes (do Parlamento) que está em causa, é este o único que, politicamente, tem sentido. De modo algum Locke admite a recusa individual de pagar os impostos exigidos pelo governo; afirma apenas que a cobrança destes pelo poder supremo, que é o *legislativo* (ver *Segundo Tratado* 10.131: 399), o qual por sua vez não é outro senão o Parlamento (ver *Segundo Tratado* 7.94: 373), só é válida quando autorizada... pela maioria dos representantes do povo neste, ou seja, pelo próprio Parlamento. O que Locke quer dizer é apenas que o legislativo não pode trair sua própria natureza de representante da vontade popular, do mesmo modo que não pode trair sua finalidade, que é a defesa da propriedade e dos interesses de cada cidadão. Esta distorção do pensamento de Locke, que é pouco verossímil não seja propositada, leva naturalmente o leitor de Hume a aceitar que aquele pensamento está cheio de "paradoxos" e de opiniões que ninguém aceita.

Neste ponto terminam as edições 4 a 11. As edições 7 a 11 apresentam os dois parágrafos seguintes em nota.

52. Ver acima, nota 49.

3. Da obediência passiva

Ensaio publicado em 1748 (edição 3) juntamente com "Do contrato original".

1. Ver "Do contrato original" (E 2: 89). Sobre estas normas de submissão em geral, e o problema da resistência, ver T 3.2.9: 589-93.

2. O interesse público é, assim, fundamento de certos direitos tanto do soberano como do povo.
   Quanto ao primeiro aspecto, Locke baseia também no mesmo princípio a defesa do direito de prerrogativa (isso é, o direito que tem o soberano de, em circunstâncias excepcionais, tomar decisões que contrariam a lei estabelecida, sem consultar o Parlamento): "*Salus Populi Suprema Lex* ['A segurança do povo é a lei suprema'] é certamente uma regra tão justa e fundamental que aquele que a segue sinceramente, não pode errar" (*Segundo Tratado* 13.158: 419). "Muitas coisas há que a lei não pode de modo algum prover e que devem ser deixadas à discrição daquele que tenha nas mãos o poder executivo, para serem decididas por ele conforme o exijam o bem e a vantagem do público; mais ainda, é conveniente que as próprias leis, em alguns casos, cedam lugar ao poder executivo, ou, antes, a essa lei fundamental da natureza e do governo, a saber, que, tanto quanto seja possível, *todos* os membros da sociedade devem ser *preservados*" (*Segundo Tratado* 14.159: 421). Locke acrescenta um exemplo semelhante ao primeiro que Hume aqui apresenta: o soberano tem o direito de mandar derrubar a casa de um súdito (embora a lei condene, em geral, esse ato), se for para impedir que o fogo se propague às casas vizinhas.
   Ideia semelhante se encontra também em Spinoza. "As cláusulas ou leis constitucionais [...] devem sem dúvida alguma ser violadas sempre que a saúde geral exige uma tal infração" (*Tratado Político* 4.6: 948).
   O segundo aspecto, a justificação da resistência ao governo em nome da utilidade pública, é discutido por Hume também no *Tratado*: "Como o interesse [...] é a sanção imediata do governo, um não pode durar mais que o outro; e sempre que o magistrado civil leva sua opressão ao ponto de tornar sua autoridade intolerável, não temos mais obrigação de nos submeter a ele" (T 3.2.9.2.590).
3. Edição 3: "ou um Caracala"; edição 6 a 10: "ou um Filipe" – (Filipe II da Espanha).
4. Referência à doutrina do Direito Divino dos reis, a qual condena incondicionalmente o direito de resistência. Ver "Do contrato original", nota 3.
5. Provável referência às teorias políticas medievais, as quais sob a influência da Igreja de Roma, interessada em debilitar a autoridade dos soberanos da Europa, defendiam o direito do povo a matar os príncipes que se tornassem tirânicos. Locke não defende abertamente o tiranicídio, mas insinua veladamente sua legitimidade: "...aquele que tenta submeter a outrem sob seu poder absoluto coloca-se consequentemente em *estado de guerra* com ele, devendo-se entender isso como uma declaração de um propósito contrário à sua vida" (*Segundo Tratado* 3.17: 320). Um pouco acima afirma Locke

a respeito daquele que se coloca em "estado de guerra" com outrem, ser: "razoável e justo que eu tenha o direito de destruir aquilo que me ameaça de destruição" (3.16: 319). O parágrafo 18 fala, mais claramente ainda, do direito de *matar* um ladrão que o força contra outro homem, porque ele, "faz uso da força, quando não tem direito algum, para colocar-me sob seu poder – seja por que pretexto for –, não tenho razão alguma para supor que aquele que me *toma a liberdade* não me tomaria todo o resto, quando me tivesse sob seu poder. Logo, é legítimo para mim tratá-lo como alguém que se colocou em *estado de guerra* comigo, ou seja, matá-lo se disso for capaz" (*Segundo Tratado* 3.18: 320-1). A linguagem empregada, assim como o contexto geral do capítulo, não permitem duvidar de que, falando de ladrão e sua vítima, é mais ao tirano e seu povo que Locke está se referindo.

6. Uma enumeração deste gênero é feita por Locke, (*Segundo Tratado*, 18.210: 453).
7. O partido *whig*. Ver acima, "Do contrato original", nota 4.
8. A monarquia era *mista*, com o poder dividido entre o monarca e o Parlamento, e não absoluta. Os dois soberanos citados foram os que as duas grandes revoluções do século XVII derrubaram. Carlos dissolveu três vezes o Parlamento, por este contradizer sua política, e governou como monarca durante onze anos, o que provocou a Guerra Civil de 1642-45; foi condenado à morte pelo Parlamento em 1649. Jaime II tentou igualmente governar em moldes absolutistas, dando origem à Revolução de 1699 (Ver "Do contrato original", nota 26), que o destronou e a sua família.

4. Dos primeiros princípios do governo

Ensaio publicado em 1741 (1ª edição).

1. Esta "opinião" corresponde ao que para Hume é o verdadeiro fundamento do governo, e à obrigação *natural* de fidelidade. Diz o *Tratado*: "procuro [...] um interesse mais imediatamente conectado com o governo, e que possa ser ao mesmo tempo o motivo original de sua instituição e a fonte de nossa obediência a ele. Constato que esse interesse consiste na segurança e proteção de que desfrutamos na sociedade política" (T 3.2.9.2: 590). Mas raramente é esta a opinião do povo, a obrigação *moral* (consciente) muitas vezes não coincide com a obrigação natural: "os homens podem ser obrigados por sua *consciência* a se submeter a um governo tirânico, contra seu próprio interesse e o do público." (T 3.2.9.3: 591). "Poucas pessoas são capazes de formar esta cadeia de raciocínios: 'o governo é uma mera

invenção humana para o interesse da sociedade; quando a tirania do governante contraria esse interesse, suprime a obrigação natural da obediência" (T 3.2.9.4: 592).

2. Ver "Do contrato original" (E 2: 92 e nota 18; E 2: 97 e nota 32).
3. As edições 1 a 10 acrescentam o seguinte: "Podemos chamar entusiasmo a esta paixão, ou podemos dar-lhes a designação que os aprouver; mas qualquer político que não levar em conta sua influência nas coisas humanas mostrará assim possuir um entendimento muito limitado". Nas edições 1 e 2 falta o resto do parágrafo.
4. Ver "Dos partidos em geral" (E 12: 181).
5. A referência é a James Harrington (1611-1677), autor de *The Commonwealth of Oceana* (1656), uma das mais importantes utopias do século XVIII. Para Hume era a única utopia aceitável. Ver "Ideia de uma república perfeita" (E 11: 164).
6. Harrington faz depender o poder político com a propriedade. Diz na *Oceana*: "O império nacional funda-se no domínio. O domínio é a propriedade, real ou pessoal; isto é, em terras, ou em dinheiro e bens. As terras, ou as partes e parcelas de um território, são mantidas pelo proprietário ou proprietários, senhor ou senhores do mesmo, em alguma proporção; e tal [...] como é a proporção de equilíbrio de domínio ou propriedade na terra, tal é a natureza do império." (Harrington, 1944: 503).
7. Como por exemplo Locke, embora em termos diferentes dos de Harrington; para Locke a propriedade é importante sobretudo como princípio de origem do governo, mais do que como sustentáculo material da autoridade política. Ver "Do contrato original", nota 51.
8. Ver "Do contrato original" (E 2: 90-91).
9. Isto é, na do grupo armado que pela força impõe a autoridade do soberano.
10. Embora a expressão seja a mesma, não se trata aqui da célebre "teoria da balança do poder", que dizia respeito ao equilíbrio entre o poder de nações vizinhas, e não, como é aqui o caso, entre a força dos diferentes grupos e classes dentro de uma nação, ou entre o rei e o parlamento. A expressão só tem, em Hume, aquele primeiro sentido no ensaio histórico "Da balança de poder" (G & G I: 340-56). Este período contradiz diretamente a teoria de Harrington citada acima (nota 6), a qual é mais extensamente criticada por Hume no ensaio "Se o governo britânico tende mais para a monarquia absoluta ou para a república" (E 9: 151-52).
11. Ver acima, nota 2.
12. A câmara *tory* do reinado de Guilherme III se opunha à guerra com a França de Luis XIV. A pressão da opinião pública ao poder dos *whigs*, partidários da guerra, a qual foi declarada em 1702 (Guerra de Sucessão da Espanha)

13. O caráter ingovernável das tribos romanas, quando se tornaram muito populares, é comentado por Hume no ensaio "Que a política pode ser transformada em uma ciência" (E 6: 128). Idêntico espírito preside à divisão do povo em pequenos corpos, no ensaio "Ideia de uma república perfeita" (E 11: 165, 170-71).
14. Ver "Se o governo britânico tende mais para a monarquia absoluta ou para a república" (E 9: 151, 154-55).
15. As edições 1 a 9 acrescentam o seguinte parágrafo: "terminei este assunto assinalando que a atual controvérsia política a respeito das instruções é extremamente ociosa, e da maneira como está sendo tratada pelos partidos jamais se poderá chegar a uma conclusão. O partido do campo não pretende que cada membro seja absolutamente obrigado a seguir as instruções, tal como um general ou um embaixador é limitado pelas ordens que recebe, e que seu voto só deva ser aceito pela câmara na medida em que esteja de acordo com ela. Por seu lado, o partido da corte não pretende que as opiniões do povo não devam ter influência alguma sobre os membros e muito menos que estes devam desprezar as opiniões daqueles que representam. E se suas opiniões tiverem influência, por que hão de exprimir essas opiniões? Portanto o problema diz apenas respeito ao grau de influência que as instruções devem ter. Mas tal é a natureza da linguagem que se torna impossível exprimir distintamente neste sentido, pode muito bem suceder que eles difiram nas opiniões, embora concordem na linguagem. Além disso, como será possível determinar esses graus, levando em conta a variedade de assuntos que são submetidos à câmara e a variedade de regiões que os membros representam? Deveriam as instruções de Totnes ter o mesmo peso que as de Londres? Ou deveriam as instruções relativas à Convenção, que diziam respeito à política exterior, ter o mesmo peso que as relativas aos *impostos* que apenas diziam respeito à política interna?

5. Da sucessão protestante

Ensaio publicado nos *Political Discourses* de 1752 (edição 4).

1. A "Sucessão Protestante" é a dinastia de Hanover. Iniciada por Guilherme III, que era de religião protestante. Ver acima, "Do contrato original", nota 26.
2. Isto é, a posse do trono por seu mais forte candidato decidiria a paz pública. O "sangue" equivale aqui ao princípio da *antiguidade* ou *longa posse*. Ver "Do contrato original" (E 2: 92 e nota 18; 97 e nota 32); "Dos primeiros princípios do governo" (E 4: 66).

3. A afirmação a que Hume aqui se refere é dele mesmo: "Quem considerar a história das diversas nações do mundo, suas revoluções, conquistas, ascensões e declínios, a maneira pela qual estabelecem seus governos particulares e transmitem o direito de sucessão de uma pessoa a outra, logo aprenderá a não dar tanta importância às disputas concernentes aos direitos dos príncipes, e se convencerá de que uma adesão estrita a regras gerais e a obediência estrita a pessoas e famílias particulares, a que algumas pessoas dão tanto valor, são virtudes que têm menos de razão que de fanatismo e superstição" (T 3. 2.10.15: 601). Mas isso é sua doutrina *filosófica*, para ele a política tem que levar em conta a realidade concreta, o fato de o comportamento político da maioria dos homens ser mais dominado pela superstição, pelo princípio da antiguidade. Os homens são governados pela autoridade e não pela razão, diz o ensaios "Ideia de uma república perfeita" (E 11: 163).
4. "...como (a monarquia absoluta) é um governo tão *natural* e *comum* quanto qualquer outro, certamente deve ocasionar algum tipo de obrigação; e a experiência deixa claro que os homens que a ele se submetem sempre pensam dessa forma". (T 3.2.9.9: 588).
5. As verdadeiras qualidades do governante são o que menos importância tem para a maioria dos povos. "... vemos que frequentemente (a grande maioria dos membros de uma nação) considera como seus dirigentes naturais pessoas que naquele momento estão desprovidas de qualquer poder e autoridade, *e as quais ninguém, por mais estúpido que fosse, escolheria voluntariamente*". (T 3.2.9.9: 587). Itálicos meus.
6. A crítica às "monarquias orientais" (Pérsia, Egito) é frequente em Hume. Ver "Do contrato original", E 2: 105; "Que a política pode ser transformada em uma ciência" (E 6: 132-33); "Da liberdade civil" (E 7: 140).
7. Para Hume a monarquia hereditária é sempre preferível à eletiva. Ver "Do contrato original" (E 2: 101 e nota 36); "Que a política pode ser transformada em uma ciência" (E 6: 129-30).
8. Ver acima, nota 3.
9. As edições 4 a 10 (edições 6 a 10 em nota) têm uma versão diferente dos dois períodos seguintes: "Os discursos e proclamações do rei Jaime I, e todo o conjunto de suas ações, assim como de seu filho, mostram claramente que ambos consideravam o governo inglês uma simples monarquia, e jamais pensaram que uma parte importante de seus súditos tinha opinião contrária. Esta ideia levou-os a revelar suas pretensões, sem preparar a força necessária para apoiá-las, e isto sem aquela reserva ou disfarce, que sempre são usados por aqueles que empreendem qualquer projeto novo ou pretendem fazer inovações em qualquer governo. O rei Jaime disse claramente a seu parlamento, quando este se intrometeu nas questões do estado: *Ne sutor*

ultra crepidam [*sapateiro saiba o teu lugar*]. Costumava também expor suas opiniões à mesa, em promíscuas companhias, de maneira ainda mais disfarçada, conforme vemos na biografia de Waller, numa anedota que esse poeta muitas vezes contava. Em sua juventude, Waller teve curiosidade de conhecer a corte; e frequentou esses círculos, tendo estado com o rei Jaime num jantar no qual, além de outros convidados, dois bispos tomaram lugar à mesa. O rei, abertamente em voz alta, pôs o problema de *se ele não poderia tomar o dinheiro de seus súditos, já que tinha oportunidade para tal, sem todas essas formalidades do parlamento*. Um dos bispos respondeu prontamente: Deus permite que o façais; pois vós sois o ar que respiramos. O outro bispo declinou responder, alegando ser pouco versado em questões parlamentares; mas, instado pelo rei, que disse não admitir evasivas, Sua Eminência respondeu com muito espírito: *Bem, nesse caso penso que Vossa Majestade pode legitimamente tomar o dinheiro de meu irmão, visto que ele o oferece*. No prefácio de Sir Walter Raleigh à História do Mundo há um trecho digno de nota. Filipe II, por mão forte e violência, tentou tornar-se não só monarca absoluto dos Países Baixos, como os reis e soberanos da Inglaterra e da França, mas além disso a maneira turca, calcando aos pés todas as suas leis, privilégios e antigos direitos naturais e fundamentais. Diz Spenser, a respeito de alguns privilégios concedidos pelos reis ingleses às corporações irlandesas: 'Todos eles, embora na época de sua concessão fossem intoleráveis, e talvez razoáveis, são agora extremamente inconvenientes e intoleráveis. Mas todos eles serão facilmente anulados pelo poder superior da prerrogativa de Sua Majestade, contra a qual mesmo os privilégios por ela mesma concedidos não podem ser defendidos ou reivindicados'. *Estado da Irlanda*, p. 1537, edição de 1706. Dado que tais opiniões eram muito comuns, ou talvez até as mais universalmente aceitas nesses tempos, os dois primeiros príncipes da casa Stuart são bem desculpáveis por seus erros. E Rapin (as edições 5 e 6 acrescentam: 'o mais judicioso dos historiadores'), de acordo com sua habitual malevolência e parcialidade, parece tratá-los, se levarmos isso em conta, com excessiva severidade".

Sobre a *prerrogativa* a que este texto faz referência, ver "Da obediência passiva", nota 2.

10. Edições 4 a 8: "Deixaram-se cegar".
11. Doutrina do Direito Divino. Ver "Do contrato original", nota 3; "Da obediência passiva", nota 4.
12. A família Stuart era de religião católica. Sobre a intolerância religiosa, ver "Dos partidos da Grã-Bretanha" (E 13: 186); Para Hume o catolicismo está sempre ligado à intolerância; sua "Ideia de uma república perfeita" adota a religião presbiteriana, ver E 11: 167.

13. Sobre a "imparcialidade do filósofo", ver "Do contrato original" (E 2: 91 e nota 14).
14. Mas também por "falta de entendimento". Ver "Ideia de uma república perfeita" (E 11: 170 e nota 10).
15. A interrupção foi a república e depois a ditadura, de Cromwell e seu filho Ricardo (1642-1660). Ver "Da obediência passiva", nota 8.
16. Essa potência é a França: foi no século XVII que se verificaram as tentativas de hegemonia universal da monarquia absoluta de Luís XIV.
17. Nas edições 4 a 10 o resto do período é substituído pelo seguinte: "enquanto permanecemos como um bastião contra a tirania, e como o grande adversário daquela potência que ameaça a todos os povos com a conquista e a sujeição".
18. No ensaio "Da dignidade ou fraqueza da natureza humana", Hume, depois de condenar os filósofos que exaltam o homem como um ser "semidivino", conclui apesar disso em favor da "dignidade" de sua natureza (G & G, I: 150-1, 155-6).
19. Devido a haver ainda na Inglaterra numerosos partidários dos Stuarts. Ver acima, nota 5.
20. A criação de uma milícia popular é defendida por um Hume também no ensaio "Ideia de uma república perfeita" (E 11: 168-69).
21. A paz de Aix-la-chapelle foi assinada entre a Inglaterra e a França em 1748, pondo fim à guerra de sucessão da Áustria iniciada em 1740.
22. As edições 4 a 10 acrescentam a seguinte nota: "A quem levar em conta que esse pernicioso costume de contrair empréstimos se tornou universal em toda a Europa, esta última opinião poderá parecer discutível. Mas nós temos mais necessidade disso do que outros estados". Sobre o mesmo assunto, ver "Da liberdade civil", E 7: 145. Diz o ensaio econômico "Do crédito público": "nosso expediente moderno, que se tornou muito geral, é hipotecar as receitas públicas e confiar que a posteridade pagará as incumbências contratadas por seus antepassados" (66. I: 361).
23. A restauração da monarquia, e da dinastia Stuart, em 1660. Contra a opinião dominante na Inglaterra, que pretendia o progresso ao governo republicano, o exército impôs a subida ao trono de Carlos II.
24. As edições 4 a 10 acrescentam o seguinte parágrafo: "As vantagens do título parlamentar sobre o hereditário, embora sejam grandes, são demasiado sutis para que o vulgo as possa compreender. Os homens, em sua maioria, jamais as considerariam suficientes para se cometer o que seria considerado uma injustiça para com o príncipe. Precisariam de assentar em argumentos vulgares, simples e populares; e todo homem sensato, embora convencido de sua verdade, deve rejeitá-las, levando em conta as fraquezas e preconceitos

do povo. Só um tirânico usurpador ou cego fanático poderá, com seus erros, enfurecer a nação, tornando possível aquilo que talvez sempre tenha sido desejável".

25. Essas potências eram a França e a Rússia; o principado de Hannover fazia parte do Santo Império Germânico.
26. As edições 4 a 10 apresentam o seguinte parágrafo: "Na última foi-nos muito útil, fornecendo-nos um importante corpo de tropas auxiliares, as mais corajosas e fiéis do mundo. O Eleitor de Hanover foi o único príncipe importante do império que não defendeu objetivos separados, nem apresentou pretensões antiquadas, durante os últimos conflitos europeus, comportando-se sempre com a dignidade de um monarca inglês. E, desde a subida ao trono dessa família, seria difícil apontar qualquer prejuízo a nós infligido pelos domínios eleitorais, a não ser aquele pequeno dissabor em 1718, quando Carlos XII, guiando-se por máximas muito diferentes das de outros príncipes, transformou todas as ofensas públicas em questões pessoais". As edições 9 e 10 acrescentam aqui, em nota: "Isto foi publicado em 1752".
27. Desde Henrique VIII que o chefe Igreja Inglesa é o próprio monarca, e não um "estrangeiro" como o papa dos católicos. Ver acima, nota 12.
28. As edições 4 a 8 têm "virulenta acrimônia".
29. As edições 4 a 10 acrescentam: "A conduta da família saxônia, onde a mesma pessoa pode ser um rei católico e um eleitor protestante, é talvez o primeiro exemplo, nos tempos modernos, de comportamento tão razoável e prudente. E a evolução gradual da superstição católica deixa prever, mesmo lá, uma rápida alteração, depois da qual há motivo para recear que as perseguições darão um rápido fim à religião protestante, no próprio berço que a viu nascer.
30. As edições 4 a 10 acrescentam: "Quanto a mim, considero a liberdade benção tão valiosa para a sociedade e tudo quanto contribui para seu fortalecimento e segurança dificilmente pode ser excessivamente venerado por todos os que amam o gênero humano".
31. O mesmo diz o *Tratado* (T 3.2.10.19: 605): "embora a ascensão ao trono do *Príncipe de Orange* possa de início ter dado ocasião a muitas disputas, e seu título possa ter sido contestado, agora seu direito não deveria mais parecer duvidoso, tendo já adquirido uma autoridade suficiente em virtude dos três príncipes que o sucederam no mesmo título".
32. Idêntica crítica ao governo inglês se encontra em "Dos partidos da Grã-Bretanha, (E 13: 185).

6. Que a política pode ser transformada em uma ciência

Ensaio publicado em 1741 (1ª edição).

1. O *Ensaio sobre o homem* é uma dissertação filosófica em verso, escrita pelo poeta Alexander Pope em 1733-4.
2. O reinado de Henrique III (1574-89) foi uma época de perseguições aos Huguenotes, dissidentes religiosos. Teve de defender-se das revoltas populares de 1588, e os Estados Gerais proclamaram (a semelhança do parlamento inglês) a superioridade de sua autoridade legislativa sobre a do rei. Assassinado em 1589, sucedeu-lhe o rei de Navarra, Henrique de Bourbon, que fez uma política de conciliação religiosa, de um lado abjurando do protestantismo (era calvinista), e de outro lado promulgando o édito de Nantes, que concedia a liberdade do culto aos Huguenotes.
3. As edições 1 a 10 acrescentam: "Idêntica diferença, mas de tipo contrário, se verifica comparando os reinados de Isabel e Jaime, pelo menos no que diz respeito à política exterior". (Referência às infelizes tentativas do primeiro Stuart, Jaime I, que em 1603 sucedeu à rainha Isabel, de alianças, ao mesmo tempo, com os príncipes católicos – Felipe III da Espanha, Luís XIII da França – e calvinistas – Frederico V, Grande Eleitor do Palatinado, que levaram a conflitos internos entre a coroa e o parlamento). As mesmas edições não têm a frase "da estrangeira ou da nacional" no período seguinte.
4. As edições 1 e 2 acrescentam: "E um deles foi, em grande medida, ou da Inglaterra, até meados do século passado". Ao que as edições 3 a 11 acrescentam: "Em que pese aos inúmeros panegíricos da antiga liberdade inglesa".
5. Na *Investigação sobre o entendimento humano* Hume vai mais longe. Comparando as ciências matemáticas com as ciências "morais" ou humanas, uma das quais é a política, afirma: "se considerarmos essas ciências em uma perspectiva adequada, suas vantagens e desvantagens compensam-se aproximadamente umas às outras e põem ambas em pé de igualdade" (EHU 7.2: 96).
6. O elogio da imposição violenta do poder ao povo, "incapaz de escolher", se encontra também em "Do contrato original" (E 2: 94). Ver a nota 25 desse ensaio.
7. Isto é, essas duas classes não darão origem a partidos políticos, os quais geralmente levam à dissolução o governo dos países onde surgem. Ver "Dos partidos em geral" (E 12: 178).
8. Os princípios da natureza humana, cuja imutabilidade é para Hume a garantia da uniformidade das ações humanas e da influência das leis constitucionais. "Reconhece-se universalmente que há uma grande uniformidade comparando

as ações dos homens em todas as épocas e nações, e que a natureza humana permanece a mesma em seus princípios e operações. Os mesmos motivos sempre produzem as mesmas ações; os mesmos eventos decorrem das mesmas causas. A ambição, a avareza, o amor próprio, a vaidade, a amizade, a generosidade, o espírito público; essas paixões, mescladas em graus variados e distribuídas por toda a sociedade, foram, desde o início do mundo, e ainda são, a fonte de todas as ações e empreendimentos já observados entre a humanidade". (EHU 8.7: 122-3).

9. O processo eletivo é também criticado em "Do contrato original" (E 2: 94), e "Da liberdade de imprensa" (E 8: 149).
10. Na edição 1 está "Vespasiano", e não é dada a referência.
11. Esta frase e as três notas acima foram acrescentadas na edição 6.
12. A Córsega havia também sido anexada pela França. Não podemos comprovar o "bom tratamento" por Hume atribuído às províncias deste país, mas a exploração econômica da Irlanda pela Inglaterra é também apontada por Swift: "A Inglaterra desfruta de [...] alguns milhões de retorno a cada ano, sem mão de obra nem perigo, ou um valor insignificante recebido de nossa parte. Mas por quanto tempo poderemos continuar o pagamento, não estou minimamente preocupado. Uma coisa eu sei, que *quando a galinha morrer de fome, não haverá mais ovos de ouro.* (Swift 1942: 510-1).
13. Essa observação se encontra no capítulo IV de *O Príncipe* (32-5).
14. Esta nota foi acrescentada na edição 6.
15. Ver acima, nota 8.
16. Este parágrafo foi acrescentado na edição 3.
17. Hume cita a tragédia *Cinna*, mas fazendo uma "nova composição" com elementos de três versos da peça. No texto de Corneille está, "Où l'aigle abattait l'aigle, et de chaque côté" (verso 179), e mais adiante "Romains contre Romains, parentes contre parentes, /Combattaient seulement pour le choix de tyrans" (versos 187 e 188)." [Águia contra águia, romanos contra romanos, pais contra pais, /lutando para escolher entre tiranos"]. Ver *Théatre Choisi*, Garnier, Paris, 1956: 157-8. A isto a edição de Green e Grose acrescenta mais um erro, *combatans* em vez de *combattant* (G & G, I: 106, com a edição de Basiléia, I: 22).
18. Neste sentido, a paixão pelo interesse público se identifica ao que, segundo Hume, a linguagem comum impropriamente chama "razão", mas na realidade é da mesma natureza que as "paixões violentas". "Com a palavra *razão* referimo-nos a afetos exatamente da mesma espécie que os anteriores, mas que operam mais calmamente, sem causar desordem no temperamento; essa tranquilidade faz que nos enganemos a seu respeito, vendo-os exclusivamente como conclusões de nossas faculdades intelectuais" (T 2.3.8.13: 473).

Idênticas considerações são aplicadas ao problema do surgimento do governo (T 3.2.7.5: 575).

19. As edições 4 a 8 indicam a data de 1742.
20. A revolução de 1688 e a coroação de Guilherme III. Ver "Do contrato original", nota 26.
21. Obra publicada por Lord Bolingbroke (1678-1751), um dos mais importantes políticos *tories*, no jornal *The Craftsman*, órgão da oposição a Walpole (ver nota 22), entre 1727 e 1731.
22. As edições 3 a 10 acrescentam aqui, transformado em nota, um curto ensaio já publicado na edição 2, com o título "Retrato de Sir Robert Walpole", que a seguir traduzirmos:

   "Jamais homem algum teve suas ações e seu caráter mais intensa e abertamente discutidos do que o atual ministro, o qual, tendo governado uma nação livre e culta durante tanto tempo, em meio à mais vigorosa oposição, poderia constituir uma imensa biblioteca com o que a favor ou contra ele se escreveu, pois foi ele o assunto de mais da metade do papel que se imprimiu no país nestes últimos trinta anos. Gostaria eu, para honra de meu país, que algum de seus retratos houvesse sido traçado com *discernimento* e *imparcialidade* suficientes para que a posteridade os aceitasse, e para mostrar que nossa liberdade foi, ao menos uma vez, usada para bom fim. Receio apenas falhar quanto à primeira daquelas qualidades; mas, se assim for, será apenas mais uma página desperdiçada, após outras cem mil, sobre o mesmo assunto, que desapareceram e se tornaram inúteis. Entretanto, apraz-me imaginar, deleitosamente, que o retrato que se segue será adotado pelos futuros historiadores.

   Sir *Robert Walpole*, primeiro-ministro da Grã-Bretanha, é um homem de talento, não de gênio; de bom caráter, não virtuoso; constante, não magnânimo; moderado, não equânime.* Suas virtudes, sobre alguns aspectos, são livres daqueles vícios que habitualmente compensam tais virtudes; é amigo generoso, sem ser inimigo implacável. Seus vícios, de outro lado, não são equilibrados por aquelas virtudes que de perto os acompanham: sua falta de iniciativa não é acompanhada pela parcimônia. Como simples particular, tem melhor caráter do que como homem público; suas virtudes são mais do que seus vícios; sua fortuna é maior do que seu prestígio. Apesar de suas qualidades, atraiu o ódio do povo; e apesar de sua capacidade não conseguiu escapar ao ridículo. Seria considerado mais digno de seu alto cargo se não o ocupasse; e é o homem mais indicado para o segundo lugar de um governo do que para o primeiro. Seu ministério tem sido mais vantajoso para sua

* Moderado no exercício do poder, não equânime ao monopolizá-lo

família do que para a nação, melhor para sua época do que para a posteridade, e mais pernicioso pelos maus precedentes do que por verdadeiros prejuízos. Sob seu governo o comércio floresceu, a liberdade declinou, e o saber foi destruído. Enquanto homem, eu o adoro; como homem de letra o detesto; como cidadão britânico, desejo calmamente sua queda. E, fosse eu membro de qualquer das câmaras, votaria por sua saída de St. James; mas ficaria feliz em vê-lo retirar-se para Houghton Hall, para passar no ócio e no prazer o resto de seus dias."

7. Da liberdade civil

Ensaio publicado em 1741, primeira edição.

1. Nas edições 1 a 7 este ensaio tem o título "Da liberdade e do despotismo".
2. Hume cita aqui o Capítulo XXIII da obra de Maquiavel, mas de maneira pouco exata. Eis a passagem correspondente: "se um príncipe não for sábio por si mesmo, não poderá ser bem aconselhado, a menos que a sorte o ponha nas mãos de um só homem muito prudente, que o oriente em tudo. Neste caso, a coisa poderia dar certo, mas duraria pouco, porque aquele orientador em pouco tempo lhe tomaria o estado."
3. Lúcio Aélio Séjano tentou destronar Tibério; e o Cardeal Fleury, embora tenha sido ministro de Luís XV, nunca procurou alcançar posição mais alta.
4. Esta nota foi acrescentada na edição 6.
5. A Inglaterra e a Holanda.
6. Edições 1 a 3: "as vantagens e desvantagens de cada um".
7. A ideia de uma natureza humana imutável não implica para Hume, portanto, idêntica imutabilidade da civilização; a história não é uma constante repetição dos mesmos "esquemas" (embora por vezes Hume pareça sugeri-lo), é, concebido como um progresso e um progresso da proposta natureza do homem (ver acima, página 139). No ensaio "Da origem e progresso das artes e ciências", afirma Hume que, nos tempos primitivos, "a experiência e educação não refinaram os juízos dos homens de maneira considerável" (G & G: 178).
8. O próprio Hume afirma também, no ensaio "Da origem e progresso das artes e ciências": "é impossível surgirem as artes e ciências, nos começos, em qualquer povo, a não ser que se viva na bênção dum governo livre" (G & G: 177).
9. O resto do período foi acrescentado na edição 6.
10. Na introdução do *Tratado* refere Hume: "alguns filósofos recentes da Inglaterra, que começaram a colocar a ciência do homem em novas bases, chamaram

a atenção e despertaram a curiosidade do público". Indica, em nota, alguns nomes: Locke, Shaftesbury, Mandeville, Hutcheson, Butler. E acrescenta: "Isso tanto é verdade que, por mais que outras nações possam rivalizar conosco na poesia, e nos sobressair em algumas outras artes agradáveis, os aperfeiçoamentos na razão e na filosofia só podem se dever a uma terra de tolerância e liberdade" (T *Intr.* 7: 22).

11. Para Hume o catolicismo está sempre ligado ao poder real e ao conservadorismo. "A semelhança de suas superstições manteve durante muito tempo unidos os *tories* do alto clero e os *católicos romanos*, em defesa do direito de prerrogativa e do poder real" "Da superstição e entusiasmo" (G & G, I: 150).
12. Esta "aristocratização" da burguesia verificou-se contudo também, em ampla medida, na Inglaterra da época de Hume. Ver Trevelyan, *English Social History*, 1944: 398-9.
13. Mas do qual, segundo Hume, a antiguidade possuía já um conhecimento parcial: "a máxima de se preservar a balança de poder está tão fundamentada no senso comum e no raciocínio óbvio que é impossível que ela tivesse escapado inteiramente à antiguidade, na qual encontramos, em outros aspectos, tantos sinais de uma profunda penetração e discernimento. Se ela não era tão geralmente conhecida e difundida quanto no presente, exerceu pelo menos alguma influência sobre todos os príncipes e políticos mais sábios e experimentados". "Da balança do poder", (G & G, I: 352). Sobre o outro sentido desta expressão, ver "Dos primeiros princípios do governo" (E 4: 115 e nota 10).
14. A edição 1 acrescenta: "e, segundo as leis *romanas*, respondiam com suas próprias vidas pela vida de seu amo".
15. Contrariando, portanto, a natureza original dessa forma de governo, na qual, afirma outro ensaio, há uma grande predominância da administração, ao contrário da forma republicana. Ver "Que a política pode ser transformada em uma ciência", (E 6: 128).
16. Esta última frase foi acrescentada na edição 6.
17. Na edição 1 este período tinha a seguinte redação (e não tinha a nota): "conforme nos diz Xenofonte, os atenienses, embora fossem uma república, pagavam vinte por cento pelo dinheiro".

    Na edição 2, também sem nota, a redação era a seguinte: "Conforme nos diz Xenofonte, os atenienses, embora governados por uma república, pagavam vinte por cento pelas quantias em dinheiro que qualquer ocasião de emergência os obrigasse a tomar emprestadas.

    As edições 3 a 11 já tem a nota, e só diferem da edição definitiva na expressão "ocasião de emergência" em vez de apenas emergência.

8. Da liberdade de imprensa

Ensaio publicado em 1741 (1ª edição).

1. As edições 1 a 10 acrescentam: "E será o exercício ilimitado desta liberdade vantajoso ou prejudicial para a nação?"
2. As leis *comuns* se contam, assim, entre os efeitos das leis *constitucionais*. É apenas a estas últimas, portanto, que se refere o ensaio "Que a política pode ser transformada em uma ciência".
3. As edições 3 a 10 acrescentam: "Vou procurar explicar-me".
4. *La Henriade* é uma epopeia de Voltaire.
5. A estas características está ligada também, segundo Hume, a maior frequência de uso do direito de resistência nesses governos. Ver "Da obediência passiva" (E 3: 111). É mais frequente e mais "natural", e portanto mais legítimo: "nesses governos mistos, os casos em que a resistência é legítima devem ser muito mais frequentes que nos governos arbitrários devendo haver uma tolerância muito maior para com os súditos que se defendem pela força das armas" (T 3.2.10.16: 603)
6. Para uma crítica semelhante à monarquia eletiva, ver "Que a política pode ser transformada em uma ciência", (E 6: 130 e nota 9).
7. Esta expressão se encontra também em Locke, quando afirma que a situação primitiva da humanidade é: "um estado de liberdade não de licenciosidade". (*Segundo Tratado*, 2.6: 311).
8. Nas edições 1 a 10 o período seguinte começa com a expressão "é suficientemente sabido".
9. A edição 11 não tem o parágrafo final. As edições 1 a 10 têm em vez dele o seguinte:
   "Sendo portanto essa liberdade tão essencial à manutenção do nosso governo misto, basta isso para resolver o segundo problema, *se tal liberdade é vantajosa ou prejudicial*; pois em qualquer estado nada é mais importante do que a preservação do antigo governo, sobretudo se for um governo livre. Mas eu ousaria dar mais um passo, afirmando que esta liberdade acarreta tão poucos inconvenientes que pode ser proclamada como direito comum dos homens, e deve ser-lhes concedida em quase todos os governos, com exceção do eclesiástico, ao qual, sem dúvida, se mostraria fatal. Não devemos tomar desta liberdade as funestas consequências que resultaram das arenas dos demagogos populares de Atenas e dos tribunos de Roma. Um livro ou um panfleto se lê a sós e calmamente; não está presente ninguém que possa transmitir por contágio a paixão ao leitor; este não é *impelido* pela força e energia da ação; e, tivesse ele um temperamento tão sedicioso, não lhe é

apresentada nenhuma decisão violenta pela qual possa imediatamente dar largas a sua paixão. Portanto a liberdade de imprensa, mesmo que dela se abuse, dificilmente pode provocar tumultos ou revoltas populares. Quanto aos murmúrios e secretos descontentamentos que pode ocasionar, mais vale que sejam *expressos* em palavras, de modo a poderem chegar ao conhecimento do magistrado antes que seja tarde demais, a fim de se providenciar um *remédio* contra eles. É certo que os homens sempre tiveram mais tendência para acreditar no que se diz das desvantagens de seus governantes do que para o contrário, mas esta propensão é inseparável deles, quer tenham liberdade quer não. Os rumores podem espalhar-se tão depressa e ser tão perniciosos quanto os panfletos. Não, serão ainda mais perniciosos, se os homens não estiverem habituados a pensar livremente e a distinguir entre a verdade e a falsidade.

Verificou-se também, com o aumento da experiência da humanidade, que o *novo* não é um monstro tão perigoso como se tem pintado, e que sob todos os aspectos é preferível orientá-lo, com criaturas racionais, a conduzi-lo ou dirigi-lo, como animais irracionais. Antes que as províncias unidas descem o exemplo, a tolerância era considerada incompatível com o bom governo, e era considerado impossível que um certo número de seitas religiosas pudessem viver juntas em paz e harmonia, tendo todas elas igual afeição por sua pátria comum e umas pelas outras. A Inglaterra deu idêntico exemplo de liberdade civil e, embora atualmente esta liberdade pareça ocasionar ligeira perturbação, até agora não produziu quaisquer efeitos perniciosos; e é de esperar que os homens, cada dia se habituando mais à livre discussão das questões públicas, aperfeiçoem a capacidade de julgá-las, passando a deixar-se seduzir mais dificilmente por qualquer falso rumor ou situação popular.

Para os amantes da liberdade constitui grande conforto pensar que na Grã-Bretanha este privilégio não poderá facilmente ser-nos arrancado, e certamente se manterá enquanto o nosso governo continuar, em qualquer medida, livre e independente. Raramente acontece que qualquer tipo de liberdade se perca toda de uma só vez. Para os homens habituados à liberdade, a escravidão tem aspecto tão interessante que ela tem que ser-lhes imposta gradualmente, e precisa se disfarçar sobre mil formas para poder ser acatada. Mas a liberdade de imprensa, se alguma vez vier a perder-se, terá de ser perdida de uma só vez. Atualmente as leis gerais contra a sedição e a difamação são tão fortes quanto é possível; ainda poderá trazer novas restrições, a não ser a imposição de um *Imprimatur* à imprensa ou a concessão à corte de poderes amplamente discricionários para punir quem lhe desagrada. Mas estas concessões constituiriam uma violação tão flagrante da liberdade que seriam provavelmente os últimos esforços de um governo despótico. Poderemos concluir que a liberdade desapareceu para sempre da *Grã-Bretanha*, no dia em que essas tentativas obtiveram êxito."

9. Se governo britânico tende mais para a monarquia absoluta ou para a república

Ensaio publicado em 1741 (1ª edição).

1. A *Oceana* foi publicada durante o governo de Cromwell, apenas quatro anos antes da restauração da monarquia. Ver "Dos primeiros princípios do governo" (E 4: 114 e 115, notas 5 e 6); "Da sucessão protestante", nota 15.
2. Mas não segundo Hume, nas monarquias absolutas, cuja "constituição original" concentra nas mãos do rei todo poder, sem atribuir qualquer parcela deste à classe dos operários. Ver "Dos primeiros princípios do governo" (E 4: 115 e nota 10).
3. Nas edições 1 e 2 lê-se: "três mil talentos por ano, o equivalente a 400.000 libras esterlinas". E nas edições 3 a 11: "apenas cerca de seiscentos mil libras em nossa moeda".
4. As edições 3 a 11 acrescentam: "Como em Roma a taxa de juro era mais elevada do que entre nós, isto poderia equivaler a 100.000 libras por ano".
5. Em carta de 1772 escreve Hume: "...o governo Inglês é certamente feliz, embora provavelmente não tenha uma duração calculada" (*Letters*, II: 261).
6. As edições 1 a 8 acrescentam a seguinte nota: "*On ne monte jamais si haut que quand on ne sçait où on va*" [Nunca subimos tão alto como quando não sabemos para onde vamos] disse Cromwel ao Presidente de Bellièvre. *Memóries* do Cardeal de Retz.
7. A ideia de que uma boa Constituição pode impedir qualquer má administração é definida também no ensaio "Que a política pode ser transformada em uma ciência", (E 6: 136-38).
8. Para Hume o soberano, devido à situação em que o coloca seu cargo, não tem as mesmas paixões e ambições que o vulgo. "São essas pessoas que chamamos de magistrados civis, reis e seus ministros, nossos governantes e dirigentes, que, por serem indiferentes à maior parte da sociedade, não têm nenhum interesse ou têm apenas um remoto interesse em qualquer ato de injustiça; e que, estando satisfeitos com sua condição presente e com seu papel na sociedade, têm um interesse imediato em cada cumprimento da justiça, tão necessária para a manutenção da sociedade" (T 3.2.7.6:

576). Mas isto se aplica mais à monarquia absoluta do que ao governo misto.

9. Sobre a "prorrogação" dos partidos, ver "Dos partidos em geral" (E 12: 178).
10. É este um caso particular do que Hume afirma em geral da união entre diferentes "paixões" (no caso, a da novidade e aversão, ou desejo). "Uma vez que as paixões, embora independentes, transformam-se naturalmente umas nas outras quando estão presentes ao mesmo tempo, segue-se que, quando o bem ou o mal estão situados de maneira a causar uma emoção particular, além de sua paixão direta de desejo ou aversão, esta última paixão deve adquirir nova força e violência." T 2.3.4.4: 456.
11. No ensaio "Dos primeiros princípios do governo", e também na opinião dos homens que todo governo, seja qual for sua forma, tem o fundamento de sua autoridade; e o "interesse" é apresentado como uma das formas desse princípio geral (E 4: 113).
12. Nas edições 1 a 3 lê-se: "perdeu inteiramente seu crédito".
13. Alusão à teoria do Direito Divino. Ver "Do contrato original" (E 2: 89-90 e nota 3).
14. A revolução de 1688. Ver "Do contrato original", nota 26.
15. Este tipo de comparação entre os dois "corpos" é frequente no *Leviatã* de Hobbes: "Pois o soberano é a alma pública, que dá vida e movimento à república, e quando esta expira os membros deixam de ser governados por ela tal como a carcaça do homem quando se separa da sua alma (ainda que imortal). (*Leviatã* 29: 178).

    E o título da obra é assim justificado: "Expus até aqui a natureza do homem [...], juntamente com o grande poder de seu governante, ao qual comparei com o *Leviatã*, tirando essa comparação dos dois últimos versículos do capítulo 41 de *Jó*, onde Deus, após ter estabelecido o grande poder do *Leviatã*, lhe chamou Rei dos Soberbos. [...]. Mas dado que é mortal, e sujeito à degenerescência, do mesmo modo que todas as outras criaturas terrenas, e dado que existe no céu (embora não na terra) algo de que ele deve ter medo, e a cuja lei deve obedecer, vou falar no capítulo seguinte de suas doenças, e das causas de sua mortalidade" (28: 170).
16. Clara alusão a seu próprio ensaio "Ideia de uma república perfeita".
17. Esse exemplo é o de Cromwell, o qual, depois de ter favorecido a implantação da República (1649), foi quatro anos depois nomeado pelo exército "lorde protetor" da República, instaurando uma ditadura militar.
18. Esta passagem é interpretada por Basil Willey, não como uma imparcial previsão "científica", mas como expressão de uma preferência de Hume pelo despotismo, mesmo acima do governo misto. (Willey 1940: 120).

10. Da independência do parlamento

Ensaio publicado em 1741 (1ª edição)

1. Nas edições 1 a 8 este ensaio se inicia com o seguinte exame do espírito de partido:
"Tenho com frequência observado, comparando o comportamento dos membros dos partidos da *corte* e do *campo*, que os primeiros são geralmente menos arrogantes e dogmáticos na discussão, mais prontos a fazer concessões; e, embora talvez não sejam mais suscetíveis de se deixar convencer, são mais capazes de aceitar contestação do que os segundos, os quais são capazes de se enfurecer com qualquer oposição, e de acusar de intuitos mercenários todo aquele que argumenta de maneira fria e imparcial, ou faz quaisquer concessões a seus adversários. É este o fato que julgo ter sido observado por todos os que frequentam os meios em que se discutem questões políticas; no entanto, se acaso se perguntasse o motivo dessa diferença, cada um dos lados invocaria um motivo diferente. Os cavalheiros da *oposição* atribuíram isso à própria natureza de seu partido, o qual se baseia no espírito público e no zelo pela constituição, e portanto não pode aceitar facilmente as doutrinas que tenham consequências perniciosas para a liberdade. Os membros do partido da *corte*, de outro lado, são capazes de nos lembrar o palhaço mencionado por Lord Shaftesbury. 'Um palhaço', diz esse excelente autor,* 'teve uma vez a ideia de ir ouvir as discussões em latim dos doutores de uma universidade. Perguntaram-lhe que prazer poderia ter em ouvir tais disputas, pois jamais poderia saber qual dos partidos tinha razão. *Quanto a isso* replicou o palhaço, *também não sou tão louco assim, sou capaz de ver qual é o primeiro que faz o outro enfurecer-se.* Foi a própria natureza que ensinou ao palhaço que aquele que tivesse razão estaria calmo e bem disposto, ao passo que aquele que fosse incapaz de defender sua causa com argumentos naturalmente perderia e acalma e se mostraria violento'.
Qual desses motivos devemos aceitar? Em minha opinião nenhum deles, a não ser que pretendamos aderir e nos tornarmos fanáticos de qualquer dos partidos. Creio ser capaz de apontar o motivo dessa diferença de comportamento entre os dois partidos, sem ofender nenhum deles. É evidente que o partido do campo é atualmente o mais popular, e talvez o tenha sido na maior parte dos governos, e assim, tendo-se habituado a dominar sempre, seus membros não suportam ouvir contradizer suas opiniões, sentindo-se tão confiados no favor do público como se todas suas opiniões se baseassem

* *Miscellaneous Reflections*, 107.

na mais infalível demonstração. Por outro lado, os membros do partido da corte são geralmente tão perseguidos pelos oradores populares que, se a eles falarmos com certa moderação ou fizermos a menor concessão, se sentirão extremamente agradecidos, e são capazes de corresponder a esse favor com idêntica moderação e tolerância de sua parte. Sabem que, se se deixarem irritar e enfurecer, granjearão apenas a qualificação de *mercenários sem vergonha*, e não a de *zelosos patriotas*, que é a designação que os membros do outro partido, devido às mesmas atitudes belicosas, normalmente recebem.

Verificamos em todas as controvérsias, sem levar em conta a verdade ou a falsidade de qualquer dos lados, que os defensores das opiniões estabelecidas e populares são sempre os de estilo mais dogmático e imperioso, ao passo que seus adversários dão mostras de gentileza e moderação quase extraordinárias, a fim de atenuar na maior medida possível quaisquer preconceitos que contra eles possa haver. Veja-se o comportamento de nossos *livres-pensadores* de todos os tipos, quer os que negam toda e qualquer revelação, ou os que apenas se opõe ao poder exorbitante do clero: Collins, Tindal, Foster, Hoadley; compare-se sua moderação e boas maneiras com o furioso fervor e as ofensas de seus adversários, e aceitar-se-á a verdade desta minha observação. Idêntica diferença se pode observar no comportamento daqueles escritores franceses que alimentavam a controvérsia a respeito do saber antigo e do saber moderno. Boileau, Monsieur e Madame Dacier, l'Abbé Du Bos, que defendiam o partido dos antigos, misturavam seus argumentos com sátiras e invectivas, ao passo que Fontenelle, La Motte, Charpentier, e mesmo Perrault, nunca ultrapassaram os limites da moderação e da boa educação, apesar de serem provocados pelo mais injurioso tratamento por parte de seus adversários.

Devo contudo salientar que esta observação a respeito da aparente moderação do partido da corte se limita exclusivamente à discussão, e àqueles que entraram para esse partido devido a interesse ou inclinação. Porque quanto aos escritores da corte, que são geralmente contratados como escribas, são exatamente tão ofensivos quanto os mercenários do outro partido; e quanto a este aspecto o *Gazeteer* não tem nenhuma vantagem sobre o *Common Sense*. Em qualquer dos partidos o homem educado mostrará que o é, mediante sua boa educação e decência, assim como o canalha sempre deixará transparecer as qualidades opostas. *Os falsos acusadores acusados*, etc., é muito ofensivo, embora esse lado da questão, por ser menos popular, possa ser defendido com mais moderação. Quando L–d B–e, L–d M–t ou L–n pegam na pena, embora escrevam com entusiasmo, não confiam em sua popularidade a ponto de transgredir os limites da decência.

Fui levado a tecer estas considerações pela leitura de alguns escritos que tratam desse grande tópico da *influência da corte e dependência parlamentar*, nos quais, em minha humilde opinião, os membros do partido do campo, além da veemência e da sátira, dão mostras de uma inflexibilidade demasiado rígida e de uma excessiva relutância em fazer concessões a seus adversários. Seus argumentos perdem a força por serem levados longe demais, e a popularidade de suas opiniões os levou a negligenciar em certa medida sua exatidão e solidez. Os argumentos que se seguem servirão, espero, para justificar esta minha opinião". (O penúltimo parágrafo foi cortado na edição 3).

2. Para o próprio Hume, o interesse é uma das paixões dominantes da natureza humana. Segundo o *Tratado*, nada pode extirpar essa qualidade da natureza humana, portanto a solução é modificar a *situação* dos homens: os que são colocados na posição de governantes terão, em virtude dessa posição, o maior *interesse* na defesa do bem público; e sua autoridade lhes permite impor ao resto da sociedade uma conduta que seja igualmente favorável aos interesses da sociedade. Ver T 3.2.7: 576; "Da origem do governo", nota 7; "Se o governo britânico tende mais para a monarquia absoluta ou para república", nota 8.
3. Sobre estes aspectos do comportamento dos "homens de partido", ver "Dos primeiros princípios do governo" (E 4: 66).
4. As edições 1 a 3 acrescentam: "no atual estado de depravação da humanidade".
5. Ver Locke (*Segundo Tratado* 13.150: 413-4): "Em todos os casos, enquanto subsistir o governo, *o legislativo é o poder supremo*. Pois o que pode legislar para outrem deve por força ser-lhe superior; e como o legislativo o é tão-somente pelo direito de elaborar leis para todas as partes e para cada membro da sociedade, prescrevendo regras para suas ações e concedendo poder de execução onde quer que sejam transgredidas, o *legislativo* deve por força ser o poder *supremo*, e todos os demais poderes depositados em quaisquer membros ou partes da sociedade devem derivar dele ou ser-lhe subordinados".
6. Ver acima, nota 2.
7. Como afirma o ensaio "Que a política pode ser transformada em uma ciência", cada forma de lei constitucional tem certas consequências inevitáveis, independentemente do caráter dos governantes (sobretudo nos governos livres, como o da Inglaterra). Ver, E 6: 128, 130, 134, 136-38.
8. Ver "Que a política pode ser transformada em uma ciência", nota 21.
9. Sobre esta outra designação do partido *whig*, ver "Dos partidos da Grã-Bretanha", nota 2.
10. *Sentimentos* porque, segundo a moral de Hume, é através deles, e não da razão, que se constituem os valores do bem e do mal. "quando declaramos que uma ação ou caráter são viciosos, não queremos dizer nada senão que,

dada a constituição de nossa natureza, experimentamos uma sensação ou sentimento de censura quando os contemplamos (T 3.1.1.26: 508).

11. Isto é, a monarquia limitada, dada sua forma mista, se encontra a meio caminho entre a predominância das leis (repúblicas puras) e da administração, do caráter do soberano. Ver "Que a política pode ser transformada em uma ciência" (E 6: 128).

11. Ideia de uma república perfeita

Ensaio publicado nos discursos políticos de 1752 edição 4.

1. Nas edições 4 a 10 o ensaio começa com as seguintes palavras: "De todos os homens, os mais perniciosos são os visionários políticos, quando tem poder; ou os mais ridículos, quando não o tem. Assim como, por outro lado, o político experimentado é o caráter mais benéfico que há na natureza, quanto dispõe de autoridade; e o mais inocente, mesmo quando dela privado".
2. Ver "Da coalizão dos partidos" (E 14: 197). "A posse atual" é para Hume um dos mais importantes princípios que fundamentam a autoridade dos governos. Ver T 3.2.10.6: 596.
3. Isto é, o princípio fundamental do governo, mesmo acima da "posse atual", é o da "longa posse". Ver T 3.2.10.6: 596.
4. Ver "Que a política pode ser transformada em uma ciência" (E 6: 130, 134).
5. O gênero utópico, efetivamente, estava em franca decadência na Inglaterra do tempo de Hume. Ver Morton (*L'Utopia anglaise*, 1964: 124). Outros exemplos dessa literatura, além das obras de More e Harrington abaixo indicadas por Hume, são a *Nova Atlântida* de Francis Bacon 1627, *A Descrition of the Famous Kingdome of Macaria*, de Samuel Hartlib (1641), *Olbia: The New Island Lately Discovered*, de John Sadler (1660), e *The Isle of Pines*, de Henry Neville (1668). A obra importante mais próxima de Hume que se pode ligar ao gênero são as *Viagens de Gulliver*, de Swift (1726).
6. A *Utopia* de More é de 1551. Sobre a obra de Harrington (1656), ver "Dos primeiros princípios do governo", nota 5 e 6; "Se o governo britânico tende mais para a monarquia absoluta ou para a república" (E 9: 151 e nota 1).
7. Diz uma carta de 1775: "Harrington é um autor genial, mas quimérico. Nenhuma lei, por mais rigorosa que seja, tornaria sua lei agrária praticável. E como o povo têm apenas uma lei negativa, o [Senado] ganha permanentemente terreno sobre eles" (*Letters*, II: 306-7). Harrington propunha a rotação nos seguintes termos: "Uma rotação equitativa é uma vicissitude equitativa no governo, ou sucessão da magistratura conferida por tais termos

convenientes, gozando férias equitativas, como a tomada de todo o corpo por partes, sucedendo outros, através da livre eleição ou sufrágio do povo". *The Commonwealth of Oceana, in Reading in Political Philosophy*, p. 518. E a lei agrária: "Uma lei agrária equitativa é uma lei perpétua, que estabelece e preserva o equilíbrio de domínio mediante uma tal distribuição, de modo que nenhum homem ou vários homens, dentro do círculo dos poucos ou da aristocracia, pode vir a dominar todo o povo pela posse de suas terras". *Ibid.* Quanto ao último aspecto, o que Harrington afirma não é que o povo deve "consentir", e sim que deve *acolher*, cabendo ao senado a função de, antes dessa escolha, discutir os problemas: "o papel do senado não é de ser chefe, mas conselheiro, do povo"; "o senado não é mais que o debate da república"; "se o senado tem mais poder do que dividir, a república nunca pode ser equitativa"; "da mesma maneira como a divisão do conselho repousa na sabedoria da república, a escolha da assembleia ou do conselho deve basear-se no interesse da república de pessoas: como a sabedoria da república está na aristocracia, o interesse da república está em todo corpo do povo". (Harrington 1944: 514-35.)

8. Edições 4 e 5: "Todos os proprietários das freguesias rurais, e aqueles que pagam contribuições e impostos nas freguesias urbanas". Edições 6 a 10: "Todos os proprietários rurais com renda de dez libras por ano, assim como todos os proprietários de casas no valor de 200 libras, nas freguesias urbanas". O voto censitário era o sistema da Inglaterra do tempo; estas três versões diferentes mostram que Hume, logo dois anos após a primeira publicação do ensaio, decidiu dar a sua "utopia" um caráter ainda menos democrático, recusando o direito de voto à camada inferior dos proprietários (limite de 10 ou 200 libras), acentuando mais ainda esse caráter em 1668 (limite de 20, ou 500 libras). Não possuímos dados sobre a renda média do tempo de Hume; a terem-se mantido válidos os dados das "Gregory King's Tables" de 1688, as alterações de Hume, sobretudo a definitiva, excluiria a grande maioria dos pequenos proprietários, cuja renda média era de aproximadamente 15 libras. Ver Trevelyan 1944: 276-8.
9. Esta observação revela em Hume pretensões muito próximas da "imortalidade" que no final do ensaio afirma não pretender para sua "utopia". Ver nota 29.
10. "...os pobres estão muito ocupados em prover as necessidades da vida, para ouvir as vozes calmas da razão". "Da estação média da vida" (G & G, II: 376).
11. As ideias do primeiro período deste parágrafo são também extraídas da *Oceana. Readings in Political Philosophy*, (1944: 514). O segundo período é uma versão ligeiramente deturpada das seguintes afirmações da mesma obra: "A sabedoria de poucos pode ser a luz da humanidade; mas o interesse de poucos não é o benefício da humanidade nem de uma comunidade".

12. A desconfiança de Hume em relação às grandes assembleias populares aparece também em "Que a política pode ser transformada em uma ciência" (E 6: 128-29). Ver a nota seguinte.
13. As edições 4 a 10 acrescentam: "O bom senso é uma coisa, mas as loucuras são em número infinito, e cada homem tem uma diferente. A única maneira de fazer que um povo se torne sensato é impedi-lo de reunir-se em grandes assembleias".
14. Em carta de 1768 Hume manifesta ideias semelhantes: "As eleições nos colocaram em agitação; e os tumultos da população têm sido frequentes: mas como esses motins não eram fundados em nada e não tinham conexão com nenhuma ordem superior do Estado, eles causaram pouco dano (*Letters* II: 178).
15. Sobre os partidos de interesse, ver "Dos partidos em geral" (E 12: 180).
16. Edições 4 a 10: "combater".
17. Ver "Da independência do parlamento", nota 5.
18. Ver "Da independência do parlamento", nota 2.
19. Edições 4 a 7: "por quase todo o conjunto do povo".
20. No ensaio "Da liberdade de imprensa", Hume atribui a uma razão diferente das pequenas dimensões das repúblicas essa vigilância dos governantes: os poderes discricionários e arbitrários que a eles são concedidos (E 8: 147-48).
21. Edições 4 a 10: "antigamente um dos mais sábios e reputados governos do mundo". A passagem referida na nota anterior dá também o exemplo da Holanda.
22. Edições 4 a 10: "do parlamento republicano".
23. As edições 4 a 5 têm: "cem libras por ano". Comparar com a nota 8 acima.
24. As edições 4 a 10 acrescentam: "cujo comportamento, em parlamentos anteriores, destruiu totalmente a autoridade daquela câmara".
25. Isto é, o governo inglês, onde o rei detém uma parcela de poder, está mais próximo da dependência em relação à administração que se verifica nas monarquias absolutas, do que uma república estaria. Ver "Que a política pode ser transformada em uma ciência" (E 6: 128).
26. As edições 4 a 10 acrescentam: "É evidente que esta é uma doença mortal do governo britânico, da qual ele inevitavelmente acabará por morrer. Devo contudo admitir que a Suécia parece, em certa medida, ter solucionado este inconveniente, mantendo uma milícia, com sua monarquia limitada, e ao mesmo tempo um exército permanente que é menos perigoso do que o britânico".
27. Uma opinião semelhante à criticada por Hume era, dez anos depois da publicação deste ensaio, defendida por Rousseau, que diz da democracia (aqui, sinônimo de república": "... que coisas difíceis de reunir não supõem

este governo? Primeiro, um estado muito pequeno, onde as pessoas podem se reunir facilmente e onde cada cidadão pode facilmente conhecer todos os demais" (*Do Contrato Social* 3.4.405).

28. Na *Investigação sobre os princípios da moral* Hume tem palavras favoráveis a esta igualdade da posteridade. "Deve-se na verdade confessar que a natureza é tão liberal para com a humanidade que, se todas as suas dádivas fossem igualmente divididas entre a espécie e cultivadas pela técnica e pelo trabalho, cada indivíduo poderia dispor de todas as coisas necessárias para sua existência e mesmo da maioria dos confortos da vida"; [...] "Pode parecer, além disso, que essa regra da igualdade, além de extremamente *útil*, não é de modo algum inexequível, tendo já sido aplicada, pelo menos em um grau imperfeito, em algumas repúblicas". Mas Hume logo em seguida acrescenta que uma completa igualdade é, em última análise, impraticável e até prejudicial à sociedade (EPM 3.25: 254-5).
29. "A *Oceana* de Harrington estava bem-adaptada àquela época, quando os planos das repúblicas imaginárias eram assuntos diários de debate e conversação; e mesmo em nosso tempo é justamente admirada como uma obra de gênio e invenção. A ideia, no entanto, de uma comunidade perfeita e imortal sempre será tão quimérica como a de um homem perfeito e imortal" (*History* 7: 347).

12. Dos partidos em geral

Ensaio publicado em 1741 (1ª edição).

1. Ver "Que a política pode ser transformada em uma ciência" (E 6: 134).
2. Todas as facções dependem dos princípios da natureza humana, mesmo as "pessoais". O que distingue estas é apenas o caráter secundário dos motivos, e o caráter particular das circunstâncias que a elas dão origem, contrastando com a universalidade dos motivos das facções "reais" (interesse, princípio, afeição: ver adiante), as quais surgem em quaisquer circunstâncias.
3. Este parágrafo foi acrescentado na edição 2.
4. O último período foi acrescentado na edição 3.
5. A importância do princípio da simpatia vem de sua influência nas paixões. É sempre ele que alimenta estas, mesmo no caso do que Hume aqui chama antipatia. "Esse princípio da simpatia possui uma natureza tão poderosa e sugestiva que intervém em quase todos os nossos sentimentos e paixões, e frequentemente ocorre sob a aparência de seu contrário. [...] Os sentimentos dos outros nunca poderiam nos afetar se não se tornassem, em alguma medida, nossos sentimentos; e, nesse caso, eles operam sobre nós combatendo e

intensificando nossas paixões, como se tivessem sido originalmente derivados de nosso próprio caráter e disposição" (T 3.3.2.3: 632)

6. O poder da imaginação se exerce muitas vezes na ausência de qualquer objeto do pensamento (T 1.4.2.22: 231). E a imaginação tem uma forte influência sobre as paixões: "a imaginação e os afetos mantêm entre si uma união estreita, e nada que afeta aquela poderá ser inteiramente indiferente a estas" (T 2.3.1.6.1: 460).
7. As edições 1 a 10 acrescentam o seguinte: "Além disso, não creio que os brancos do Marrocos tenham jamais imposto aos negros qualquer alteração da cor da pele, ou os hajam ameaçado com inquisições e leis penais em caso de desobediência; ou que os negros tenham sido mais insensatos neste particular. Mas acaso a opinião de um homem, quando ele é capaz de formar uma verdadeira opinião, depende mais de sua vontade do que a cor de sua pele? E acaso pode alguém ser obrigado, pela força e pelo medo, a algo mais do que a pintar-se e disfarçar-se, tanto num caso como no outro?
8. Para Hume esta característica do "temperamento natural" do homem, embora tenha sido muito exagerada por "certos filósofos", é sempre perigosa para a sociedade. "Pois, enquanto cada pessoa amar a si mesma mais que a qualquer outro, e, em seu amor pelos demais, sentir maior afeição por seus parentes e amigos, essa situação deve necessariamente produzir uma oposição de paixões e, consequentemente, uma oposição de ações" (T 3.2.2.6: 528).
9. A edição 6 acrescenta em nota: "Ver *Considérations sur la Grandeur et sur la dècadence des Romains*" [*Considerações sobre a grandeza e a decadência dos romanos*]. Esta obra de Montesquieu foi publicada em 1754. A publicação de *O Espírito das leis* foi em 1748. Hume acrescentou esta nota em 1753, eliminando-a em 1758. É difícil determinar os motivos destes fatos; mas não encontramos na primeira das obras de Montesquieu a passagem correspondente a esta referência.
10. Ver "Da sucessão protestante" (E 5: 122 e nota 22).
11. Ver acima, nota 5.
12. Esta nota foi acrescentada na edição 2.
13. Edições 2 e 3: "muito antigas".
14. Edições 2 e 3: "eles eliminaram".
15. Este período não se encontra nas edições 2 e 3.
16. Hume atribui às religiões politeístas, como a romana, maior tolerância do que às monoteístas. Ver NHR 9: 76.
17. Ver "Dos primeiros princípios do governo" (E 4: 114).
18. Este "interesse imaginário" corresponde ao que Hume chama a obrigação *moral* de fidelidade ao governo (oposta à *natural*), que assenta no interesse verdadeiro. Ver T 3.2.8.3-7: 581-85.

13. Dos partidos da Grã-Bretanha

Ensaio publicado em 1741 (1ª edição)

1. Sobre a oposição entre a forma constitucional de um governo e a administração, Ver "Que a política pode ser transformada em uma ciência" (E 6: 127-28).
2. Sobre os partidos de princípio, ver "Dos partidos em geral" (E 12: 181). As edições 4 a 10 acrescentam a seguinte nota: "Estas expressões se tornaram de uso geral, e por isso as empregarei, sem com elas pretender exprimir uma universal censura a um partido, ou a aprovação de outro. O partido da corte, sem dúvida, pode em certas ocasiões defender melhor os interesses do campo, assim como o partido do campo se lhes pode opor. De maneira semelhante, os partidos romanos eram chamados *Optimates* e *Populares*; e, Cícero, como verdadeiro homem de partido, define os *Optimates* como aqueles que, em seu comportamento público, se guiavam pelos sentimentos dos mais meritórios e ilustres dos Romanos (*Pro Sextio*, cap. 45). A expressão *partido do campo* pode permitir uma definição ou etimologia idêntica favorável, mas seria loucura tirar daí qualquer argumento, e tenho esse fato presente quando emprego essas expressões.
3. Comparar com os partidos religiosos: "Dos partidos em geral" (E 12: 183). As edições 4 a 10 acrescentam o seguinte: "Por isto devem entender-se as pessoas que têm motivos para tomar partido por qualquer dos lados. Porque, para dizer a verdade, a maior parte é de homens comuns que se associam sem saber por que; por imitação, por paixão, por indolência. Mas mesmo assim é necessário que haja uma fonte de divisão, quer de princípio quer de interesse, caso contrário essas pessoas não encontrariam partidos a que pudessem associar-se".
4. As edições 2 a 10 acrescentam a seguinte nota: "Esta proposição é verdadeira, embora nos primeiros tempos do governo inglês o clero fosse o principal adversário da coroa; pois nessa época suas posses eram tão imensamente grandes que o clero formava uma parte importante dos proprietários da Inglaterra, em muitas disputas era um rival direto da coroa".
5. Esta nota foi acrescentada na edição 6.
6. Esta nota foi acrescentada na edição 6.
7. Sobre a influência das leis constitucionais, ver "Que a política pode ser transformada em uma ciência" (E 6: 128).
8. O princípio da longa posse não se aplica, portanto, apenas ao direito do soberano. É também, com o nome de usucapião, uma das regras da propriedade. "a posse prolongada, ou *usucapião,* [...] dá à pessoa uma propriedade suficiente sobre o bem de que ela já desfruta". "A posse durante

um longo período de tempo confere um direito sobre um objeto qualquer" (T 3.2.3.9: 548).

9. A partir de 1630, Carlos I decidiu governar como monarca absoluto, sem convocar o parlamento, o que só voltou a fazer em 1640.
10. Sobre este equilíbrio da constituição, ou "balança do poder", ver "Dos primeiros princípios do governo" (E 4: 115 e nota 10).
11. "Cabeças redondas" era o nome de um regimento formado em 1641 por Cromwell. Para marcar sua oposição aos "cavaleiros" do rei, não usava a cabeleira postiça. Os dois nomes passaram depois a designar os partidos do campo e da corte, respectivamente.
12. As edições 1 a 10 têm a seguinte versão deste parágrafo: "O clero havia (as edições 1 a 6 acrescentam: 'de maneira vergonhosa') dado apoio aos arbitrários desígnios do rei, de acordo com seus habituais princípios em tais casos, e em troca foi autorizado a perseguir seus adversários, aos quais chamava heréticos e cismáticos. O clero oficial era episcopal e o inconformista era presbiteriano, de modo que tudo contribuiu para lançar o primeiro sem reservas, no partido do rei, e o segundo no do parlamento. Sendo os *cavalheiros* o partido da corte, e os *cabeças redondas* o partido do campo, era inevitável a aliança entre o primeiro e a hierarquia eclesiástica oficial, e entre o segundo e os inconformistas presbiterianos. Esta aliança é tão natural, de acordo com os princípios gerais da política, que só um concurso de circunstâncias excepcionais pode desfazê-la.
13. Ver a comparação de ciência política com a matemática em "Que a política pode ser transformada em uma ciência" (E 6: 28). A história se distingue da política por ser uma ciência que trata de fatos *particulares* e não *gerais*. Ver EHU 12.30: 221.
14. As edições 1 a 10 acrescentam: "O problema é já de si bastante difícil, mas ainda mais o ficou devido aos preconceitos e à violência dos partidos".
15. Ver "Da obediência passiva" (E, 3: 110-11).
16. As edições 1 a 10 acrescentam: "*suficientes*, segundo um autor famoso (*Dissertation on Parties, Letter* 2), *para escandalizar o senso comum de um hotentote ou samoiedo*". O autor é Lord Bolingbroke. Ver "Que a política pode ser transformada em uma ciência", nota 21.
17. Edição 1 a 6: "quase ilimitada cumplicidade". Edições 8 a 12: "grande cumplicidade".
18. As edições 1 a 10 acrescentam a seguinte nota: "O autor (edições 1 a 3: 'famoso escritor') acima citado afirmou que a *verdadeira* distinção entre *whigs* se *tories* se perdeu com a *revolução*, e que desde então eles têm sido partidos meramente *pessoais*, tal como os *guelfos* e *gibelinos*, depois que os imperadores perderam toda autoridade na Itália. Tal opinião, a ser aceita,

transformaria toda a questão num enigma"; (as edições 1 e 2 acrescentam: "e é, sem dúvida, tão contrária à mais forte evidência, que é necessário alguém ter grande opinião de sua própria eloquência para tentar prová-la."

Referirei em primeiro lugar, como prova de uma distinção real entre estes partidos aquilo que todos poderão ter observado ou ouvido quanto à conduta e as opiniões de todos os seus amigos e conhecidos de ambos os lados. Pois não é certo que os *tories* sempre alimentaram uma afeição confessada pela família Stuart, e que seus adversários sempre se opuseram vigorosamente à sucessão dessa família?

Os princípios dos *tories* são confessadamente os mais favoráveis à monarquia. Contudo os *tories* se opuseram quase sempre à corte durante os últimos quinze anos. E nunca foram cordialmente afeiçoados ao rei Guilherme, mesmo quando dele recebiam cargos. Não pode supor-se, portanto, que sua versão fosse em relação ao trono, mas sim em relação à pessoa que nele se sentava.

Colaboraram de boa vontade com a corte durante os quatro últimos anos da rainha Ana. Mas será difícil alguém compreender a razão disso?

No governo britânico, a sucessão da coroa é problema demasiado importante para ser inteiramente indiferente às pessoas que se preocupam, por pouco que seja, com o destino da nação. E ainda menos pode supor-se que os *tories*, que nunca se distinguiram pela moderação, pudessem manter uma indiferença *estoica* quanto a uma questão de tamanha importância. Seriam eles então apaixonados partidários da família de Hanover? Ou terá havido algo que impediu uma paixão contrária de abertamente se manifestar, se é que não se manifestou, a não ser a prudência e o sentido de decência? (Este parágrafo foi acrescentado na edição 3).

É monstruoso ver o clero episcopal estabelecido em declarada oposição à corte, e o clero presbiteriano não conformista colaborando com ela. O que poderia ter produzido essa estranha conduta de ambos? Nada, a não ser que o primeiro tinha princípios monárquicos demasiado rígidos para o atual regime, o qual assenta em princípios de liberdade. E que o segundo, receando a preponderância daqueles rígidos princípios, aderiu àquele partido do qual tinham razões para esperar liberdade e tolerância.

A diferença de comportamento dos dois partidos, em relação à política exterior, é também prova do que afirmamos. A Holanda sempre foi mais favorecida por um, e a França pelo outro. Em resumo, estas provas parecem tão claras e evidentes, que se torna quase inútil reuni-las.

19. Aqui termina o ensaio nas edições 11 e 12. Em lugar do último parágrafo, as edições anteriores têm o seguinte: "É todavia notável que, embora os princípios dos *whigs* e dos *tories* fossem de natureza composta, e os ingredientes que

predominavam em ambos não correspondessem entre si. Os *tories* amavam a monarquia e eram dedicados a família Stuart, mas esta última era a feição predominante no partido. Os *whigs* amavam a liberdade e eram partidários da sucessão protestante, mas o amor à liberdade era confessadamente sua tendência predominante. Frequentemente os *tories* se comportaram como republicanos, quando as circunstâncias ou a vingança os levaram a tal conduta. E nenhum dos membros desse partido, caso supusesse que ia ser desapontado em suas esperanças quanto à sucessão, deixaria de procurar impor as maiores limitações à coroa, fazendo nossa forma de governo aproximar-se o mais possível da república, a fim de diminuir aquela família que, segundo suas apreensões, iria herdar o trono sem a ele possuir qualquer título legítimo. É certo que os *whigs* também tomaram medidas perigosas para a liberdade, sob o pretexto de garantir o fortalecimento da coroa, segundo suas concepções. Mas o grosso do partido só favorecia essas concepções como meio de preservar a liberdade, e portanto foram traídos por sua própria ignorância e franqueza, ou pelos interesses de seus líderes. A questão principal, portanto, era para os *tories* a sucessão da coroa; e para os *whigs* a segurança de nossas liberdades. (O resto deste parágrafo foi acrescentado da edição 3.) Não é difícil com esta nossa teoria explicar esta aparente irregularidade. Os partidos da *corte* e do *campo* são os verdadeiros pais dos *tories* e dos *whigs* mas é quase impossível que a dedicação do partido da *corte* à monarquia não degenere em dedicação ao monarca, pois há entre ambos uma estreita ligação, e o último é o objeto mais natural. É bem fácil que a adoração da divindade degenere em adoração do ídolo. Não é tão grande a ligação entre a liberdade, a divindade do partido do *campo* ou *whig*, e qualquer monarca e família real. E não é razoável supor-se que, nesse partido, a adoração possa tão facilmente ser transferida de uma para outra. Mas também aqui isso pode acontecer.

É difícil penetrar nas ideias ou sentimentos de qualquer homem. Mas é quase impossível penetrar nos de um partido, onde é frequente não haver duas opiniões iguais. Ouso porém afirmar que não era tanto o princípio, ou opinião de direito, que ligava os *tories* à antiga família real, como a afeição, ou um certo amor estima por ela. A mesma causa dividiu anteriormente a Inglaterra entre as casas de York e Lancaster, e a Escócia entre as famílias Bruce e Baliol. E isso numa época em que as disputas políticas estavam pouco na moda, e portanto os *princípios* políticos tinham pouca influência sobre os homens. A doutrina da obediência passiva é em si mesma tão absurda, e tão contrária às nossas liberdades, que parece ter sido abandonada aos pregadores e a seus iludidos seguidores entre o vulgo. Os homens mais sensatos eram guiados pela *afeição*; quanto aos líderes desse partido, é provável que o *interesse* fosse seu principal motivo, e que agissem mais contrariamente as suas opiniões pessoais do que os líderes do partido oposto. (O resto do parágrafo foi acrescentado na edição 3). Embora seja quase impossível defender com zelo os direitos de qualquer pessoa ou família sem adquirir uma inclinação para com ela, transformando o *princípio* em *afeição*, isso é menos natural em pessoas de elevada posição e educação liberal, que tiveram plena oportunidade para observar a fraqueza, loucura e arrogância dos monarcas, não vendo neles nada superior, ou talvez até vendo algo inferior ao resto dos homens. Portanto o *interesse* derivado de serem líderes do partido substitui muitas vezes nessas pessoas tanto os *princípios* como a *afeição*.

Algumas pessoas que não chegam a afirmar que a *verdadeira* diferença entre os *whigs* e os *tories* desapareceu com a *revolução* parecem ter tendência para pensar que agora essa diferença foi anulada, e que a situação voltou a tal ponto a seu estado natural que atualmente os únicos partidos que há entre nós são os da *corte* e do *campo*; isto é, homens que, por interesse ou por princípio, são partidários da monarquia e da liberdade. Deve confessar-se que o número de partidários dos *tories* parece ultimamente ter diminuído muito, e ainda mais seu zelo; e, atrevo-me a dizer, ainda mais seu prestígio e autoridade. Há poucos homens de saber, ou, pelo menos, poucos filósofos, desde que Locke publicou sua obra, que não se envergonhariam de serem considerados desse partido; e em quase todos os meios o nome de *velho whig* é proferido com um incontestável sentido de honra e dignidade. Do mesmo modo, os inimigos do ministro, como censura, chamam os cortesãos os verdadeiros *torys*; e, como homenagem, chamam aos membros da *oposição* os verdadeiros *whigs*. (Os dois últimos períodos foram suprimidos na edição 10. As edições 1 e 2 tinham "nenhum homem", e omitiam "ou, pelo menos – sua obra"). Os *tories* foram durante tanto tempo obrigados a falar em estilo republicano que parecem ter-se convertido a si mesmos com sua hipocrisia e ter adotado as opiniões, assim como a linguagem, de seus adversários. Há contudo na Inglaterra importantes remanescentes desse partido, com todos os seus velhos preconceitos; e uma prova de que a *corte* e o *campo* não são nossos únicos partidos é que quase todos os dissidentes estão do lado da corte, ao passo que o baixo clero, pelo menos, da igreja da Inglaterra, está do lado da oposição. Isto é de modo a convencer-nos de que paira ainda sobre nossa constituição uma certa tendência, um certo peso intrínseco, que a desvia de seu curso natural e lança a confusão em nossos partidos. (O último período foi acrescentado na edição 2).

Terminarei este assunto salientando que nunca houve *tories* na Escócia, no sentido próprio do termo, e que a verdadeira divisão partidária nesse país era entre os *whigs* e os *jacobitas*. Um *jacobita* parece ser um *tory* que não respeita a constituição, sendo ou zeloso partidário da monarquia absoluta, ou, pelo menos, de sacrificar nossas liberdades à ascensão ao trono da família a que é dedicado. Considero ser a seguinte a razão desta diferença entre a Inglaterra e a Escócia. As divisões políticas e religiosas deste último país tem correspondido regularmente entre si, desde a *revolução*. Os presbiterianos eram todos *whigs*, sem exceção; e os que eram favoráveis ao episcopado pertenciam ao outro partido. E, como o clero desta última seita foi expulso das igrejas pela *revolução*, não tinha motivo para poupar o governo ou suas orações e pregações, e defendiam abertamente os mais rígidos princípios de seu partido. Foi por esta razão que seus seguidores se tornaram mais violentos do que seus irmãos do partido *tory* da Inglaterra.

As edições desde a de número 7 terminam com a mesma nota do final da versão definitiva, com exceção do último período. Nas edições 1 e 2 o último parágrafo do texto era o seguinte:

"Como geralmente as coisas violentas duram menos do que as moderadas, a verdade é que o partido dos *jacobitas* se encontra quase extinto, e que a distinção entre a *corte* e o *campo*, que é rara em Londres, é a única que é referida neste *reino*. Além da violência e da franqueza do partido jacobita, houve talvez outra razão que contribuiu para a produzir uma alteração tão repentina e tão considerável nesta parte da Grã-Bretanha. Entre nós só há duas categorias de homens: os fidalgos, que têm fortuna e educação, e os pobres mais miseráveis escravizados. Não há senão um reduzido número daquela categoria média que é mais abundante na Inglaterra, tanto na cidade como no campo, do que em qualquer outra parte do mundo. Os pobres escravizados são incapazes de quaisquer princípios; mas os fidalgos podem ser convertidos a princípios verdadeiros, pelo tempo e pela experiência. Os homens de categoria média têm cultura e curiosidades suficiente para formar princípios, mas não suficiente para que estes sejam verdadeiros, ou para corrigir quaisquer preconceitos que possam ter adquirido. E é entre essa categoria média que atualmente os princípios do *tories* predominam na Inglaterra."

14. Da coalizão dos partidos

Ensaio publicado em 1758 (edição 7).

1. Isto é uma descrição da atitude que Hume sempre se esforça por ostentar em seus ensaios (ver o parágrafo seguinte). Diz uma carta de 1752, sobre o ensaio "Da sucessão protestante": "Cerca de quinze dias antes, publiquei

um discurso sobre a sucessão protestante, no qual havia muito liberalmente ofendido tanto os *whigs* como os *tories*; contudo ainda gozei do favor de ambos os partidos" (*Letters* I: 167).

2. Ver "Da obediência passiva" (E 3: 109). A expressão "e práticas" foi acrescentada na última edição.
3. Embora publicado dez anos depois, nas edições dos *Ensaios e tratados sobre assuntos diversos* este ensaio figura em seguida a "Da obediência passiva", e não junto aos outros dois ensaios sobre os partidos, provavelmente para permitir a Hume o paralelo aqui esboçado.
4. "Dos partidos da Grã-Bretanha", nota 2.
5. Ver "Da obediência passiva", nota 2; "Da sucessão protestante", nota 9.
6. Mas o saber e o comércio também se desenvolvem nas "monarquias civilizadas" como a França. Ver "Da Liberdade civil" (E 7: 141, 143).
7. O parlamento de 1640. Ver "Dos partidos da Grã-Bretanha", nota 10.
8. É de notar que os argumentos nestes parágrafos atribuídos aos *tories* são, quase todos eles, geralmente invocados por Hume em seu próprio nome. A influência primordial do hábito, a importância da razão, a explicação da origem do governo pelo caráter da natureza humana, são, como já vimos, aspectos essenciais de sua filosofia e de sua moral social. De outro lado, a necessidade de uma evolução lenta, a recusa das inovações radicais e a crítica à "antiga constituição" dos *whigs* são algumas das ideias centrais de sua ciência política. Sobre a última referida, ver "Do contrato original", nota 1.
9. A dinastia Tudor teria, na época desse *tory* imaginário, 55 anos de existência (1485-1640).
10. Sobre a necessidade de evitar as mudanças bruscas de governo, ver "Dos primeiros princípios do governo" (E 4: 116).
11. As edições 7 a 11 acrescentam a seguinte nota: "O autor julga ter sido o primeiro escritor a afirmar que a família Tudor possuía em geral autoridade superior à de seus antecessores imediatos; opinião esta que espera seja confirmada pela história, mas que apresenta com certa hesitação. Há fortes sintomas de poder arbitrário em alguns reinados anteriores, mesmo depois da assinatura da Carta. Nesses tempos o poder da coroa dependia menos da constituição do que da capacidade e energia do príncipe que a usava".
    O ensaio "Que a política pode ser transformada em uma ciência" afirma também que nas monarquias absolutas a administração exerce maior influência do que as leis constitucionais (E 6: 128).
12. Referência irônica à "constituição não escrita" que deu origem aos governos primitivos. O ensaio "Do contrato original" nega expressamente qualquer possível validade a este pacto imaginário (E 2: 93).

13. Hume deduz assim, da natureza humana e de uma informação histórica, que a antiga constituição não conferia poder ao parlamento.
14. Ver "Dos primeiros princípios do governo" (E 4: 114-15).
15. Comparar com as críticas as facções religiosas em "Dos partidos em geral" (E 12: 180-81).

BIBLIOGRAFIA E ABREVIATURAS

I. Obras de Hume

Abstract — *An Abstract of a Book lately published entitled: A Treatise of Human Nature*. In: *Hume: Theory of Knowledge*, ed. D. C. Yalden-Thomson. Nelson, Edinburgh & London, 1951. [• *Sinopse de um livro recentemente publicado intitulado Tratado da natureza humana*. In: *Tratado da natureza humana*. Trad. Déborah Danowski. São Paulo: Imprensa Oficial/Editora da Unesp, 2ª ed. rev. e ampliada 2009].

Dissertação — *A Dissertation on the Passions*. In: G & G, vol. II. [• *A Dissertation on the Passions; The Natural History of Religion*. Beauchamp, Tom L. (Ed.). Oxford: Oxford University Press, 2007; • *Dissertação sobre as paixões*. Trad. Jaimir Conte. *Princípios*, Natal, v. 18 n.29, jan./jun. 2011, p. 371-399].

EHU — *An Enquiry concerning Human Understanding*, ed. L. A. Selby-Bigge. Second Edition, Oxford University Press, London, 1957. [• *An Enquiry concerning Human Understanding*. Tom L. Beauchamp, (ed.). Oxford: Oxford University Press, 1999; • *Investigações sobre o entendimento humano e sobre os princípios da moral*. Trad. José Oscar de Almeida Marques. São Paulo: Editora da Unesp, 2004].

EPM — *An Enquiry concerning the Principles of Morals*. ed. L. A. Selby-Bigge. Second Edition, Oxford University Press, London, 1957. [• *An Enquiry concerning the Principles of Morals*. Beauchamp, Tom L. (Ed.) Oxford: Oxford University Press, 1998; • *Investigações sobre o entendimento humano e sobre os princípios da moral*. Trad. José Oscar de Almeida Marques. São Paulo: Editora da Unesp, 2004].

G & G — *Essays Moral, Political, and Literary*. 2 vols. Ed. T. H. Green & T. H. Grose. Longmans, Green and Co., London, 1912. [• *Essays Moral, Political and Literary*. Eugene F. Miller (Ed.). Liberty Fund, 1987; • *Ensaios morais, políticos e literários*. Tradução de João Paulo Monteiro, Sara Albieri e Pedro Galvão. Introdução e revisão técnica de João Paulo Monteiro. Lisboa: Imprensa Nacional/Casa da Moeda, 2002; • *Ensaios morais, políticos e literários*. Miller, Eugene E. (Org.). Tradução de Luciano Trigo. Introdução de Renato Lessa. 1ª edição, Rio de Janeiro: Liberty Fund/Topbooks, 2004.].

H — *The History of England*. 8 vols. T. Cadell, London, 1778. [• *História da Inglaterra. Da invasão de Júlio César à Revolução de 1688. Seleção*. Trad. de Pedro Paulo Pimenta. 2ª ed. São Paulo: Editora da Unesp, 2017].

Letters — *The Letters of David Hume*. 2 vols., ed. J. Y. T. Greig. Oxford University Press, London, 1932.

New Letters — *New Letters of David Hume*, ed. Raymon Klibansky & Ernest C. Mossner, Oxford University Press, London, 1954.

NHR — *The Natural History of Religion*. In G & G, vol. II. [• *A Dissertation on the Passions; The Natural History of Religion*. Beauchamp, Tom L. (Ed.). Oxford: Oxford University Press, 2007; • *História natural da Religião*. Trad. Jaimir Conte. São Paulo: Editora da Unesp, 2005].

T — *A Treatise of Human Nature*, ed. L. A. Selby-Bigge, Oxford University Press, London, 1958. [•*The Treatise of Human Nature*. Norton, David Fate and Norton, Mary J. (Ed.). Oxford: Oxford University Press, 2000; • *Tratado da natureza humana*. Trad. Déborah Danowski. São Paulo: Imprensa Oficial/Editora da Unesp, 2ª ed. rev. e ampliada 2009].

E — [**Nota dos organizadores*: No texto da Introdução e nas Notas aos *Ensaios*, no lugar dos títulos completos dos *Ensaios Políticos* de Hume referidos, adotamos a letra "E", seguida do respectivo número do ensaio e da paginação desta edição, para indicar as referências internas introduzidas por João Paulo Monteiro em sua *Dissertação* e que aqui procuramos manter.]

A edição de Basileia indicada numa nota é a dos *Essays and Treatises on Several Subjects*. 4 vols. J. J. Tourneisen, Basil, 1793.

II. Outras obras citadas

Althusser, Louis. *Montesquieu. La politique et l'histoire*. Initiation philosophique, Presses Universitaires de France, Paris, 1959.

Flew, Anthony. *Hume's Philosophy of Belief*. Routledge & Kegan Paul, London, 1961.

Harrington, James. *The Commonwealth of Oceana*. Seleção in *Readings in Political Philosophy*, ed. Francis E. Voker. Macmillan, New York, 1944.

Hobbes, Thomas. *Leviathan*. Intr. A. D. Lindasay. Everyman's Library, J. M. Dent & Sons, London, 1943. [• *Leviatã*. Richard Tuck (org.). Trad. João Paulo Monteiro, Maria Beatriz Nizza da Silva; revisão da tradução Eunice Ostrensky. São Paulo: Martins Fontes, 2003].

Laski, Harol J. *Political Thought in England. Locke to Bentham*. The Home University Library, Oxford University Press, London, 1948.

Laslett. P. Introduction. In: Locke, John. *Two Treatises of Government*. Mentor Books, The New American Library, New York and Toronto, 1965.

Leroy, André-Louis. *David Hume*. Les Grandes Penseurs, Presses Universitaires de France, Paris, 1953.

Locke, John. *Two Treatises of Government*, ed., intr. P. Laslett. Mentor Books, The New American Library, New York and Toronto, 1965. (As referências são sobretudo ao *Segundo Tratado*). [• *Dois Tratados sobre o governo*. Trad. Julio Fischer. São Paulo: Martins Fontes, 1998].

Locke, John. *An Essay Concerning Human Understanding*. 2 vols., Ed., intr. A. C. Fraser, Dover Publications, New York, 1959. [• *Ensaio sobre o entendimento humano*. Trad. Pedro Paulo Pimenta. São Paulo: Martins Fontes, 2012].

Maquiavel, Nicolau. *O Príncipe*. Trad. Franc. De Colonna d'Istria, rev., intr. Paul Hazard. Alcan, Paris, 1929. [• *O Príncipe*. Trad. Maria Júlia Goldwasser. 2ª Ed. São Paulo: Martins Fontes 1996].

Morton, Arthur L. *L'utopie anglaise*. Trad. J. Vaché. Maspero, Paris, 1964.

Newton, Isaac. *Mathematical Principles of Natural Philosophy*. Trad. Andrew Motte, rev. Florian Cajori. Great Books of the Western World, Encyclopædia Britannica, Chicago, 1952. [• *Princípios matemáticos da filosofia natural*. trad. Trieste Ricci, Leonardo Gregory Brunet, Sônia Terezinha Gehring e Maria Helena Curcio Célia. São Paulo: Edusp, 2008.]

Rousseau, Jean-Jacques. *Du Contract Social*, ed, Bernard Gagnebin, Marcel Raymon. In *Œevres Complètes*. Pléiade, Paris, 1964. [• *O contrato social*. Tradução de Antonio de Pádua Danesi. São Paulo: Martins Fontes, 1999].

Rousseau, Jean-Jacques. *Que l'état de guerre nait de l'état social*. ed, Bernard Gagnebin, Marcel Raymon. In Œevres Complètes. Pléiade, Paris, 1964.

Spinoza, Baruch. *Traité Politique*, ed. trad. Madeleine Francès. In. Œevres Complètes, Pléiade, Paris, 1964. [• *Tratado político*. Trad. de Diogo Pires Aurélio. São Paulo: Martins Fontes, 2009].

Stewart, John B. *The Moral and Political Philosophy of David Hume*. Columbia University Press, New York and London, 1963.

Swift, Jonathan. *A Short View of the State of Ireland*. In *Selected Writings*, ed. J. Hayward. The Nonesuch Press, Bloomsbury, 1942.

Trevelyan, G M. *English Social History*. Logmans, Green and Co. London, 1944.

Vaughan, C. E. *Studies in the History of Political Philosophy, before and after Rousseau.* Vol. I, From Hobbes to Hume. Ed. A. G. Little, Russel & Russel, N. York, 1960.

Vlachos, Georges. *Essai sur la politique de Hume.* Institut Français, Athènes; Domat-Monchrestien, Paris, 1955.

Willey, Basil. *The Eighteeth Century Background.* Chatto & Windus, London, 1940.

ÍNDICE REMISSIVO